坂本龍一 音楽の歴史

RYUICHI SAKAMOTO: A HISTORY IN MUSIC

吉村栄一

目次

※本文中、出典が明記されたもの以外の「」内の発言、コメントはすべて二〇〇五年から二〇二二年にかけて行なった百五十時間を超えるインタビュー取材と、多数のメール、メッセージのやりとりからのものです。

第一章

少年のころ

一九五二〜一九七三

誕生〜小学校時代

坂本龍一は一九五二年一月十七日に生まれた。生家があったのは青梅《おうめ》街道と中野通りが交差するところからわずかに西に行ったあたりの東京都中野区。

この家で坂本龍一は三歳頃まで暮らした。当時の記憶はあまりないというが、それでも鮮明に憶《おぼ》えていることがいくつかあるという。あるとき、幼児の坂本龍一はなにかのはずみで家のある青梅街道の北側から南に渡ってしまった。モータリゼーションの到来にはまだまだある五〇年代で、近所にはイタチが出没し青梅街道には馬が引く荷車が往来していたような頃だが、それでも自動車の行き来はある。都電杉並線もまだ存在していた。青梅街道を渡り、いざ家に戻るために再びと思っても、今度は自動車が音を立てて走り過ぎるたびに足がすくむ。どうにもならずに泣き出した幼き坂本龍一は家の近所の材木店の主人に発見してもらい、手を引かれて家に連れ帰ってもらったことをいまでもはっきりと記憶しているそうだ。

坂本家はやがて中野から引っ越すが、その界隈《かいわい》は再開発によって大規模な公営住宅となり、いまは往時の面影はなく、青梅街道から馬や都電の姿が消えてからずいぶんと時が経《た》った。

坂本龍一の父は坂本一亀《かずき》。母は敬子。父は通信部隊の陸軍少尉として満州に赴任し、復員してからは河出書房の文芸編集者として名を成した。野間宏、埴谷雄高《はにやゆたか》、三島由紀夫、高橋和巳、小田実など戦後文学の代表者たちとともに仕事をし、あるいは育てたのが坂本一亀。

母の敬子は帽子のデザイナーをしていた時期もあり、演劇、芸能界と繋《つな》がりがあった。社交的な性格の人であったと伝えられている。坂本龍一は当然のことながら父母の影響を受けて育っていく。内省的な父と社交的な母の両方の面を受け継いだ。

坂本龍一はこう回想している。

「母がイタリア的なものが大好きで、ぼくを抱っこしてフェデリコ・フェリーニ監督のイタリア映画『道（ラ・ストラーダ）』（一九五四）を一緒に鑑賞したことが幼い頃の印象深いできごととして記憶に残っている。そこで聴いた映画のニーノ・ロータによるテーマ曲が生まれて初めて記憶に強く残った音楽なのかもしれない」

また、坂本龍一が音楽の道に進んだのはこの母あってのことだ。

白金には母方の祖父の家があり、子供の頃から日曜日にはよく遊びに行った。

その家には当時大学生だった叔父たちも住んでいて、三人兄弟の次男、三男の叔父は音楽好きで造詣も深かった。ピアノも弾いたし、SPやLP盤のレコードもたくさん所有していた。三歳になる頃には、坂本龍一は叔父たちがいないときも勝手にレコードを選んで聴くようになっていた。

その頃のお気に入りはメンデルスゾーンのヴァイオリン・コンチェルト。まだアルファベットは読めないので、ジャケットの絵柄でどのレコードかを憶えていたらしい。メンデルスゾーンのこの曲は出だしがキャッチーであることから気に入ったとのことだが、後年にはこのような甘ったるい曲が自分の音楽的ルーツであることには忸怩《じくじ》たる気持ちも持っていると語っている。レコードを聴くのと同時に叔父のピアノにも触るようになった。

家を建てるため中野の家を引き払った坂本一家は、しばらく白金の祖父の家に仮住まいをすることになった。叔父の部屋にも頻繁に出入りするようになる。

また、これを機に坂本龍一は東京友の会　世田谷幼児生活団の幼稚園に入園。

世田谷幼児生活団は自由学園という自由な校風のもとで芸術にかかわる教育を行なう教育機関の創始者羽仁《はに》もと子によって創設された教育団体で、その校風を気に入った母が選んだ。白金からバスと電車を乗り継ぎ梅ヶ丘にある幼稚園にひとりで通った坂本龍一は、ここであらためてピアノに触れることになった。

幼稚園ではピアノの時間が設けられ、園児たちは順番でピアノを弾くことになっていた。当初、ピアノを弾くことにとくに興味をそそられたわけではなかったとのことだが、幼稚園でオリジナルの歌を作るという課題が出されたことをきっかけに、ピアノを使って初めての作曲も行なった。題材は夏休みに園児持ち回りで世話をした園のウサギから取り、歌詞もつけた「ウサちゃんの歌」が坂本龍一の初のオリジナル作品ということになる。

ピアノ以外で記憶に残ったのがお遊戯の時間のイス取りゲームとのことだ。イス取りゲームではいつも負けていた。運動神経が鈍いということではなく、ゲームの最中に客観的になりすぎてしまい、なぜ音楽が止まったらイスに座らなきゃならないんだ、遊びってなんて恥ずかしいんだと自問自答しているうちに他の園児にすべてイスを取られてしまう。傍目《はため》にはボーッとしているだけのように見えたはずで、周囲には心配されたのではないだろうか。

一九五八年、港区立神応《しんのう》小学校入学。幼稚園の友達十人ほどとともに、グループでピアノを習うようになったのは小学校に入学してすぐ。翌年、ついに家が完成して坂本家は世田谷の烏山《からすやま》に移り住むようになった。小学校も世田谷区立祖師谷《そしがや》小学校に転校した。

この祖師谷小学校は家から遠い越境入学という形で、毎日バスで通学した。学校が家から遠いということは、級友も近くには居住していないということ。そのせいか、坂本龍一の自伝『音楽は自由にする』（新潮社二〇〇九年　以下自伝）でも、あるいはこれまでの多くのインタビューでも、小学校時代の思い出を語るとき、そこに友人と遊んでいたという記述はない。

当時の烏山はまだまだ田舎で、家の周囲には畑が広がっていた。坂本龍一は家の庭や周囲でひとり遊びすることが日常だったようだ。自伝には庭に塹壕《ざんごう》のような穴を掘り、映画『大脱走』ごっこをひとり二役で演じて遊んでいた、あるいは近くの川を自家製の筏《いかだ》で下ってみたというようなことが思い出として語られている。第二次大戦を舞台にした戦争ドラマ「コンバット」も好きでやがて長じると上野アメ横に米軍放出品のヘルメットなども買いに行くようになった。

この頃は本を読むよりも、どちらかといえばテレビっ子。「コンバット」以外にも「ララミー牧場」「パパ大好き」「ルート66」などアメリカのドラマ、日本のドラマも「豹の眼《ジャガー》」「怪傑ハリマオ」などを好んで観《み》ていた。

テレビっ子になったのは編集者である父も帽子のデザイナーである母も家を空けることが多かったからということもあるのだろう。お手伝いさんもいたが、ときには自分でご飯を炊いて食べた。

ひとりで鏡の中の自分を見つめることもよくあったそうだ。ナルシシズムではなく、むしろ自分の容貌に対するコンプレックスがこの頃あったという。なぜ自分の顔はこうで、もっと理想的な顔じゃないんだろう。そんな疑問があり、ただじっと鏡を見つめる坂本少年だった。

一方、小学校の授業で「尊敬する人」を訊《たず》ねられると、そんな存在はいないとして「自分」と答えた。「なりたい職業」に対しても「ない」と返答。また、小学校時代のもうひとつの思い出はピアノと音楽に関すること。幼稚園時代からのなりゆきで本人としてはとくに積極的にピアノ教室に通っていたわけではないと自伝などに記されている。

家にもピアノがやってきた。ピアノの教師は徳山寿子というテレビなどでも活躍した作曲や編曲の仕事も手掛けている女性。創作楽器を使って演奏をする「徳山寿子のキッチン楽団」というグループも編成しており、生徒だった坂本龍一は楽団の一員としてテレビに出演したこともある。創作楽器を使った楽しい演奏をする一方、基本的な練習曲もきびしく指導し、さらにはベートーヴェンのスコアなどを教材に楽譜の読み方や基礎的な音楽理論も生徒たちに教えていたそうだ。

坂本龍一はこの徳山先生のおかげで音楽のおもしろさに開眼したと自伝で述べている。

当然そうした過程を経て、さまざまな作曲家のレコードを聴いていくことになるが、本当の意味で最初に好きになったのはバッハだった。小学二年生のときにはドイツに留学中の叔父に「バッハはすばらしい。なぜなら左手と右手が同等に扱われているから」というバッハの音楽の感想と分析を葉書に記して送っている。

・そしてこの頃も叔父たちの家をよく訪ね、不在中の彼らのクラシックのレコード・コレクションを片っ端から聴いていたが、バッハを演奏するあるピアニストのレコードにも夢中になった。カナダのピアニスト・作曲家であるグレン・グールドの『ゴルトベルク変奏曲（BWV 988）』（一九五五）だ。曲の解釈も演奏スタイルもユニークでかっこよかった。

それからはグールドに夢中になった。レコードのほか、クラシックの雑誌や番組でグールドが取り上げられると熱心に目を通し、音に聞き入った。自分と同じ左利きということも知り、さらに熱が入っていく。

「当時は情報が少なくて、レコードのジャケットの写真を穴が開くほど見つめ、ライナーノーツも熟読しました。ライナーノーツにグールドの演奏は椅子がぎしぎし音を立てるほど激しいなどと書いてあると、さっそく自分でも演奏中に椅子がぎしぎしと鳴るような動きを試してみたり」（※）

グールドは猫背の姿勢でピアノを弾き、ときにハミングしていたので、それも真似《まね》した。

「猫背になり、指に顔を近づけてうなりながらピアノを弾くようになって、徳山先生から、それはもうすごい剣幕で怒られた。背中を伸ばしなさい坂本くん！　って」（※）

やがてグールドのすばらしさを布教したくなり、まずその標的となったのは坂本家の隣に居を構えていた仏文学者の二宮敬だった。当時は東大仏文科の助教授だった二宮敬のところにはときたま遊びに行く親しい関係であり、そこでグールドのすばらしさを諄々《じゅんじゅん》と説いた。
「小学生が生意気にもまるで二宮先生に教え諭すような感じで、グールドがいかに普通のピアニストとちがうか、バッハの曲の作曲意図などを解釈し、構造を浮かびあがらせているんだ！　と熱く語っていました」（※）
いまでもグールドの猫背での演奏スタイルの影響は坂本龍一に色濃く残っている。

小学五年生のときにはベートーヴェンの交響曲三番に夢中になり、新宿の京王デパートに行ってお小遣いで楽譜を購入し、夢中になってそれを眺めた。ピアノ教師の徳山寿子から、この頃、作曲を学ぶよう強く勧められた。

坂本龍一本人と両親にとっては唐突な提案だったようだが、ピアノや楽譜の授業を通してなにかしら感じるものが徳山寿子にはあったのだろう。

坂本家は当初その提案を拒んだが、何か月かに亘《わた》って幾度も説得されるうちにとうとう受け入れることとなる。

紹介された作曲の師は松本民之助。一九一四年生まれの松本民之助は作曲家としても高名であり、当時は東京藝術大学で教鞭《きょうべん》をとる傍ら、私邸で作曲の私塾も開いていた。

この私塾は坂本少年のような小学生から高校生まで、何十人もの生徒が在籍しており、以降、世田谷区桜新町にあったこの私塾まで坂本龍一は週に一度通うことになる。ちなみにこのとき知り合った松本先生の子息で、後に高名な作曲家となった松本日之春は七歳年上の先輩で、いまも親交が続いている。

坂本龍一は後に自伝で述べているが、小学校は越境入学だし、徳山先生のピアノは目白、松本先生の作曲は桜新町と、どれも自宅から離れた場がソーシャルでの居場所だった。それぞれの教室には友達もできたが、歩いて行ける範囲にはいない。しかも両親は不在がちだ。プライベートな自宅での坂本少年は孤独でひとり遊びが上手な小学校時代を送った。自宅での友はテレビと音楽鑑賞だった。

中学~高校時代

小学校時代の坂本龍一はひとり遊びの好きなカギっ子の少年というイメージが強いが、中学校に入学すると様子はずいぶん変わったように見える。

一九六四年四月、世田谷区立千歳中学校に入学した坂本龍一は、バスケットボール部に入った。ピアノの教室は、もうフェード・アウトするつもりだったようだ。なにしろバスケットボールでは突き指など手の怪我《けが》は日常茶飯事。もしピアノを続けるなら絶対に忌避しなければならない選択だった。

ピアノも作曲もやめて、いうなればふつうの中学生になる。そんな選択は、しかしものの半年ほどで迷いが生じるようになっていた。音楽。ビートルズやローリング・ストーンズなど当時の最先端のロックにははまってレコードも買っていたが、それらはあくまで娯楽にすぎない。

ピアノや作曲を失った日々が次第に味気ないものになっていったようだ。「自分の中に穴が開いてしまった」という述懐もある。

結局、坂本龍一はバスケットボール部を退部し、徳山先生、松本先生に頭を下げて再入門することになった。このときが、音楽家坂本龍一の第一歩なのかもしれない。中学生という将来に幾多の可能性を持つ時期、坂本龍一の前には音楽という選択肢があった。中学一年生のときに『東京友の会世田谷幼児生活団　十回生が巣立つまで』という文集のために書いた作文では生活団時代の思い出を披露し、音楽とピアノに触れる喜びを書き、最後にこう締め括《くく》っている。「ぼくは作曲家になろうと思います」。小学生のときの「なりたいものはない」からは明らかに気持ちが変わっていた。

また、この作文では当時好きだった画家も紹介しており、ラファエロ、ゴヤ、コロー、マネ、ゴーギャン、ゴッホ、モディリアーニ、ユトリロ、ミロ、デュフィ、ルオー、ブラックの名が挙げられている。これらの画家の画集は一日に一、二回は眺めているとも。

もちろん、ピアノと作曲の学び以外の時間はふつうの中学生だ。バスケットボール部をやめて、音楽関連ということで吹奏楽部に入部し直した。そこでチューバを担当したが、やがて指揮などもするようになった。

中学二年生のときには、運命の出会いがあった。ドビュッシーの音楽との邂逅《かいこう》だ。叔父たちのところにあったブダペスト弦楽四重奏団による『弦楽四重奏』（一九五七）のレコードを何気なく聴いて、雷に打たれたような衝撃を受けたそうだ。

それからしばらくは、ずっとクロード・ドビュッシーの音楽のことだけを考え続けたという。ピアノに向かってドビュッシーの曲を弾き、その構造を確かめる。確かめれば確かめるほど熱が入り、ついには自分はドビュッシーの生まれ変わりではないか？　そうにちがいないという妄想にも取り憑《つ》かれた。Claudeというアルファベットでのサインを練習するぐらいだったから、妄執に近いものだったのかもしれない。

ただ、坂本龍一の場合は松本民之助の下で正規の音楽理論を学んでいたことから、ドビュッシーの音楽の秘密、自分がなぜそれにこんなにも惹《ひ》かれるのかということを論理的に解明していくことができた。妄執はやがて学習となり、作曲家としての坂本龍一の源流のひとつになっていく。

また、この中学時代にはようやく読書にもめざめた。坂本家の場合は父である坂本一亀によって家中がそのまま文学館の様相を呈していて、しのびこんでは興味を持った本を次々に持ち出して読破していった。父の専門である戦後の日本文学はもとより、澁澤龍彦やジュルジュ・バタイユ、ウィリアム・バロウズなどの異端。さらには哲学書などよりどりみどり。本、書物への偏愛はこの後坂本龍一の人生の柱ともなった。

「ぼくは大学生の頃までは、小説なんて書こうと思えばいつでも書けるなんて豪語していたんですよ。でも、まったく才能はなかったですね。絵の才能も文章の才能もない。全然ダメです。音楽ができてよかった。そのほかはなにもできない人間でした」（※※）

音楽、文学、学校、部活動、そして友人たち。当時の世田谷烏山は田園も拡《ひろ》がるのんびりした田舎町で、坂本少年は早熟な中学生としての青春を満喫して過ごすことになった。

新宿高校

田舎町の早熟な、でもうぶな中学生だった坂本龍一の運命を変えたのは都立新宿高校への入学。一九六七年のことだ。

新宿高校は一九二三年に東京府立第六中学校として新宿御苑の一画に開設され、戦後に東京都立新宿高校となった。一九五〇年代後半からは東京でも有数の進学校となり、坂本龍一が入学する頃には毎年百名近い東大合格生を出すようになっていた。

その一方、戦前の旧制中学校時代に著名な武道家や軍人を輩出していた頃の硬派でバンカラな校風がそのまま受け継がれてもいる。文武両道を体現したかのような高校だった。

坂本龍一が入学した当時の学校群制度では駒場高校と同じ第二学区二二群に属しており、坂本龍一としては女子の多い駒場高校に行きたいという希望もあったが、新宿高校に振り分けられた。

新宿高校はなによりも学校の位置する場所が名前のとおり新宿だということが大きかった。

正確には学校の敷地は新宿区内藤町と渋谷区千駄ヶ谷をまたいで存在しており、坂本龍一が二年生の時から、それまで新宿区内にあった旧校舎ではなく、校庭があった千駄ヶ谷部分に建設した新校舎が使用されるようになった関係で、この年より新宿高校の正式な住所は渋谷区千駄ヶ谷に変更された（二〇〇四年に再度新宿区部分に新しい校舎を建て、現住所は新宿区内藤町に再変更されている）。

そうした細かなことはともかく、この当時の新宿は東京、いや、日本を代表する繁華街であると同時に戦後の日本の風俗、文化の最先端の地にもなっていた。

唐十郎の紅テントなどアンダーグラウンドな演劇が開催されていた花園神社、新宿駅西口広場では毎日反戦フォークの集会が開かれ、数多くのジャズ喫茶、当時の知性の象徴のひとつであった紀伊國屋書店……。さらに西新宿の淀橋《よどばし》浄水場が廃止され、その広大な跡地には超高層ビル群が建設されようともしていた。

坂本龍一が新宿高校に入学した頃はそんな時代で、一九六九年には新宿紀伊國屋や紅テントをはじめとする全編新宿ロケの大島渚監督『新宿泥棒日記』(主演・横尾忠則)が公開され、後にビートたけしとなる北野武や文学者の中上健次も新宿のジャズ喫茶でウェイターをしていた。

前年の新宿騒乱もあり、とにかく新宿には正も負も含めて混沌《こんとん》としたエネルギーが充満していた。

坂本龍一は高校入学によって新宿デビューを果たすと、その混沌の中に飛び込んだ。学生運動、ジャズ喫茶、映画、輸入レコード店、名曲喫茶、アングラ演劇……。ジャン・リュック・ゴダールやフランソワ・トリュフォーなどフランスの、あるいは大島渚や篠田《しのだ》正浩、吉田喜重《よししげ》など日本のヌーヴェル・バーグと称された新しい映画監督たちの作品に触れたのも新宿のアート系の名画座だった。

西口のフォーク集会には反感を覚えたが、それでも新宿という街が孕《はら》むエネルギーを糧として高校時代の三年間を過ごすことになる。

「新宿の『ピットイン』というジャズのライブハウスに通いつめ、自分も高校の友人と一緒にジャズ的なバンドを組みました。ボサノヴァとフリー・ジャズはできるけど、オーソドックスなジャズができないというひどいバンド(笑)。この頃にはもうフリー・ジャズへの関心が芽生えていたんですね」(※※)

坂本龍一という芸術家の基礎を作ったのは、この一九六七年度から一九六九年度までの新宿高校時代といっても過言ではないだろう。

高校では教師や学友にも恵まれた。自伝『音楽は自由にする』では、学生運動に挫折して教師になった現代国語の前中先生にとくに親しみ、その言動や考え方に大きな影響を受けたと語っている。

また、高校に入った頃、坂本龍一は進学先として東京大学、東京藝術大学、日本大学芸術学部あたりを視野に入れていた。前述のとおり新宿高校は日本でも有数の東大入学生を生む高校であり、決して荒唐無稽な希望ではなかったが、本人としてはやはり現実的なのは東京藝大で音楽をさらに勉強することだとも感じていたらしい。

ここに強力な援軍も加わった。高校の教師から、高校の六年先輩である作曲家の池辺晋一郎《しんいちろう》に会ってみるよう紹介されたのだ。会ってみた池辺晋一郎は気さくな人物で坂本龍一と話もはずんだとのこと。さらに持参した自作曲の譜面を見てもらったところ、これならば今すぐにでも藝大に入れるとお墨付きまでもらった。

高校での部活動は合唱部だった。音楽関係ながらも中学のときの吹奏楽部のような厳しい規律がなく、自由に好きなことができた。合唱に参加するよりも伴奏の指揮に熱中した。三善晃《みよしあきら》などの現代曲の合唱の楽譜を持参して演奏の指揮をした。また、勝手に軽音楽部を作り友人たちと音楽室でフリー・ジャズを演奏していた。

新宿という時代の特異点となった街に立地する高校に在学したことで、カウンター・カルチャー、サブ・カルチャーの最前線を体験しながら、高校生らしい青春も楽しんだ時代だ。恋もした。現代音楽や現代美術にも本格的に入れ込むようになったのもこの高校時代。ジョン・ケージ、テディ・ライリー、ナム・ジュン・パイクらがヒーローとなった。

また学生運動への参加も、この時代の空気を考慮するならば、青春の一幕と言っていいのかもしれない。もちろん、思想や哲学は真剣に学んだ。それでも、学生運動に身を投じてヘルメットを被《かぶ》ってデモに参加するということは当時の高校生にとってバンドを組んでロック・フェスに参加するような血の沸《たぎ》る体験だった。もちろん異性の目も十分に意識していた。

さまざまなデモや闘争に参加し、機動隊に追いかけられる日々。やがて坂本龍一は学内でバリケード封鎖をする活動を行なった。制服制帽や試験の廃止を訴えたのだが、このとき封鎖したバリケード内でドビュッシーをピアノで弾いていたという伝説も残っている。真偽は定かではないが、いかにも坂本龍一らしい逸話だ。

初めてのアルバイトも高校時代の夏休みに体験した。新宿のあるスポーツ用品店の看板持ち。大きな看板を持って歩道を行く人たちにアピールするというもの。そのあたりにたむろしているヒッピーたちと仲良くなったりもした。

そうした中、音楽の勉強だけは粛々と続けていた。師である松本民之助の家では毎年正月二日にすべての生徒が揃《そろ》って作品の発表会を行なうという催しがあり、小学生の頃から通っていたが、高校三年間も必ず参加した。

「お正月だし緊張もするし、すごく特別な日。暮れも正月もなくてその日に向けて宿題として必死に曲を書いてました。あの恒例の日があったこそ、曲を書くというのは特別なことという意識がずっとあったんじゃないかな」（※※）

母もこの時期には坂本龍一が曲作りに懸命だったために、坂本家には正月がないと述懐していたそうだ。

当時坂本龍一と接していた松本民之助の子息である作曲家の松本日之春の、坂本龍一の第一印象はシャイな少年というものだったが、やがて坂本龍一の才能に大きく注目することになる。

高校生になった坂本龍一は松本民之助の自宅で行なわれていた東京藝術大学の生徒相手のゼミにも出席を許され、大学生たちと同様の課題を課せられることになった。松本日之春は当時のことについてこう回想している。

「大変だったと思いますよ。藝大の生徒と同じレベルのものを出していたんじゃ認められない。それよりずっといいものを書かないと誰にも認められないわけだから、高校生の坂本くんにとっては大変だったと思います。そこで発表する作品はとても一〜二週間で書けるようなものじゃない」

また、この頃の坂本龍一に対する鮮明な思い出もある。当時、生徒にピアノを教えていた松本日之春は難解なソルフェージュを生徒たちに記譜させていたのだが、そのソルフェージュは藝大生もなかなか正解できない難解なものだった。

「ふつうは最初に何調で何拍子、何小節と教えてから始めるのですが、それをせずに自分で聴音して再現して弾いてみましょうというもの。そのときたまたま坂本くんもいて、どう、できる？　と訊《き》いたら、うん、できるよってその場で楽譜を起こし始めたんです。一度聴いただけなのに完璧な譜面にした。あれはすごかった。じゃあ、それを弾いてみようかって言ったら、はいとピアノを弾き始めた。それもいま起こした楽譜を見ずに、暗譜で弾いたんです。彼が高校三年生の頃じゃないかな」

また、松本民之助は坂本龍一のピアノ演奏も高く評価していたそうだ。

「ぼくの弟の松本清（後に作曲家）があるときピアニストを目指すと父に言ったとき、そうか、でも坂本くんのほうがずっとピアノがうまいよと笑っていました」

坂本龍一の回想だととてもこわかったという印象の松本民之助だが、その子息である松本日之春によると、父はつねに坂本龍一を高く評価し、その活動も温かく見守っていたという印象を受けるという。一九八〇年代初めにパリへの音楽留学から帰国した松本日之春は父に、イエロー・マジック・オーケストラ（以下YMO）に対する感想を訊ねてみたことがある。

「私の予想では父はYMOのような音楽に関しては苦い顔をするだろうと思っていたのですが、意外にもにこやかでした。当時、坂本くんの活躍を見て、いろんな人に楽しそうに思い出を語り、とても誇りを持っていると話していたことも憶えています。弟子を褒めることなど一切なかった父にとってとても珍しいことでした」

この頃にはそれ以前に親しんでいたバッハ、ドビュッシーといった正統的なクラシック音楽と同時に、二〇世紀以降のいわばリアル・タイムの現代音楽にもより深く接するようになっていた。当然ながらそれらはジャズ喫茶で触れるようになっていた即興ジャズなど前衛的な音楽と共通する響きも感じられ、中学時代から聴いていたロック・ミュージックの進化ともあいまって、坂本龍一の音楽の受容領域をさらに拡大していった。

世の多くの人は一四歳から一八歳までの時期に触れた音楽に終生影響を受けるという説がある。青春の時代、身体も脳も細胞分裂により成長を激しく行なうこの時期に聴いて感銘を受けた音楽、そして文学、あるいは映画や演劇などのカルチャー、さらには交友関係、恋愛は青年の心の糧となり、後の人生を決定づける。坂本龍一の基礎もまさにこの新宿高校時代に定められたといってもいいだろう。

東京藝術大学

台東区上野公園の一画に位置する東京藝術大学（以下藝大）は、明治十八年に設立された日本初の官立美術学校を祖とする日本の総合芸術大学の最高峰だ。池辺晋一郎の言のとおり、坂本龍一は難関である藝大の入学試験に現役で合格し、大学生となった。一九七〇年。新しいディケイドが始まっていた。

坂本龍一が入学したのは、音楽学部作曲科。ここで四年間作曲を学ぶことになった。また、師である松本民之助には当然、大学でも教わるほか、私塾にも通い続けた。

この頃には高校の時に触れた武満徹、三善晃、湯浅譲二、一柳慧《とし》ら現代日本の作曲家の音楽もいっそう聴くようになっていた。中でも高橋悠治（父の一亀が懇意にしていた丸谷才一の教え子で早くから坂本龍一と交流があった）の演奏会や講演には足繁《しげ》く通うようになる。

音楽評論家である秋山邦晴の一九七八年の著書『日本の作曲家たち　戦後から真の戦後的な未来

へ』上巻には高橋悠治の項があり、そこには高橋悠治が一九七一年に行なった「クロストーク」演奏会での講演の写真が掲載されている。高橋悠治の話を熱心に聞き入っている聴衆の最前列にいるのは大学二年生のときの若き坂本龍一だ。

藝大に入学した坂本龍一は音楽学部の雰囲気に猛烈な違和感を感じたそうだ。とくにクラシックを学ぶ同級生たちは品の良いお嬢さん、お坊ちゃん的な空気を纏《まと》う学生が多く、自分のようなタイプの人間はそこでは異質な存在と思えた。

「学校の外の路上では連日何十万人規模のデモ隊と機動隊がぶつかりあっているのに、音楽学部の中はお花畑のようで、安穏とした雰囲気の中でお互い〝ごきげんよう〟なんて挨拶している世界（笑）。なるべく近づかないようにしていました」（※※）

三善晃や小泉文夫など魅力的な教官とその授業はあったものの、坂本龍一の足は次第に音楽学部から遠のき、道を一本隔てたところにある美術学部のキャンパスに入り浸るようになっていった。もとより現代美術に関心があったこともあるし、美術学部の雰囲気に惹かれた。そこには自由な気風となにかしらおもしろいことが起こりそうな予感が満ちていた。

「よく憶えているのは、この頃にマイルス・デイヴィスの『ビッチェズ・ブルー』という大作アルバムが出て、衝撃を受けたんですよ。でも、音楽学部の級友は、マイルス？　それ誰？　という状態で、し

かし美術学部の学生はみんな聴いていたんです」(※※)

音楽学部は時代の先端から隔絶された温室のように感じられてならなかった。こうして坂本龍一は美術学部の友人たちと芸術談義をし、みなでデモに繰り出す毎日を送るようになっていった。

両方のキャンパスを覗《のぞ》くとやはりどこかスクエアで品のよい音楽学部と、ゆるくて猥雑《わいざつ》な美術学部という印象がいまもある。坂本龍一は卒業後四十年以上経った二〇一五年に音楽学部で一度限りの特別講座を行ない、そのときは自分が在学していた頃とはずいぶん雰囲気が変わったと口にしたが、それでも音楽学部の生徒のお行儀のよさをどこかおもしろがっているようにも見えた。

食堂も音楽学部ではなく、美術学部の『大浦食堂』(二〇二一年閉店)を使った。三島由紀夫の自決のニュースを聞いたのも『大浦食堂』だった。一年生の秋、十一月二十五日のことだ。過激な左翼学生だった坂本龍一にとって、三島由紀夫の思想や言動の一部はあいいれないものがあったものの、父の書棚から『仮面の告白』を抜き出して読んで以来、この頃もずっと読み続けていた。

自決のニュースを聞いて、友人たちと遺体が安置されている牛込警察署に押し掛けて、もちろん遺体とは対面できるわけもなく、その夜は『新宿ピットイン』で記憶がなくなるまで泥酔したという。

また、美術学部の生徒たちとの交流は、ひとつの重要な出会いも産んだ。美術学部には暗黒舞踏やアングラ演劇をやっている学生も多く、その影響で坂本龍一は黒テントや自由劇場の関係者とも知り合うようになった。佐藤信、吉田日出子、串田和美、朝比奈尚行、佐藤博、柄本明らだ。

「美術学部なのに天才的にギターがうまいやつとか、へんな学生がいっぱいいたんです。人間的におもしろいし、そういうやつらのとこを転々と泊まり歩いて、何週間も家に帰らない生活を送ってました。おもしろかったなあ」（※※）

この天才的にギターがうまかった美術学部生が朝比奈逸人。自由劇場の朝比奈尚行の弟だった。こうして坂本龍一は小劇場の演劇に深くかかわるようになり、演劇の音楽も手がけるようになっていくほか、一度は役者として舞台に立ったこともあった。このことは坂本龍一の一九七〇年代にとって大きな意味を持つようになる。

もちろん、音楽も忘れたわけではない。授業はさぼりがちだったが、小泉文夫の民族音楽の授業、三善晃の授業はときに履修資格もないのに熱心に受けた。また、電子音楽に対する関心も強く関連の授業を受けるほかに独学もした。

「ぼくは松本民之助先生の弟子だったので、ゼミも自動的に松本先生のところに割り振られたのですが、ほとんど行くことはありませんでした。松本先生にも宣言したことがあるんです。ゼミがおもしろくないので自分で独学します！　と。ひどいですよね。その頃はまだまだ過激派学生だったから、学校のシステムとか師弟、上下関係なんてまったく気にしないという態度で通していました。建前としては学校というシステムを壊すということだったんですが、生来の怠け者であるということのほうが大きかったんじゃないかな。しかし、そうして授業はさぼるものの、課題だけは提出してちゃっかり進級してる。留年や退学にならない程度にさぼるといういい加減さでした（笑）」（※※）

提出した課題の作曲作品はいくつか譜面という形で現存している。課題として提出せざるを得ないためにきちんとした譜面にする必要があり、そのおかげで現存した。坂本龍一の藝大時代の提出課題で、譜面として残っているものには以下のものがある。

Sonate pour Violin et Piano〈ヴァイオリン・ソナタ〉

「藝大の期末の演奏会で初演したもの。級友にヴァイオリンを弾いてもらって、ぼくはピアノ。尊敬する三善晃さんがパリの音楽院の学生の頃、フランスにはアンリ・デュティユがいて、三善さんは影響を受けたそう。それにぼくも影響を受けてこの『ヴァイオリン・ソナタ』も初期の三善さんやデュティユっぽくなっている」（※※）

Quatuor à Cordes, études Ⅰ,Ⅱ〈弦楽四重奏曲　エチュードⅠ,Ⅱ〉

「これもやはり三善さんの影響を受けている。あとはベルクやバルトーク。この曲は『エチュード』

と題しているよう、弦楽四重奏のための習作。バルトークの影響は濃くても、それは戦前のバルトークで、一九七〇年代にしてはすごく保守的な作品ではあります。そのぶん、藝大というアカデミックな場所では収まりはいいけれど」（※※）

Quatuor à Cordes〈弦楽四重奏曲〉

「先の『エチュード』を習作として書いたもの。『エチュード』にくらべて、こちらはもう少し一九七〇年代の音楽に近づいている。そのぶん、いろんな当時の作曲家の影響を受けすぎていて、スタイルがまったく統一されていない。第四楽章になるといきなり高橋悠治さんっぽくなって、まったく別の曲のよう。それは当時、自分でもわかっていたけど、ひとつのスタイルでまとめるなんてくそくらえみたいな気持ちがあったんじゃないかな。八方破れで学校からの採点も低かったはず」（※※）

　これらの作品は、後年あらためて演奏され、録音されている。

「Quatuor à Cordes, études I, II〈弦楽四重奏曲　エチュードI, II〉」は二〇一六年のコンピレーション・アルバム『Year Book 1971-1979』のために同年、ニューヨークで演奏されたものが収録された。「Sonate pour Violin et Piano〈ヴァイオリン・ソナタ〉」と「Quatuor à Cordes〈弦楽四重奏曲〉」も同様に『Year Book 1971-1979』に収録されている。また、この二曲は二〇二二年九月にも信頼する若手演奏家と再び録音された。

これらのほかに、吉本隆明の詩に音楽をつけたものなど、いくつかの作品の楽譜が現存している。また、音楽の教師になるという可能性も一応は考えて、母校新宿高校に教育実習で赴いたこともある。音楽の授業をすること自体はおもしろかったが、組織の一員としての教員に向いているはずもなく早々に教師の道は断念した。大学三年生のときには、音楽の家庭教師もアルバイトとして考え、生徒募集のビラを作ったこともある。ピアノ、楽理など藝大もしくは各音楽大学を目指す中高生のほか、「幼児音感教育」という幼児まで対象にしたものだった。

美術学部生や劇団員、そしてデモ仲間。何週間も家に帰らず、授業もさぼりがちだったが、それでも、千歳烏山の実家にはときどき戻る。

その千歳烏山に一九七一年の三月、小さくて不思議な店がオープンした。ジャズ喫茶のようなスナックのようなその店の名は『ロフト』。後に都内各地で同名ライブハウスをオープンさせ、東京でライブハウス文化を花開かせた平野悠《ゆう》による『ロフト一号店』だった。

いつしか坂本龍一はこの店の常連となり、ときに相席の客と音楽論争を交わし、ときに店近くの桐朋学園大学音楽学部の生徒のレポートを代筆し、最後はいつも酔い潰れていたと平野悠は著書『ライブハウス「ロフト」青春期』（講談社二〇一二年）で回想している。はっぴいえんどを初めて聴いたのもこの千歳烏山の『ロフト』でのことだった。

「あそこはロックもフォークもジャズもかけるような店で、あそこで初めて耳にした音楽というものがずいぶんあるんです」（※※）

はっぴいえんどには驚いた。大学に入ってからは日比谷の野外音楽堂でのロックのフリー・コンサートによく行っていて、日本語のロックはどうあるべきかという関心もあった。

自分が感心した部分は同バンドのベーシストである細野晴臣というミュージシャンによるところが大きいと、やがて気づいていくことになる。

そして、大学三年生のときには結婚をした。美術学部に在籍していた一年先輩の女性が相手だった。やがて女児も生まれた。

坂本龍一は大学生ながら家族を養うという意識に目覚めた。

最初は地下鉄工事など日給のいい肉体労働に励んだが、やはり向いていない。三日で音を上げて、今度は自分の得意分野のアルバイトをすることにした。ピアノの演奏だ。

銀座や西荻窪《にしおぎくぼ》のシャンソン・バーでのピアノ演奏。美輪明宏ら有名歌手の伴奏もあれば、店に来た客の伴奏もあった。西荻窪の店では遊びに来た友人の柄本明の伴奏をしたこともある。

後年、自身がDJを務めるラジオ番組に柄本明を招き、その再現ということでスタジオで柄本明に歌ってもらい、ピアノの伴奏をしている。

まさに波乱の大学生活を送った坂本龍一だが、音楽の勉強はなおざりにすることがなく、とくに民族音楽と電子音楽の勉強には貪欲だったようだ。民族音楽は藝大の小泉文夫の授業には必ず出席。いっぽう、電子音楽の勉強に関してはシンセサイザーなど電子楽器を揃えた音響研究室に入り浸るかたわら、学外にも出かけた。作曲に数学的な手法を取り入れ、コンピューターを使って複雑な計算をしたいということで東京大学の工学部に赴いて勉強をした。

「大学三年生のとき東大の工学部にコンピューターを使って音楽を作る先生がいるということを聞いて、そのゼミを見学にいきました。IBMの巨大なコンピューターでパンチカードを七千枚ぐらい使って、それを読み込ませてコンピューターに音楽を弾かせる。でも、七千枚使っても自動演奏できるのはモーツァルトのソナタ程度。なんだってがっかりした憶えがあります。コンピューターを使って人間の感情を入れない論理的、数学的に作曲したらどうなるかということに興味があったのだけど、その頃は簡単に使えるコンピューターもないし、残念ながらそのときはそこまでだった」(※※)

正統的な西洋のクラシック音楽はすでに袋小路に入ってこれ以上の進歩はないだろうと感じていたため、そこから外れた民族音楽を学び、電子音楽ではコンピューターを駆使すれば音楽エリートのプロパーな作曲家だけでなく、一般の人々でも音楽を作ることができるはず、そこに音楽の希望があると感じていた。これは、後にパーソナル・コンピューターが普及し、音楽関係のソフトウェア、アプリケーションが多く出現したことである程度は実現することになる。

そして、坂本龍一の大学時代のエピソードとして有名なものが自伝『音楽は自由にする』でも紹介されている、武満徹批判のビラ配り事件だ。

きっかけは日本を代表する音楽家であった武満徹が、新作で邦楽器を使ったことだ。二〇二二年から文芸誌『新潮』で始まった坂本龍一の自伝連載「ぼくはあと何回、満月を見るだろう」でも触れられているが、若い頃の坂本龍一は日本古来の伝統芸能をナショナリズムや軍国主義を想起させるものとして嫌っており、邦楽器を使用した武満徹は国粋主義に接近を始めたのではないか、よし抗議しようとなったのだ。

上野の東京文化会館などで武満徹の演奏会があるとその会場外で批判ビラの配布を行なった。武満徹本人も、むしろこの抗議活動には興味を持ったようで、配布の二回目のときは坂本龍一の前に姿を現し、三十分に渡ってきちんと対話をし、邦楽器を使った意図を説明。坂本龍一は、納得というよりも武満徹のその真摯な姿勢に惹かれて大きなシンパシーを感じることになったという。

武満徹とはこの後一九九〇年代に武満徹が死去するまで何度か会い、淡い交友が続くことになる。

大学を卒業した一九七四年、東京藝術大学の大学院に進学をする。

まだまだ青春の時代は続いていく。

※第一章で引用された坂本龍一のコメントは二〇一八年の『Glenn Guld Gathering』ハンドアウトのためのインタビュー取材（※）二〇一六年の『Year Book 1971-1979』（commmons）ブックレットのためのインタビュー取材（※※）から抜粋。

第二章

アブ時代

一九七四〜一九七七

一九七四

一九七四年四月、坂本龍一は東京藝術大学の修士課程に進んだ。音楽研究科作曲専門課程だ。一九九〇年代までこの課程を「音響研究科」とした誤った報道が出回っていたが、坂本龍一はまちがいに気づいていたもののどうでもいいと放置していたとのこと。

大学院でも作曲を学ぶことにしたのは、まだ自由な学生の身分を続けたかったということがあったが、院に進んでも相変わらず大学には姿を見せない。学外の活動が多岐に渡ったということもある。

この年の前半に忙しかったのは前年に続いての演劇仲間との交流だった。六月に新宿文化アートシアターで行なわれた自由劇場の公演№55『走れ!! ブリキ婆ァ』では劇伴の音楽を手掛けるばかりでなく、役者としても出演した。

この年はほかにも六月の『新☆大晴天』(自動座)、十一月の『剛球王　食卓の嵐』(曲馬舘)といった演劇の音楽を手掛けている。これらの演劇の音楽の中では、翌七五年に上演された曲馬舘『愚者の謝肉祭』のテーマ曲のみが七八年発売の曲馬舘の自主制作レコードに収録されたことで現存。坂本龍一が作曲し、ピアノを弾いた楽曲に役者たちの歌が乗ったこの作品は二〇〇四年に復刻CD化もされた。

坂本龍一のこのような演劇関係の交流からはひとつの出会いも生まれた。

自由劇場の看板女優である吉田日出子から、あるとき親しいギタリストがいるのだが会ってみないかと誘われたのだ。キャリア充分ながらあらためて編曲や音楽理論の勉強をしているそのギタリストは鈴木茂。以前、千歳烏山の『ロフト』で初めて耳にし、感嘆したはっぴいえんどのギタリストだ。吉田日出子の紹介で会ったふたりは意気投合し、以降、つきあいは続くことになる。

当初は坂本龍一が音楽理論の解説をし、そのお返しというわけではないが、鈴木茂はそれまで坂本龍一にとって未知の領域だったブラック・ミュージックの名盤を紹介してくれた。これが後のアレンジャー・坂本龍一の大きな糧となっていく。

「高校生の頃によく聴いていたロックからはブラック・ミュージックの快楽は伝わってこなかった。自分の耳にフィルターがかかっていたのかもしれない。ビートルズもストーンズもブルーズのカヴァーをやっていたんだから、ちょっと突っ込んで調べればわかったはずなのにしなかった。調べるほど好きじゃなかったんでしょう」（※）

ふたりはよく連れ立って原宿のできたばかりの輸入レコード店に赴き、そこでは鈴木茂が坂本龍一がいま聴くべきレコードを次々とレコメンドしていく。それらの中にあったのはマーヴィン・ゲイ、スライ&ファミリー・ストーンやＷＡＲなどだった。
「いまにして思えば、夢中にはなっていても、まだまだ表層的な受け入れのしかたでした。茂と一緒になって、『ソウル・トレイン』を食い入るように見て、黒人ミュージシャンの動きや踊りを真似したり、分析したりしていました。ポップスで基本になるダウン・ビートの一拍目のときに、腰が沈むか浮くかでグルーヴは大きくちがってくる。茂と黒人的に弾くにはどっちが正しいんだ？　みたいな話をよくしていました」（※）
熱心に観ていた「ソウル・トレイン」は一九七一年から二〇〇六年まで全世界で放映されたアメリカの黒人音楽専門番組。坂本龍一はこの六年後、ＹＭＯの一員として、他のメンバーともども日本人として初めての番組出演を果たすこととなる。

また、この年の暮れになると、坂本龍一をとりまく環境はさらに激変していく。自由劇場〜自動座に関係していた女優のひろ新子は新宿のゴールデン街でスナック『クラクラ』をやっていて、坂本龍一はそこの常連だった。
十一月のあるとき、その店の隣の席で飲んでいたフォーク・ミュージシャンと坂本龍一は知遇を得る。フォークに関しては門外漢だったから、相手についてはまったく知識がなかったが、話をするとおもしろい。歓談し意気投合したその相手はすでにフォーク・ミュージシャンとして活躍していた友部正人だった。

坂本龍一がピアノを弾いているということを知った友部正人は、翌日に予定されていたレコーディングにいきなり誘った。坂本龍一のピアノや音楽性を知っていたわけではないので、このおもしろい藝大の院生に弾かせてみて、よかったら使おうぐらいの気持ちだったのかもしれない。

坂本龍一にとっては、バーや小劇場での生演奏の経験はあったが、プロが使う音楽スタジオでのレコーディングは未経験で興味津々だった。もちろん快諾して、翌日、信濃町の『ソニー・スタジオ』に赴いた坂本龍一は友部正人のレコーディング中のいくつかの曲でピアノを弾いた。

二〇〇九年の雑誌『ユリイカ』四月臨時増刊号（青土社）の坂本龍一特集に友部正人は当時の回想を記している。それによると予定していたバッキングのミュージシャンの演奏が制作中の曲と合わず困っていたところ、曲に対してコードすら訊ねず、なんの打ち合わせもないまま弾いた坂本龍一のピアノが、まさに望んでいた自然な響きだったという。

これが坂本龍一の初めてのレコーディングだ。二～三時間ピアノを弾いて一万円（友部正人の回想による）という演奏料も払われたので、プロのミュージシャンとしてのデビューでもある。このレコーディングは翌年一月にリリースされるアルバム『誰もぼくの絵を描けないだろう』として結実する。

「このあいだ何十年ぶりかに聴いたら顔から火が出るほどピアノが下手。曲に合ってない。なにをやってるんだ！　って頭をひっぱたきたい感じ」（※※）

このレコーディングの期間中、坂本龍一のピアノを気に入った友部正人は、日本全国を回るライヴ・ツアーへの同行を依頼した。

坂本龍一としてもそれまで首都圏から出ることはほぼなかったし、日本全国津々浦々への演奏旅行というのは興味があるところであった。これもまた快諾して、ふたりはツアーに出ることになる。友部正人とそのマネージャー、坂本龍一の三人だけの演奏旅行だった。翌年リリースの『誰もぼくの絵を描けないだろう』のジャケット裏面には、マネージャーが撮ったとおぼしき、演奏旅行中の駅での友部正人と坂本龍一の写真が大きくフィーチュアされている。このツアーは年末も続いた。

当時の詳しい記録はあまり残っていないが、十二月三十日には栃木県宇都宮市のライブハウス『仮面館』で友部正人のコンサートが行なわれている。これはこのライブハウスの柿落《こけら》としのコンサートのシリーズの一環。オープニング日の十二月二十七日は高田渡のワンマンだ。

興味深いのはその翌日の二十八日には、フォーク・シンガーの古田勘一、橋本俊一（後のオルケスタ・デル・ソルのタイロン橋本）と坂本龍一の三人でライヴを行なっていること。

この頃になると友部正人とのツアーで、全国のライブハウスで高田渡をはじめとする多くのフォーク・シンガーと知己となっており、坂本龍一は友部正人公演の先乗りをする形で現地に入り、三人での演奏になったようだ。

すでに細野晴臣とティン・パン・アレイで共演をしていた橋本俊一はこの三年後にYMOのファーストアルバム中の「Simoon」に客演することになる。

この『仮面館』での座組みでもわかるよう、友部正人とのツアーを通して坂本龍一は多くのフォーク・ミュージシャンと知り合う。

「友部さんと半年ぐらいあちこちライヴしていく中で、大きめの京都の『磔磔《たくたく》』とかみたいなところでやると、関係者が聴いていて、そういう意味ではこちらにそういう意識はまったくないけど、結果的に友部さんとのツアーはいいプロモーションになったんです。あいつはピアノが弾けるっていう話が伝わってどんどん声がかけられる」（※※）

この友部正人とのツアーと、自動座での活動には共通する人脈もあった。

「自動座をやっていた朝比奈尚行さんの弟が藝大の油絵科の学生で、アコースティックやフォーク・ギターがすごくうまい人だった。彼がつきあっている武蔵野タンポポ団というフォークのグループがあったんだけど、そのリーダー的な存在。だから自然な流れで吉祥寺《きちじょうじ》にたまっている武蔵野タンポポ団とつきあいができて、高田渡やシバ（三橋誠）もそこにいたんです。そういう交流が友部さんと会

う前にあったことはあったんじゃないかな」（※※）

武蔵野タンポポ団は一九七一年に高田渡、シバ、山本コウタローらを中心とした武蔵野市吉祥寺を本拠地とするフォーク・シンガーの集まりで、当地を中心に数多くのコンサート・イベントも開催していた。

その代表的なイベントで一九七一年以降定期的に開催された『春一番コンサート』には一九七五年以降に坂本龍一も何度か参加している。

また、この吉祥寺の武蔵野タンポポ団との交流によって坂本龍一はこの当時定期的に吉祥寺を訪れているが、当時吉祥寺には『芽瑠璃堂《めるりどう》』、『ジョージア』という有名な輸入レコード・ショップがあり、坂本龍一はその常連にもなった。これらのレコード・ショップでは後のＹＭＯのマネージメント事務所の社長となる大蔵博、ＰＡＳＳレコードを興す後藤美孝とも知遇を得たが、その交流の花が咲くまでにはまだしばらくの時が必要になる。

一九七五

前年の友部正人との出会いを経ての坂本龍一と武蔵野タンポポ団をはじめとするフォーク・ミュー

ジシャンたちとのつきあいは、やがて坂本龍一をプロのセッション・ミュージシャンという職業に導くことになった。

いつの間にか顔見知りになったフォークの面々からピアノやキーボードの演奏の依頼が舞い込み、それはライヴの場からスタジオ録音の場にまで拡がり、さらには演奏のみならず藝大で習得した音楽理論を見込まれて編曲もまかされるようになっていった。

また、前述のとおり友部正人をはじめとするフォーク人脈は、その前から坂本龍一の身近だった自動座などのアンダーグラウンドな演劇の人脈と紙一重的な近さであったことも関係し、一九七五年の坂本龍一はこの双方が混交した世界で音楽家として活躍することになる。

二月十四日には自由劇場～自動座の吉田日出子、朝比奈逸人、尚行、佐藤博、大蔵博らが中心となって行なった『ジャム第十回コンサート〈Jam・峠〉』にキーボード奏者として出演。中野文化センターでのこのコンサートの模様は同年『Jam・峠』のタイトルでライヴ・アルバムとして発売された。

また、この頃に始まったのがＮＨＫ－ＦＭのラジオ・ドラマの仕事だ。いわゆる劇伴の音楽を手掛けることになった。

同年八月一日に放送されたＮＨＫ－ＦＭドラマ「スーパーパパ」は自動座の朝比奈尚行が脚本を手掛けている。そして主演が友部正人、共演がひろ新子、佐藤Ｂ作、柄本明らの馴染みの人たち。坂本龍一は、このドラマでBGMとキャストが歌う劇中歌の作曲と演奏を担当した。

その楽曲は本領を生かした現代音楽的なピアノ、ストリングス曲、ボサノヴァ、シャンソン風、そしてクルト・ワイルを思わせるような歌曲などだ。

おもしろいのが、この年の終わりとなる頃には、「スーパーパパ」のいかにもアンダーグラウンド演劇の伴奏のような楽曲に、ロック、ブラック・ミュージック調の作品が加わってくることだろう。

この年の十二月十二日にオン・エアされたNHK‐FMドラマ「マイ・ブルーエンジェル」は流山児祥脚本で、益田喜頓《キートン》、三東ルシアらが出演した作品。ここでは「スーパーパパ」と同様のシャンソン的なピアノ歌曲などとともに、フォーク・バンド六文銭のシンガー、及川恒平が歌うファンク・ロック曲、マーヴィン・ゲイを思わせるソウル・ミュージック的なインストゥルメンタル曲が使用されている。鈴木茂に教えてもらったブラック・ミュージックの素養がこの頃には坂本龍一の音楽的な血肉となりつつあった。また、ここで演奏を行なっているのはバイバイ・セッション・バンド。このバンドは坂本龍一のキャリアにとって重要なグループで、詳細については後述するが、この十二月に放送されたドラマの演奏ということは、少なくともそれ以前に坂本龍一はバイバイ・セッション・バンドに加入していたか、密な関係にあったということになる。

坂本龍一のNHK‐FMのドラマの、現在確認されているところの最後の作品は一九七六年九月三日放送の「ハムレット」。風間杜夫が主演するこのシェイクスピア劇は現代風ロック・オペラのようにアレンジされたラジオドラマで、坂本龍一は風間杜夫ら登場人物たちが歌うファンク・ロック曲、ロマンティックなピアノ歌曲、ハード・ロック、ソウル・ミュージック風のインストゥルメンタル曲に加え、アフロ・ビートをフィーチュアした楽曲、フュージョン前夜のような作品も提供。演奏はこちらもバイバイ・セッション・バンド。ここで一九七〇年代後半の坂本龍一の音楽的な基礎と幅広さが確立されていたことがわかる。

これら一九七五〜六年のラジオ・ドラマの仕事は坂本龍一のキャリアにとっては重要なものであったが、その後の音楽家としてのブレイクの前夜で記録も残っていないということで、長く忘却されてきた。近年、その録音が坂本龍一の私物の中から発見されたことでやっと陽《ひ》の目を見ることになった。

フォーク以外のミュージシャンとの交流が拡がってきたのもこの頃だった。実家近くにオープンし、客として常連になっていた千歳烏山の『ロフト』の創設者である平野悠はレコード喫茶のような場所であった『ロフト』をライブハウスにしたいという希望を持ち、一九七三年に『西荻窪ロフト』をオープンさせた。坂本龍一はここに客としてだけではなく、ミュージシャンとしても訪れた。

一九七三年七月に行なわれた二十日間続いた連続コンサート『春一番コンサート』に出演。桑名正博、南佳孝らが共演だった。

そして翌年、平野悠は『西荻窪ロフト』よりもさらにライブハウスとしての環境を整えた『荻窪ロフト』を開く。オープニング・セレモニーは開店日の一九七四年十一月十一日から十日間。ここでは友部正人ら馴染《なじ》みのフォーク・ミュージシャンのほか山下洋輔トリオのようなジャズ、あるいは細野晴臣らのティン・パン・アレーのようなロック系のミュージシャンも出演。

十一月二十二日から二十四日の三日間行なわれたティン・パン・アレーが中心となったセッションに出演したのは次のような顔ぶれだ。

ティン・パン・アレーとして細野晴臣、林立夫、松任谷正隆。ゲストは伊藤銀次、矢野誠、小原礼、はちみつぱい、上原裕、そしてシュガー・ベイブ。

坂本龍一の一九七〇年代後半の活動に欠かせなくなる面々がこの『荻窪ロフト』のオープニング・セレモニーには揃っていた。

坂本龍一はこの店で多くのミュージシャンと知り合い、共演の場も多くなった。ここ以外でのライヴやレコーディングに呼ばれることも多くなっていく。

「シュガー・ベイブ、山下達郎と最初に会ったのは『荻窪ロフト』なんです。あそこができたばっかりのときで、オープニングに荒井由実や夕焼け楽団などいろんな人が出て知り合ったのですが、当時シュガー・ベイブは山下洋輔さんのジャムライスっていう事務所に所属していた。ジャムにライスって赤塚不二夫先生的なセンスの名前。亡くなった友人の生田朗が山下洋輔トリオの大ファンで、彼を通してシュガー・ベイブを知ったんじゃなかったかな。ぼくと生田がどうやって知り合ったかというのはもうよく憶えていないんですけど」（※※）

そう、この『荻窪ロフト』では、後に友人のみならずマネージャーとして坂本龍一のキャリアに大きくかかわる生田朗とも知り合っていた。

当時の坂本龍一の外見はむさくるしい長髪に、無精髭《ぶしょうひげ》。煮染《にし》めたようなジーンズに冬でも素足にゴムサンダル。

『西荻窪ロフト』のオープンの頃に連載が始まった水島新司の野球漫画『あぶさん』の主人公も（初期の頃は）同じくむさくるしいキャラクターで、いつのまにか坂本龍一のあだ名はアブになっていた。

この一九七五年、シンガーとして、あるいはジャズ、ポップスのドラマーとして活躍していたつのだ☆ひろとも出会う。つのだ☆ひろは坂本龍一を気に入り、さまざまなライヴ、レコーディングの場に呼んだほか、レコード会社などにも紹介してくれるようになっていく。

その初期のコラボレーションが浅川マキのアルバム『灯ともし頃』への参加だった。『灯ともし頃』は当時、浅川マキがよくライヴを行なっていた西荻窪のライブハウス『アケタの店』でライヴ形式のレコーディングを行なったアルバム。つのだ☆ひろ、吉田建、向井滋春、近藤等則《としのり》ら坂本龍一とこの後も共演するアーティストに混じり、オルガンを弾くことになった。

この浅川マキのプロデューサーが寺本幸司《ゆきじ》。演奏の確かさを認めた寺本幸司は、浅川マキと同時に手掛けていたりりィのバック・バンドであるバイバイ・セッション・バンドにも坂本龍一を招聘《しょうへい》していた。

「りりィの場合も、友部さんとのライヴを彼女のプロデューサーが聴いていて、それでバックをやらないかって声をかけてきた」（※※）

バイバイ・セッション・バンドは、寺本幸司が一九七三年にりりィのバックをさせるためにスタジオ・ミュージシャンらで組ませたバンドだ。一度切りのセッションのつもりで、メンバーがどんどん入れ替わっていくというコンセプトで、実際にメンバーは一定期間在籍するといつの間にか他のミュージシャンに入れ替わっているという歴史を辿《たど》っていく。

最初期のメンバーは木田高介（アレンジとキーボード）、土屋昌巳（ギター）、吉田建（ベース）、斎藤ノブ（パーカッション）、西哲也（ドラム）で、やがてアレンジャー兼キーボーディストとして国吉良一が参加。しかし国吉良一も自身の活動のために脱退となったときに坂本龍一に白羽の矢が立ったのだ。

坂本龍一がバイバイ・セッション・バンドに加入したのは先述のラジオドラマの伴奏から一九七五年の終わり頃のようだが、この時期はまだ土屋昌巳が在籍していたようだ。やはりこの後に長い付き合いになる土屋昌巳と坂本龍一は意気投合し、結果的には出ることがなかった土屋昌巳のソロ・デビュー・アルバムのデモ作りのためのレコーディングに、吉田建、斎藤ノブらとともに参加している。このときの録音のカセットは坂本龍一の私物として現在まで保存されている。

「マー坊（土屋昌巳）とは年も近いしすぐ仲良くなった。当時聴いている音楽も近かったんです。ニューウェイヴ前夜の音楽ですが、彼もその後ジャパンと一緒にやったりと似た方向に行きました。もともとそういう素地があったんですね」（※※）

一九七六年に発売された俳優の下條アトムのデビュー・アルバム『この坂の途中で』にも、りりィや土屋昌巳らバイバイ・セッション・バンドのメンバーとともに参加している。

バイバイ・セッション・バンドはりりィの一九七六年のアルバム『Auroila』のレコーディングが始まるときには、メンバーは坂本龍一、吉田建のほか、伊藤銀次（ギター）、上原裕（ドラム）という編成に変化していた。

坂本龍一はこの頃にはバイバイ・セッション・バンドで演奏だけではなく、アルバムやライヴのアレンジも手がけるようになっている。

「アルバムのアレンジをまかされる前にツアー・バンドに入ったんだけど、バンドに入るというのはそのときが初めて。二回目がYMOで人生二回だけ（笑）。エキストラ的な入り方で、がっちり加入しましたっていう感じではなかったけれど、入ってやりだすとぼくの性分というか、ここのコードはこうしようよとか、ここのリズムはこう変えようとか、いろいろ言いだしちゃう。なので自然にバンドの中でアレンジャー的な存在になっていきました」

アルバム『Auroila』の中で坂本龍一はアレンジャーとしての開花を明らかにする作品をいくつか残しているが、本人としてはなかでも収録曲のひとつ「川原の飛行場」はこの後何十年も忘れ得ないアレンジとなった。

「この曲は弦も含めた全体のアレンジはミニマリスティックなイントロから始まってリズムがずれていく、スティーヴ・ライヒ的なものも取り入れつつ、でも曲としてはポップスという曲全体の世界がうまくできた。初めて自分なり、坂本龍一印のアレンジができた記念すべき作品かなあと昔からずっと思っています」（※※）

また、ライヴの場でも音楽監督を務めている。翌一九七六年のコンサートで、坂本龍一はコンサートのオープニングにシンセサイザーが奏でる鐘の音が欲しいと思い、日本ではまだまだ使う人が限られていたシンセサイザーのオペレーターの第一人者に相談しに行った。

後にYMOで大きな協力を仰ぐことになる松武秀樹との初めての出会いでもあった。

「りりィは当時百万枚を売っていた人気者だったから、なおさらポップスの最上級のプレイヤーたちと知り合えた。ロック・フェスのような場に出たときも、対バンが上田正樹とサウス・トゥ・サウスでとてもカッコよかったり。りりィのバンドがわりとティン・パン・アレイ系に近かったせいもあっていつしか林立夫さんとかとも知り合っていた。その一方、りりィは内田裕也さんたちのピンク・ドラゴン系にも近かった。中間に位置していたので交流がさらに拡がったんですね。この人脈から後の『六本木ピットイン』時代につながっていきます」（※※）

それはもう少し後の話となる。

この年、六文銭の及川恒平がアイヌの民話をテーマにしたレコード『海や山の神様たち－ここでも今でもない話－』をビクター音楽産業の学芸部から出すことになったとき、サポートとして声がかかった。東京藝術大学で私淑していた民族音楽の権威、小泉文夫の授業に出るなどの経験も買われたのだろう。ただし、この時点ではアイヌ音楽の資料は市中にほとんど存在せず、坂本龍一はアイヌ音楽の再現ではなく、このときの自分の手札であるクラシックやソウル・ミュージックなどさまざまな音楽を駆使してアルバムの作編曲を行なった。ここでコーラスに起用したのがシュガー・ベイブの山下達郎と大貫妙子だ。前述のとおりシュガー・ベイブとは『荻窪ロフト』で知り合いになっており、彼らのライヴに客演する仲になっていた。

このシュガー・ベイブとの交流は、やがて大滝詠一との出会いにつながっていくことにもなった。また、この『海や山の神様たち - ここでも今でもない話 - 』での仕事が評価され、以降、坂本龍一はビクター音楽産業の学芸部発のレコード作りに関わることになっていった。

こうした、フォーク、ポップスの世界で坂本龍一の存在感が飛躍的に高まっていった一九七五年だが、本人としてはこうした世界での仕事はただのアルバイトという意識だった。以前の工事現場でのバイトとはいわないまでも、シャンソン喫茶でのピアノ伴奏のバイトと大差がないという意識。

「この頃は便利屋さんですね、本職だという意識がないから便利屋に徹していた。スタジオ・ミュージシャンとしての自我が出てくるのはもう少し先になってから」（※※）

ロック、フォーク、ポップスの世界で仕事とバイトを行ないつつ、その裏で坂本龍一は自分なりの天職ともいえる活動にひそかに精を出してもいた。

まずアナーキーな即興音楽。新宿のゴールデン街のひろ新子の店では友部正人と出会ったのと同じ頃、前衛音楽家、評論家の竹田賢一と知り合っていた。その竹田賢一を通して交流が始まったのがジャズ評論家の間章《あいだあきら》だ。

間章は立教大学在学中に『ジャズ』誌に音楽批評を発表し、批評活動を開始。

自らの活動を「音楽を産業の側からミュージシャンや聴き手の側に取り戻す闘い」と位置づけ、音楽を批評しただけでなく、秀でた演奏家を見出《みいだ》して触発するために、彼らの活動場所を設けた。伝説的なサックス奏者・阿部薫や近藤等則、そして坂本龍一といったミュージシャンも応援した。一九七八年十二月に脳出血で亡くなる。享年三十二。

この間章、竹田賢一の紹介で坂本龍一は阿部薫、パーカッション奏者の土取利行らと交流を持つ。この交流の世界は、アヴァンギャルドな即興音楽のつきあいのみならず、アナーキーな思想集団という側面もあり、坂本龍一と間章、竹田賢一、須藤力で「学習団」という音楽と思想の一致を実践する運動体を設立した。ここにはインディペンデントなレコード会社コジマ録音の社長である小島幸雄も加わり、音楽家と音楽制作、さらにはその流通も包括したコミューン「羅螺旋体」も結成した。

「すごくいっぱい話をしました。毛沢東語録について議論したり、音楽を弁証法的に止揚するということで、音楽を消費の対象じゃなくて人民の元に返そうとか。そのために実際に工場に行って労働者のための演奏をしようとか、まあ、志は大きいのですが大したことはしなかった。竹田賢一との演奏活動もほんの数回だったんじゃないかな。ただ、『学習団』で私有財産を廃止しようとか言ってお互いのレコードや本を共有したりはしました」（※※）

「学習団」の最初の大きな活動は、この年の四月二十八日に『西荻窪ロフト』で開催された『音と映像と朗読の儀式空間〝君が代〟』というイベント〜学習会。タイトルどおり、音楽と演劇、映像インスタレーション、そして講座が組み合わさったメディア・イベントだった。「君が代」がタイトルに入っていることで地元警察は警戒し、『西荻窪ロフト』に対して執拗《しつよう》に内容照会や中止要請を繰り返した。そしてイベントが実行された当日は私服の警官が会場周辺をうろついていたそうだ。

坂本龍一は音楽パートでピアノを弾いたが、この後、一九七〇年代後半から一九八〇年代前半まで、坂本龍一はところどころで「君が代」の変奏を幾度となく行なっていくことになる。

こんな「学習団」の一九七五年初夏に発表された『羅螺旋体　設営アピール』というステートメントの冒頭にはこうある。

「我々は決して部分や局面においてではなく、音楽にまつわるあらゆる関係、場、存在形態、構造の呪縛や抑圧を新たなる地平へ向けて開放するために、具体的に行為し、行動する有機的な運動体であり、集団である。我々はその機能を、まず、さまざまなレベル、場における関係を晒《さら》し、鍛えることとして把握する。我々は我々自身の運動主体内の分業的敵対を問い、解体し、止揚する運動を持続しながら、同時に我々をとりまくさまざまな人々、他のグループ、演奏者、作曲者、プロモーター、レコード会社etc、彼らと我々との関係の運動化へ向けて行動する」

この「羅螺旋体」の理想を実現すべく、坂本龍一は『君が代』イベントでも共演した土取利行とコラボレーション・アルバム『Disappointment - Hateruma』を竹田賢一と小島幸雄のプロデュースで制作。主なレコーディング場所は母校新宿高校近くの御苑スタジオだ。

竹田賢一は日本の南の果てである沖縄県波照間島と赤道をはさんだ対極にあるオーストラリアの砂漠の塩湖ディスアポイントメント湖を希望と絶望の対比に見立て、環境問題や民族問題も視野に入れてこのアルバムのコンセプトを決め、坂本龍一と土取利行は自由な即興演奏を行なった。

一九七五年の八、九月にレコーディングされたこの作品は翌一九七六年初めにコジマ録音から発売された。プレス枚数は五百枚だったが、コラボレーション作品とはいえ、坂本龍一の名前が前面に出た初めてのレコードとなった。音楽家坂本龍一のレコード・デビューでもある。

また、阿部薫とは一九七五年からしばらく定期的にセッションを行なった。一九七八年の阿部薫の死後、パートナーであった作家の鈴木いづみは八〇年代初めの坂本龍一との対談で、坂本龍一と阿部薫のセッションを記録したテープがまだ手元にあると話している。一九八六年の鈴木いづみの死去後、そのテープの所在は不明となったままだ。

間章は自身で企画した即興ジャズのグループ、エヴォリューション・アンサンブル・ユニティのコンサートにも坂本龍一をゲストとして招聘した。エヴォリューション・アンサンブル・ユニティは高木元輝（サックス）、豊住芳三郎（ドラムス）、近藤等則（トランペット）、土取利行（パーカッション）、徳弘崇（ベース）がメンバー。一九七五年十二月二十七日にイイノホールで行なわれたこのコンサートでは、坂本龍一のほか、東京藝術大学作曲科の先輩でもある作曲家、ピアニストの加古隆も同じくゲストで呼ばれ、共演をしている。

このように、一九七四年後半から一九七五年の坂本龍一は、フォーク、ロック、ポップスの演奏者、アレンジャー、あるいは演劇、ラジオドラマの劇伴作曲者、そしてまた即興音楽の実験者と活動が多岐に渡るようになった。しかし、本人としてはそれらの活動はあくまでアルバイトや趣味。作曲家としてのジレンマは、フォークやロックであれば仕事の依頼が次々と舞い込んでくるのに対し、本格的な作曲の仕事というのは、世の中の需要が少ないために当然ない。

こうした状況にフラストレーションを抱えていた坂本龍一の前に、突然現れた希望が、あるオーデイションとコンテストだった。それは著名なピアノ調律師、原田力男《いさお》が主に東京藝術大学在学生を対象とした作曲コンテストだった。原田力男は調律師の傍ら、武満徹や、湯浅譲二、高橋悠治らと親交が厚く、さまざまな活動を行なっている当時の日本の現代音楽シーンの立役者のひとり。

原田力男は一九七五年八月、東京藝術大学らの二十代の現代音楽作曲家志望の二十名に案内状を出した。それは、一九七六年初頭に、現代音楽曲の弾き手としてすでに高名を得ていたピアニスト・高橋アキ（高橋悠治の妹）が六人の無名の作曲家の作品を弾くという企画で、原田力男が私費を投じてプライベートなコンサートを制作するので、応募しないかというもの。

原田力男はこの年の八月、第一回目のプライベート・コンサートをすでに開催していたが、今回の呼びかけは原田力男が仄聞《そくぶん》したある事件への私憤から企画されたものだった。

この年、東京藝術大学作曲科の何人かが指導教官の許可を得ないまま自分たちの作品の発表会を行なおうとしたところ、原田力男の表現によると「指導教官の弾圧」により中止を余儀なくされたことを知った憤りからこのような企画を思いついたようだ。

東京藝術大学、大学院の学生のほか、いくつかの他の音大、あるいは市井の作曲家の卵たちから厳選された二十名の中に、坂本龍一の名もあったのだ。

原田力男のその募集はこのようなもの（抄録）。

〈高橋アキの夕べ〉のための ピアノ独奏曲　委嘱状

ピアニスト高橋アキさんのためにピアノ独奏曲を作曲してください

一九七六年三月一日、渋谷東邦生命ホールで、ピアニスト高橋アキさんのご協力とともに、現代ピアノ作品の演奏会（仮称・高橋アキの夕べ）を開催することになりました。

高橋アキさんが演奏することをあらかじめ想定して、ピアノ独奏曲を作曲してくれませんか。演奏タイムは十五分以内なら何分でも可。七五年十一月末日を締め切りに、楽譜を確定し、清書した譜面にコメントを添えて、原田力男のところまでお届けください。十二月から一月にかけて、高橋アキさんと相談しながら、上演の方向に練りあげてゆきたいと思います。

作曲料をお支払いできないのは、まことに心苦しいことですが、諸君はすこぶる若く、同様に作品も若いのですから、いっそ招待制の無料コンサートでやろうではありませんか。……さいわいにも、高橋アキさんと、作曲者の意見が一致して、めでたく〝初演〟ということになれば(冗談めかして大事なことをここで申し上げますが、高橋アキさんに駄作を演奏させるわけにはゆきません)、東邦生命ホールにかかわるいっさいの費用をはじめ、経済上のことは、今回にかぎり、小生のほうで責任を持ちます。

諸君はひたすら、その年齢にふさわしく実験精神にあふれたピアノ曲を書いてください。

諸君は、みずから選んで、困難な道を歩き始めておられるわけですから、いずれふりかかる、いくつかの苛烈な競争の、これが最初の試練になることを望みます。

言葉こそ柔らかいが、原田力男の覚悟が伝わってくる、ある種の檄文《げきぶん》でもある。

もうすでにポップスの世界で引く手数多《あまた》の売れっ子になりかけていた坂本龍一はこの檄に敏感に反応した。ロックやフォークではない音楽を作曲する絶好のチャンスだった。また高橋アキは敬愛する高橋悠治の妹でもある。さらに高橋アキが定期開催していた渋谷ジァン・ジァンでのエリック・サティ連続演奏会のうち、この年の「ヴェクサシオン」を半日かけて演奏する企画にも飛び入りし、弾き手のひとりとして参加してもいた。縁があったし、意気にも感じた。

「いくら自分が作曲家という意識でいても、そっちの依頼はまったくないし、自分から積極的に売り込むということもしていなかった。この募集は本当にいい機会を与えられたという喜びがありました」(※※)

このようにポップスの仕事をしながらも、坂本龍一は日々、曲想のメモをノートに書き記していた。さらにこの頃、読み耽《ふけ》っていたフランスの哲学者ミシェル・フーコーの影響で、現代音楽はどういうものであるべきかという問題意識を抱えていたため、作曲はすらすらと進んでいった。

「悩みなく、そのとき思っていることをどんどん音符にしていった。自分の中から自然にあふれてくるものを音にしていきました」(※※)

坂本龍一は期日に余裕を持って作品を仕上げ、譜面を原田力男に送った。その作品の名は「分散・境界・砂」というものだった。

この時点では坂本龍一は知らなかったが、応募の譜面は高橋アキ、原田力男が目を通すことはもちろん、このコンクールのアドバイザーには高橋アキの兄、高橋悠治のほか、武満徹、湯浅譲二がいて、応募者の譜面に目を通すことになっていた。

この原田力男のコンクールに応募したのは、招待状を受け取った二十名のうち十四名。この十四の楽譜を高橋アキはもちろんすべて演奏し最終的に自分で演奏する六曲を選んだ。

アドバイザーである高橋悠治、武満徹、湯浅譲二は「全作、いずれも真面目で懸命に書かれていて、拝見していて気持ちがよかった」という共通の感想を原田力男に伝えたとのことだ。

「作曲家がひとつの楽曲を書いた場合、だれか第三者の手によって演奏されて、初めて音楽として成り立つものです。(中略)新人の曲をすぐれたピアニストがひいてくれるというこうした企画は、ずい分励みになるし、自分を見る上でとてもいいことだと思います」

これはこの企画に対して武満徹が毎日新聞に寄せた感想だ。

一九七六

一月二十日、坂本龍一、竹田賢一ら学習団は新宿安田生命ホールで第二回公開学習会を開き、ここではフリー・コンサートも行なわれて坂本龍一はシンセサイザーを演奏した。そして同時期、高橋アキは東邦生命ホールで演奏する曲を応募十四作中から六曲に決めている。

大石泰「Etude」
勝間田裕子「暮雲」
吉川和夫「Postude in Piano」
坂本龍一「分散・境界・砂」
藤枝守「Plastic music for Piano」
堀越隆一「Corrosion by Pianist」

後に坂本龍一はもちろん、この六名のほとんどが作曲家、演奏家、あるいは音楽大学の教授として大成しているのは、高橋アキと候補者の選定をした原田力男の眼力の正しさということになるだろう。
原田力男プロデュースによる『高橋アキの夕べ』はこの年の三月一日、渋谷の東邦生命ホールで午後七時に開演した。高橋悠治、武満徹、一柳慧、近藤譲《じょう》、三枝成彰《さえぐさしげあき》らの作曲家のほか、評論界、文学界らの重鎮も客席には揃っていた。坂本龍一の両親もまた駆けつけていた。
「それから二、三年あとに新宿の文壇バーに誰かに連れて行かれたら、そこに武満さんがいた。ぼくのことを見つけて、あ、ビラの君だろう。『分散・境界・砂』に関しても君はいい耳をしているねって声をかけてくれたんです。ほめられてうれしかったなあ。そのときはコンサートにいらしていたとは知らなかったんですが」（※※）

坂本龍一は『高橋アキの夕べ』の四日後に行なわれた原田力男主催の『直江博史・ナポリ民謡とフランス歌謡の夕べ』にはピアニストとして参加するなど、以降一九八〇年代前半まで原田力男との交流は続いていくことになる。

また、この高橋アキのコンサートの直後、坂本龍一は父から意外な提案を受けた。在仏でピーター・ブルック・カンパニーに所属する日本人俳優笈田《おいだ》勝弘（後のヨシ笈田）が日本の武道家を集めた『般若心経』という舞台を企画しており、その音楽を担当しないかというものだった。

演劇の音楽は小劇場で経験しているが、この企画は欧米をツアーするもので長期間日本を離れることになってしまう。いま日本でやっていることをすべて置き去りにしても行くべきか？　坂本龍一は悩んだ末に『Disappointment - Hateruma』で共演をした土取利行にこの案件を紹介し、土取利行はこれを機に欧米に長期間滞在してピーター・ブルック・カンパニーの音楽を担当していくほか、世界で活躍するようになる。

一九七五年の晩秋から、一九七六年初めにかけて、坂本龍一は大滝詠一、伊藤銀次、山下達郎による『ナイアガラ・トライアングルVol.1』のレコーディングに参加した。シュガー・ベイブの山下達郎の紹介だった。同時期に坂本龍一は「花王」など大滝詠一の手掛けたコマーシャル音楽の録音にも参加するようになる。

「はっぴいえんどを知ったのはもう解散後で、千歳烏山の『ロフト』でレコードを聴いたんだと思います。音楽的にすごく洗練されていて、単純な3コードのロックじゃなくておもしろいなあという印象でした。なので大滝さんのレコーディングに誘われたときは二つ返事で応じたんじゃないかな」(※※)

ここでは同じくゲストで呼ばれていた細野晴臣とも初めて一緒に仕事をした。

「最初は挨拶したぐらいですが、そうかこの人が細野晴臣かと。その頃はもう細野さんがプロデュースした小坂忠の『ほうろう』が出ていて、あのアルバムがすごく好きだったんです。センスのいいハーモニーとファンク的なイディオムが合体している。ぼくがはっぴいえんどに感じた洗練は細野さんによるところが大きいとわかってきた。『ほうろう』を聴きながら、この人はできる。きっとドビュッシーやストラビンスキーを知りつつ、こうした大衆的な音楽をやっているのだとしばらくは信じて疑わなかったですね(笑)」(※※)

この後、坂本龍一はときたま大滝詠一や細野晴臣のコンサートで演奏を頼まれることになっていく。その中のひとつ、五月に横浜中華街の『同發新館』で行なわれた細野晴臣のコンサートでは矢野顕子と初共演を果たしている。

一九七六年はさらに忙しい日々が続いた。夏には自動座関係の佐藤博のアルバムにも参加。朝比奈逸人の紹介だったが、期待されたピアニストとしてだけでなく、オルガンやアフリカの民族楽器カリンバ（親指ピアノ）も弾き、アルバム収録の十二曲中四曲のアレンジも手がけることになった。このレコーディングに参加したジミー矢島の二〇〇〇年代の回想ブログによると、「3月31日」という曲は、もとはよくあるタイプのスロー・バラードだったが、坂本龍一がピアノのほかさまざまな民族音楽の楽器を自分で演奏してアレンジを練り上げていき、やがて現代音楽的なテイストも持った楽曲に完成させたときはスタジオにいたミュージシャンたちはみな息を呑んだという。

このレコーディングには細野晴臣も参加しており、二度目の邂逅となった。

「この頃は、昼は大滝詠一さんに呼ばれて、スタジオで便利屋に徹してレコーディングして、終わったら夜通し阿部薫とセッションしたり、自分でもなにやってるんだろうとは思っていました」（※※）

こんな中、突如持ち上がったのが籍は置きながらほぼ放置していた大学院からの卒業要請だった。東京藝術大学院生の二年目が終わろうかというときだ。在籍しながらも学校に来ようとしない坂本龍一の存在が教授会で問題となっていたのだ。

「大学院は本来二年だけど、学則で四年間はいてもいいことになっていました。だから四年間居すわるつもりだったのですが、授業にも出ないし、作品をひとつも提出していない人間をこれ以上いさせるわけにはいかない、と。国立大学である以上、君が在籍しているとそれだけ国費が費やされるとまで言われて仕方ないなと」（※※）

作品をひとつ提出すれば放校ではなく卒業（修了）の扱いにすると言われて、卒業作品として書き上げたのが「反復と旋」だ。坂本龍一はこの作品を書き始めたときには複雑な心境も抱えていたという。身分的には確かに作曲を学ぶ大学院生だが、同時にすでにキャリアを築きつつあるプロのミュージシャン、音楽家だった。コラボレーションとはいえ『Disappointment - Hateruma』のような自身の名が冠されたレコードも今年出している。フォークやポップスのレコードにも多く参加していた。

「気分はもう学生ではなくなっていましたし、いわゆる現代音楽の内輪的なサークルからも身を引いていた。なので、当時の現代音楽の流行を取り入れて作曲しようとは思っていなかった。そのときの自分なりの方法で作曲することにしたんです」（※※）

「反復と旋」の〝反復〟はリズム的な要素で、〝旋〟は「旋法」「旋律」の〝旋〟だ。

「実際、リズム的な要素と旋律的な要素が交代で出てきている。ただその旋律は西洋音楽的な旋律ではなくて、ぼくが参照したのはアメリカ・インディアンのナバホ族のチャントなんです。その歌い方を参照しました。リズムはなにを参照したのかは憶えていない。現代音楽の流行とかはもう関係なくなってますね。その世界にこういうことをやっている人は当時いなかったと思う。いま聴くと大した音楽ではないんだけど、この姿勢で作曲を続けていけば、ひょっとしてそれなりの変わった作曲家になっていたのかもしれない。そういう意味ではわりとおもしろい曲でした」（※※）

この「反復と旋」の提出によって、坂本龍一は東京藝術大学大学院作曲科を修了することになるが、そのときに作曲、提出した「反復と旋」に注目した作曲家もいた。黛《まゆずみ》敏郎だ。黛敏郎は譜面を見てこの曲に興味を持ち、それをコピーして家に持ち帰ったという。

後年、坂本龍一がＹＭＯによって高名になったとき、自身が関わるテレビ番組「題名のない音楽会」でこの曲を取り上げ、オーケストラによってついに初演させることになる。番組の時間の関係で短縮版ではあったが、この曲のこれまでの唯一の演奏だ。

一九七六年の後半は、相変わらずスタジオ・ミュージシャン、アレンジャーなどで忙しい日々が続いていった。この当時にスタジオ・ミュージシャン仲間として坂本龍一と知り合った村上〝ポンタ〟秀一は自伝『自暴自伝』（文藝春秋二〇〇三年）でその印象をこう記している。

いわくへんなキーボードがいるという噂を聴いて、りりィのコンサートを観に行ったら、リズムしか弾かない妙なやつが坂本龍一だった。しかし山下達郎のバンドで一緒になったときは、興が乗ればシンセサイザーで曲の構成を無視した長尺のソロを弾きまくるとも。

これは興味深い記述で、坂本龍一は現在に至るまでソロを弾くのはきらいだと公言している。しかし、山下達郎バンドだけでなく、ＹＭＯでも自分のソロ・ライヴでも時々にすさまじいソロを弾く。伴奏として和音、ハーモニーを弾くのが好きだという自身の言葉とはうらはらだ。

六〜八月には大貫妙子のソロ・デビュー・アルバム『Grey Skies』のレコーディングに参加。キーボードの演奏だけでなく、五曲でアレンジも担当している。そのうちの一曲「街」は大貫妙子、細野晴臣との共同アレンジだ。この後二一世紀まで続く長いコラボレーションの始まりだった。シュガー・ベイブ解散後の大貫妙子は、音楽プロデューサーの牧村憲一が立ち上げた事務所アワハウスがマネージメントをしており、その社員には生田朗や、後にＹＭＯの初代マネージャーとなる日笠雅子（現日笠雅水）も在籍していた。大貫妙子のレコーディングに坂本龍一を選んだのも牧村憲一だった。この年、牧村憲一は山下達郎のデビュー・アルバムのためのデモ・テープ作りへの参加も依頼している。

十月には新宿に『ロフト』の新店がオープンし、その記念のライヴ・シリーズでは大貫妙子のバックを務めたほか、バイバイ・セッション・バンドのコンサート・マスターとしてりりィのライヴにも出演。

また、この頃の坂本龍一は音楽に関わる文章も発表するようになっていた。ひとつは学習団の流れで、その人脈が関わった雑誌への寄稿。高橋悠治らが主宰していた季刊誌『トランソニック』への寄稿のほか、商業誌、レコードのライナーノーツの原稿も手がけた。月刊誌『ジャズランド』(海潮社)十一月号では「シンセサイザー入門」を寄稿。国内外の八機種を取り上げて、それぞれの特徴や欠点など詳しく紹介している。

海潮社から刊行されていた『音楽全書』の一九七六年秋号には坂本龍一が「プログレッシヴ・ロックへの一視点」という文章を寄せている。ロバート・フィリップ&ブライアン・イーノやタンジェリン・ドリーム、カン、カーヴド・エア、ヘンリー・カウなどの欧州のプログレ・アーティストと、ジョン・コルトレーンやテリー・ライリー、ジョン・ケージ、スティーヴ・ライヒといったジャズ、現代音楽の作曲家を対比させた坂本龍一ならではの論考となっている。ここで論じられた諸々《もろもろ》はやがて来るべきソロ・デビュー・アルバム『千のナイフ』に繋がっていくことになる。

このようなプログレッシヴ・ロック、なかんずくトラウト・ロックと呼ばれるドイツの電子音楽系のアーティストはこの頃の坂本龍一の大きな関心ごとでもあった。ノイ!、カン、クラフトワーク、タンジェリン・ドリームなど。こうしたアーティストのうちいくつかは、日本盤が日本コロムビア社からリリースされていた。当時、坂本龍一が私淑する高橋悠治は日本コロムビアと関係が深く、その録音などに坂本龍一はよく見学としてついていった。

高橋悠治の担当ディレクターと懇意だった日本コロムビアのディレクターの斎藤有弘はいつしか見学に来ていた坂本龍一とよもやま話をするようになり、自らが担当していたヴァージン・レーベルからリリースされていたドイツの先鋭的なアーティストのレコードのライナー・ノーツの執筆を坂本龍一に持ちかけた。

一九七六年にドイツ〜欧州でリリースされて翌一九七七年に日本盤が出たタンジェリン・ドリームのピーター・バウマンのソロ・アルバム『ロマンス'76』のライナー・ノーツを担当した坂本龍一は、面目躍如の原稿を寄せた。

自身の音楽論のほか、ドイツのプログレッシヴ・ロックの状況の概観、このアルバムにおけるバウマンの音楽の解析、さらには使用シンセサイザーの解説や音響の構成についてまで分析している。作曲、編曲、演奏、そして音楽理論まで精通している人間ならではの解説となっている。

また、この年の秋に坂本龍一は興味深いレコーディングを行なった。作家、詩人の富岡多恵子のアルバムへの参加だ。言葉の人である富岡多恵子はこの当時、歌や歌謡曲についての思索をしており自作の詩で歌のアルバムを作るに至ったのだ。話を持ちかけられたレコード会社日本ビクターの学芸部プロデューサーは音楽面のサポートに坂本龍一を推薦した。以前の『海や山の神様たち - ここでも今でもない話 - 』での坂本龍一の仕事に信頼を置いていた。富岡多恵子も若い、これまで歌謡曲に携わったことのない音楽家を望んでいたので両者のコラボレーションが実現。坂本龍一にとってはこれは特別な仕事でもあった。

「父親の職業から勝手に親近感を持っていたし、富岡さんの現代詩はそれ以前から読んでいました。富岡さんはどうやらぼくの父親が坂本一亀だとは知らなかったままのようで、ぼくもそこは悩まず富岡さんの詩に音楽をつけていきました」（※※）

歌に関しては素人の富岡多恵子のために、坂本龍一はすべての曲を自分で歌ったデモ・テープを作った。坂本龍一はこのアルバム全編で作曲と編曲を担当したほか、キーボード、パーカッション、ドラム、ヴィブラフォンを演奏している。

アルバムは『物語のようにふるさとは遠い』と名付けられて翌年にリリースされる。

一九七七

この一九七七年もスタジオ・ミュージシャンとして多忙だったが、三月には無事に東京藝術大学大学院も修了した。学生としての身分は失ったが、スタジオ・ミュージシャンやアレンジャーという実入りのいい仕事で生活の心配はなく、それなりに充実した日々を送っていく。

山下達郎や大貫妙子との仕事も盛んで、四月には山下達郎のバック・バンドで日比谷野外音楽堂のイベントに出演し、同じく出演していた当時サディスティックスというバンドに在籍の高橋幸宏とも初めて会っている。

また、スタジオ・ミュージシャン、アレンジャーの仕事は多岐に渡ったが、この年の多くの仕事のうち後年まで坂本龍一の印象に強く残ったのはある企画モノのレコードのアレンジだった。

それは三上寛《かん》がプロデュースした東映京都撮影所の大部屋にいる主に悪役を演じる役者たち（志賀勝、小林稔侍、川谷拓三、成瀬正ら）十五人が結成したピラニア軍団という役者グループのレコードだ。三上寛から要請を受けた坂本龍一はアルバム『ピラニア軍団』でアルバムのほぼ半数の曲を編曲した。三上寛による詩（詞ではなくこうクレジットされている）と曲は、大部屋俳優の悲哀を表現した情念が込められたものだったが、坂本龍一は詩の内容にまったく無頓着にソウル、R＆Bのスウィートなアレンジにした。この時期のアレンジャー坂本龍一の面目躍如の仕事だ。

「それまでピラニア軍団なんて名前も存在も知らなかったけれど、どう編曲するかは悩まなかった。なにしろ歌や歌詞のことはまったく考えずに、ソウルな感じの曲をやりたかったからそうアレンジしただけというのがいま聴いてもはっきりわかる。歌い手のこともまったく考えてない。どのタイミングで歌が入るのかよくわからないアレンジなので三上さんらレコーディングの現場の方は苦労したと思います。というのも、ピラニア軍団ってこわそうな人たちだったので、ぼくは現場に行かなかった。三上さんとディレクターにおまかせ。ひどいアレンジャーですよね」（※※）

この、歌や歌詞をまったく無視するアレンジャーという評価はやがて大貫妙子や矢野顕子によって決定づけられ、懇意のシンガーたちから折々に非難されることになる。

この時期はまた仕事ではない即興、実験音楽でも精力的に活動し四人囃子の茂木由多加、佐久間正英とリトミック・トライアングルというユニットを結成して小さなライブハウスやイベントで演奏活動を行なった。

そしてこの年に入り、坂本龍一には新しい音楽の趣味も増えた。クロスオーヴァーだ。クロスオーヴァーはアメリカ発祥のジャズを基調にしたポップで、かつラテンやソウル、イージー・リスニングなどさまざまな領域をクロスして超えていく音楽。各ジャンルごとに区分けされたアメリカのヒット・チャートで、ジャンルを超えてどのチャートにも入るという意味も込められた用語でもあった。このクロスオーヴァーはほどなくしてフュージョン・ミュージックとも呼称されることになる。

クロスオーヴァーにしてもフュージョンにしても、呼び方はともかくいずれにせよライトな商業音楽であり、本来であれば坂本龍一の嗜好の範囲外だったはずだ。ジャズをやるにせよ、阿部薫らと鋭い刃のような即興セッションを重ねてきたのがこれまでの坂本龍一だった。

しかし、坂本龍一が時折寄稿していた季刊誌『音楽全書』（海潮社）の一九七七年第四号に寄せた「一幕オペラーブラック・ミュージックとの出会い」という原稿で坂本龍一はこう書いている。

「恥ずかしいんだけど、クロスオーバーっていうかね、つい買っちゃうんだよ。好きでもないのに。それにジャズね、普通の。昔のマイルスとかコルトレーンとか……」

本人としても、なぜ自分がそれに惹かれるのか分析できていないようで、原稿では「毒を浴びるって感じ」と自己弁護している。六月に発行された号なので、原稿を書いたのは三〜四月だろうか。ともあれ、この一九七七年の春から坂本龍一のクロスオーヴァー〜フュージョン時代が始まる。『新宿ロフト』や高円寺の『次郎吉』といったライブハウスで村上ポンタ秀一や高中正義らと盛んにセッション活動を行ない、この年の暮れには高中正義のホール・コンサートでもゲストで演奏をした。

そしてこの年、六本木に『新宿ピットイン』の姉妹店がオープンする。坂本龍一や渡辺香津美らはやがてこの『六本木ピットイン』を舞台に、東京のフュージョン・シーンの主役となり、そしてそれはこの後の一九七〇年代末まで坂本龍一のある種の表の顔となっていく。

アレンジャーとしての仕事もさらに増えている。大貫妙子『SUNSHOWER』や伊藤銀次『デッドリイ・ドライブ』など多くのアルバムに参加した。

さらに、この年から開始され、現在に至るまで坂本龍一の仕事の柱のひとつになったのがコマーシャルの音楽の制作だ。もともと坂本龍一は大滝詠一のコマーシャル用の音楽の録音に参加はしていたが、この一九七七年から、独立したひとりの作曲家としてコマーシャル音楽を手がけていくことになったのだ。最初の作品は丸井百貨店の「丸井のメガネ」という曲の制作だった。CM音楽プロデューサーの大森昭男による依頼だった。

大森昭男はCM音楽制作最大手のオン・アソシエイツという会社を興しており、同社にはかつてアワハウスの牧村憲一も在籍。当時話題となった大滝詠一の三ツ矢サイダーの音楽制作にも携わっていた。その牧村憲一の紹介で坂本龍一は大森昭男と会い、意気投合して「丸井のメガネ」を皮切りに、この年だけで「HONDA CB-TWIN」「資生堂SOURIRE」「丸井レジャー用品」「丸井インテリア」「日立 CI『伝統美』」と六本もの音楽制作を委ねられることになった。

コマーシャル、広告の仕事はいまもむかしも報酬が高い。それだけでなく予算も使える。

坂本龍一はこれらコマーシャル音楽の仕事を予算潤沢な音楽制作の場として、クライアントの要望に添いつつも作曲家、演奏家が自由に個人の裁量のまま行なえる実験の場としていった。その代表例が「日立 CI『伝統美』」の音楽だろう。

この「日立 CI『伝統美』」の音楽にはシンセサイザーとシーケンサーが使用されている。シーケンサーはプログラムによって楽器（主に電子楽器）にシークエンス（旋律）を自動演奏させる機器で、当時の日本ではプロのレコーディングの現場にもまだまだ普及しているとはいえない状態だった。坂本龍一は大森昭男にシーケンサーの借り出しを頼んで、大森昭男はなんとか裕福なアマチュアの音楽家が所持していることを突き止め、借り出して坂本龍一のもとに運んだ。

「当時、松武秀樹さんが持っていたものと同じの、でっかいモーグのシーケンサー。打ち込みにすごく時間がかかるし、ほんのちょっとの電圧の変化で周波数が揺れ動いてすぐピッチが狂う。なんとか曲の長さの四〜五分だけでも安定してくれという神頼みみたいな感じで大変でした。自分としては時間に追われて出来には不満ではあったのですが、それでも当時としてはおもしろいサウンドができたのかなと思います」（※※）

この年の秋からオンエアされたその日立のCMを目にし、音楽を耳にした中に現代音楽のコンサート・イベントの企画をしていた会社EX HOUSEのプロデューサー、森本恭正《ゆきまさ》がいた。

森本恭正にとってその音楽は印象的で、新しい時代を感じさせる現代音楽に聴こえたという。すぐに日立に電話をし、CM制作の会社を経由してONアソシエイツに連絡。坂本龍一の自宅の電話番号を教えてもらうことになった。

その同じ頃、坂本龍一はつのだひろの紹介で当時天才ギター・プレイヤーと称された渡辺香津美のソロ・デビュー・アルバム『オリーヴス・ステップ』のレコーディングにキーボード奏者として参加する。ディレクターは以前から坂本龍一を気にかけていた日本コロムビアのディレクター、斎藤有弘。『オリーヴス・ステップ』のレコーディングの途中、斎藤有弘は坂本龍一にこう声をかけた。

「自分のレコードを作ってみないか」

森本恭正からも電話があった。EX HOUSEが企画している連続シリーズの現代音楽作曲家の発表会『個展』に招聘したいという依頼だった。一九七七年末、坂本龍一の運命は大きく変わろうとしていた。それは自由人としての坂本龍一の終焉《しゅうえん》でもあった。

※第二章で引用された坂本龍一のコメントは二〇一六年の『ミュージック・マガジン』のためのインタビュー取材（※）、二〇一六年の『Year Book 1971-1979』（commmons）ブックレットのためのインタビュー取材（※※）から抜粋。

第三章
〝教授〟の誕生
一九七八〜一九八〇

一九七八

一九七八年は、坂本龍一にとって無記名の自由な人間としていられた最後の年なのかもしれない。この年の一月十七日、すなわち二十六歳の誕生日から、坂本龍一は初のソロ・アルバムの準備に取り掛かった。ソロ・アルバムの制作については、先年から考えていた。スタジオ・ミュージシャンとして多忙になればなるほど逆に焦燥が募っていたからだ。自分は何者なのか、このままでいいのか。スタジオ・ミュージシャンとしての名声が高まるほど、もどかしさも覚えた。

スタジオに先生然として現れ、ボーヤと呼ばれる弟子を引き連れたベテランの姿に、自分の将来も結局はそこに行き着くのではないかという恐怖心もあったらしい。

「七六年から二年くらい昼の十二時から夜中の十二時まであちらこちらのスタジオを飛び回り、譜面を見せられたものをパッと弾いて、すぐ次のスタジオという毎日。その移動の合間に依頼された弦のアレンジをタクシーの中でやる」(※※※)

これは有名なエピソードだが、この頃の坂本龍一はスタジオに向かうためにタクシーに乗ると、ドライバーにいちばん渋滞している道で行ってくださいと告げ、必要もないのにわざわざ混んだ首都高に上がってもらったりしていた。渋滞で進まない間にアレンジの譜面を書き、できあがった頃にスタジオに現れて、遅刻を渋滞のせいにするという手段だ。

また、忙しくて昼食を取る時間がなく、前述の大森昭男との打ち合わせをタクシーの中で行ない、やはり渋滞した道を指定。打ち合わせ中に牛丼店を見つけて同乗者になにも告げずにタクシーを降りてそのままひとりで食べに行き、食べ終わって渋滞でまだ大して動いていないタクシーに戻って唖然《あぜん》としている大森昭男とまた打ち合わせを続けたという逸話も残っている。

そんな中、日本コロムビアの斎藤有弘から持ちかけられたソロ・アルバムの話は救いに思えた。音楽家、作曲家としての自分を捉え直す試みでもあったのだろう。

「スタジオの仕事が終わって、深夜に行きつけのスナックで酒を飲みながら朝までテレビゲームというような、中身のない生活をしていました。そこにソロ・アルバムをというオファーがあったので、水を得た魚のようにうれしかったんです」（※※※）

そしてEX HOUSEの森本恭正に依頼された『個展』もまた、ひさしぶりの現代音楽、実験音楽の実践ということで、一九七八年の初頭からこのふたつの作業に坂本龍一は没頭することになる。

一月の初期の作業は自宅でシンセサイザー、コルグPS-3100とアープ・オデッセイを駆使しての自宅録音でのデモ作り。4トラックのカセットMTRでのピンポン録音の毎日だ。

当初は両者の音楽の境界も曖昧で未分化のまま作業は進んでいった。

しかし途中から、『個展』のための音楽は純電子音楽作品となり、ソロ・デビュー・アルバムのための音楽はここまでの坂本龍一の歩みを総括したような、クラシック、現代音楽、民族音楽、ロック、フュージョンらの要素がすべて存在する、坂本龍一の音楽見本市のような作品になろうとしていた。

「最初は確たる方向性はなくて、どういう音楽を作りたいかというヴィジョンもなかった。ただなんとなく〝ダス・ノイエ・ヤパニッシュ・エレクトロニシェ・フォルクスリート〟のような方向性は考えていたのかな」(※※※)

この「ダス・ノイエ〜」というドイツ語の曲名は和訳すると「新日本的電子的民謡」。エレクトロニック・ポップでありながら、レゲエや日本の民謡のようなリズムやグルーヴが付加されている。

「当時すでにクラフトワークが好きで、ああいう音楽とぼくのルーツである現代音楽や民族音楽を融合してみようと考えました。レゲエや日本の田植え歌のような腰が落ちているリズムに打ち込みのビートを融合し、シンセサイザーのオーケストレーションを加えればおもしろいものができるだろうと」(※※※)

坂本龍一としては、アルバムを統一されたコンセプチュアルなものにするのではなく、この時点で興味を持っていたさまざまな音楽の要素を少しずつ取り入れていこうという思いだった。

自宅での作業は、やがて日本コロムビアのスタジオに移る。アルバムのディレクターとなった斎藤有弘の好意で、誰も使っていない深夜の時間帯にスタジオを無料で使えることになったのだ。基本的に予算がほとんどない中、プロ・ユースのスタジオを長時間自由に使い、思うままに試行錯誤を重ねることができた。

日中は相変わらず引きも切らないアレンジャー、スタジオ・ミュージシャンとしての仕事をいくつも掛け持ちし、深夜に日本コロムビアのスタジオに入って朝までソロの作業をする。超人的な体力があったし、気力も充実していた。それらの中で、打ち込みによるリズムでグルーヴを出すというのは大きな課題だった。この当時は音楽用コンピューターのローランド社MC - 8が登場してきており、すでにそのエキスパートとなっていた松武秀樹とともに、グルーヴが生まれるリズムを数値的にどう解析し、どう再現するかの実験も毎夜重ねていく。

一九八一年に刊行された松武秀樹の著書『たった1人のフルバンド　YMOとシンセサイザーの秘密』の中で、松武秀樹は『千のナイフ』の録音時のことを「当時は（MC - 8の）打ち込み方法もろくにマスターしていなくて、教授とああでもないこうでもないと言い合って録音した記憶がある」とし、坂本龍一がコンピューターに求めるものとして「機械を通して音楽を抽象化し、国籍不明の音楽を創りだす」ことだったと回想している。坂本龍一も同書にコメントを寄せ、やはり「ぼくもいろいろ使いはじめだったのでわからなかったし、彼もやっぱり使いはじめて間もなくて、わりと一緒に使い方を考えたという感じ」と話している。

また音楽だけでなく、「学習団」のとき同様に思想や社会運動の経験も加味された。神田神保町の中国図書専門店で毛沢東の詩の朗読のレコードを買い、そのうちの一編「水調歌頭 重上井岡山」をヴォコーダーに通してアルバムの冒頭曲のイントロにすることも決めた。

そんな中、まず完成したのは『個展』のための音楽だ。当初は高橋悠治との共作というアイデアもあったが、途中から純粋な個人制作となったこの個展のための作品は「非夢の装置 或いは反共同体関数としての音楽」というタイトルがつけられた。この作品のデモ・テープを聴いた森本恭正は感心し、一月三十、三十一日、二月一日の三夜連続で荻窪の新星堂本社地下の小さなホールで実演されることになった。

定員百人にも満たないこの小さなホールは盛況となった。EX HOUSEの『個展』シリーズに固定ファンがついていたのはもちろんのこと、坂本龍一自身の名も『六本木ピットイン』などでの活動で東京の耳の鋭い音楽ファンに知られてきていた。

坂本龍一はこの『個展』のライヴ・コンサートで、旧知の四人囃子のキーボーディスト茂木由多加をゲストに迎え、純電子音楽の「非夢の装置　或いは反共同体関数としての音楽」を演奏する。多重録音されたシンセサイザーの響きに、ふたりで同じくシンセサイザーで音を重ねるという形式での演奏だった。会場には何人かの友人も駆けつけた。この『個展』の演奏は周囲で好評で、坂本龍一はこのときの演奏の記録をカセット・テープにダビングし、関係者に配布する。

「まだまだ粗い形とはいえ、自分の音というものが何年ぶりかにできた。名刺がわりの音としていろんな人に渡していた。この直後に細野さんから『はらいそ』のレコーディングに誘われたときにもテープを渡したんでしょうね」(※※)

また、森本恭正も坂本龍一の『個展』の再演を即座に決断した。再演は五月十四日に新宿区のルーテル市ヶ谷で行なわれ、この際は「非夢の装置〜」を編曲し直し、あらたに「ナスカの記憶」と改題してヴァイオリンやヴォイスの女性アーティストを加えてオリジナルよりも生々しい肉体的なパフォーマンスとなった。

この当時、ほんのしばらくだけ坂本龍一はスピリチュアルな世界、瞑想《めいそう》などに興味を持っていた影響がこの「ナスカの記憶」にはよく表れている。

「そういう時代だったんですね。カルロス・カスタネダやルドルフ・シュタイナーなどの神秘主義にも興味を持って、蠟燭を立てて自分流のメディテーションをしたりも。当時は細野さんともそういう話で盛り上がったりもしました」（※※）

『個展』終了後もソロ・デビュー・アルバムの作業は続く。そしてその頃、坂本龍一にとって、ある意味ソロ・デビューよりも人生を大きく変転させるあるオファーが飛び込んでくることになった。ＹＭＯへの参加要請だ。

ことの発端はこうだった。一九七七年後半から、細野晴臣は新しい自身のユニットを構想していた。シンセサイザーとコンピューターのリズムを駆使しての、それまで追求していたエキゾティック・ミュージックのいわば未来版ディスコを奏でるユニットだ。

しかし、発想が斬新すぎたのか、なかなか一緒にやろうという仲間が見つからない。人選を思い倦《あぐ》ねたまま一九七八年になっていた。

当時の細野晴臣のマネージャー（プライベート・アシスタント）は牧村憲一のアワハウス所属の頃からの日笠雅子（雅水）で、アワハウスの同僚だった生田朗は坂本龍一のマネージャー的な存在となっていた。

一月のある日、大貫妙子、坂本龍一、日笠雅子、生田朗の四人は大貫妙子の家で鍋パーティーを行なった。寒い日だったが、鍋の火と料理、アルコールで汗をかく。

坂本龍一は汗を拭うために髪をかきあげた。そこで昔の思い出話となり、学生運動をやっていた頃はこうやって髪をかきあげてヘルメットを被り、口には大きなマスクをして顔を隠したんだとその様子を再現してみせたそうだ。

日笠雅子は、むさくるしい〝アブ〟こと坂本龍一が、そうやって長髪を隠し、口元が見えなくなると、大きな瞳が印象的で、実は坂本龍一は美形であると気づいてしまった。

後年には手相観となるくらい直感に秀でた日笠雅子は、その瞬間に細野晴臣が構想しているYMOに坂本龍一は適任であると確信したそうだ。坂本龍一の目を見据えた日笠雅子は、このとき初めて細野晴臣の構想を話し、参加の可否を問うた。坂本龍一はシンセサイザーとコンピューターを使った音楽には興味があると語り（実際、そのとき進行中のソロ・デビュー・アルバムも同じ方向だった）、さらにはこれまでのはっぴいえんど～ソロの印象から、細野晴臣は尊敬できる数少ない日本の音楽家だとも日笠雅子に言う。

じゃあ、細野さんにアブちゃんがYMOに興味を持っているということを伝えてもいいですかと日笠雅子は迫り、いいよという言質《げんち》を取って、翌朝すぐに細野晴臣に伝えた。

細野晴臣にとっては坂本龍一をＹＭＯに招聘するという考えはなかったが、日笠雅子に説得された。ちょうどドラマーには十代の頃からの付き合いがある高橋幸宏がいいのではないかと思い始めていたので、ではこの三人で一度音を出してみて感触を確かめようと、日笠雅子にスタジオへのブッキングを依頼することに。ちょうどソロ・アルバム『はらいそ』をレコーディング中だった。

二月に入ってすぐ、坂本龍一は高橋幸宏とともにアルファレコードのスタジオに入った。細野晴臣のアルバム『はらいそ』に収録されることになる「ファム・ファタール～妖婦」という曲のレコーディングだ。三人だけでのレコーディングは初めてだが、これまでいろいろなセッションの現場で共演を重ねてきている。セッションは順調に進み、ここに至って細野晴臣はＹＭＯのメンバーにこのふたりを招くことを決意。レコーディング中には『個展』のテープを渡されて、それが強く印象に残り、「そうか、坂本くんの音楽の本体はこれなのかとあらためて認識しました」（※）ということもあった。

そして細野晴臣はあらためて両者にＹＭＯの構想を話した。高橋幸宏はもちろん了承し、坂本龍一も賛意を（このときは）示し、ここについにＹＭＯが結成された。

細野晴臣はこの後、レコーディングが休みの二月十四日に自宅にふたりを招き、ＹＭＯの構想とコンセプト、さらには目標を紹介し、参考になるレコードをどんどんかけていった。

クラフトワークやジョルジオ・モロダーなどのテクノのオリジネイターや、マーティン・デニーなどのエキゾティック・サウンドなど。後のＹＭＯのヒントとなる音楽だ。

さらに細野晴臣は坂本龍一と高橋幸宏に対して、ＹＭＯは世界進出を目指すと断言した。これは夢物語ではなく、この頃に細野晴臣がプロデューサー契約を結んでいたレコード会社アルファレコードはちょうどアメリカのメジャー・レーベルであるＡ＆Ｍレコードとの契約に成功していた。この契約はＡ＆Ｍのアーティストのレコードをアルファが日本で売ると同時に、アルファの日本人アーティストのレコードをＡ＆Ｍがアメリカはじめワールド・ワイドで売るという条件の契約でもあった。

細野晴臣は、ＹＭＯとしてまずはマーティン・デニーの「ファイヤークラッカー」をカヴァーした上でシングルにして全世界で４００万枚売るという目標を提示。ふたりも即座に賛成し、高揚した気分で会合はお開きになった。

しかし、この会合の後、坂本龍一は自問自答することになる。

全世界を相手にするＹＭＯの構想はたしかにすばらしいが、ソロのデビュー・アルバムに取り掛かったばかりの自分に、そんな余裕はあるのだろうか。さらにはりりィのバイバイ・セッション・バンドに時限的に籍を置いたことこそあるものの、この先、パーマネントなバンドに拘束されてしまうということのイメージが湧かなかった。

そう思った坂本龍一は高橋幸宏に電話を入れ、そうした思いを話し、やはりＹＭＯへの参加は辞退しようと考えていると伝えた。

驚いたのは細野晴臣だ。せっかくメンバーが決まって、さあこれからというところ。細野晴臣は、このときスタジオ・ミュージシャン、アレンジャーで多忙な坂本龍一が自由を拘束されて仕事の幅が狭まってしまうと怖《おそ》れているのではないかと類推したそうだ。

細野晴臣はあらためて坂本龍一と会い、ソロ仕事の自由を約束。さらに「YMOを踏み台に世界に羽ばたいてくれ」と説得したと後に話しているが、本当かどうかは定かではない。

ともあれ、細野晴臣の説得で翻意した坂本龍一はあらためてYMOへの加入を了解。準備に入ることになるが、まずは自分のソロ作品だ。

七月まで続いたソロ・アルバムの制作と録音は、最後まで夜の作業だった。昼間はスタジオ・ミュージシャン、編曲家、作曲家として、あるいはコマーシャル音楽の制作者として東京のスタジオを飛び回る生活。多数の外部の仕事と自分の音楽作りを常に並行させるという坂本龍一の仕事スタイルはこの後十年以上に渡って続くことになる。

この間、大貫妙子『ミニヨン』、中島みゆきの『愛していると云ってくれ』や南佳孝の『サウス・オブ・ザ・ボーダー』のようなアルバム全体にかかわる仕事どころか、五月にレコーディングがスタートした高橋幸宏のソロ・デビュー・アルバム『サラヴァ!』ではコ・プロデュースまで務めている。

また、ビクターの学芸部との仕事も続いており、企画アルバム『宇宙』の制作も行なった。この『宇宙』はこの年の七月に発売。七月十八日から東京で開催された『宇宙科学博覧会』に合わせて作られたノベルティ・レコードで、NASA（アメリカ航空宇宙局）から提供された宇宙と宇宙旅行、探査衛星打ち上げなどに関連した音源と音声、各国の報道のナレーションのバックや幕間《まくあい》に流れる音楽や効果音を坂本龍一が担当するという構成。シンセサイザーによる、いわゆるスペイシーなインストゥルメンタル曲、ジョー・ミークの「テルスター」のカヴァー曲もレコーディングされた。決して記名性の高い音楽ではないが、それでもYMO以降の坂本龍一の進む方向をはからずも示しているように聞こえる。とくに「テルスター」はシーケンサーを使用したテクノポップとなっている。

「内容はどうでもいいという話で、自由に遊べました。宇宙の音楽なんて正解があるわけじゃないからシンセサイザーをふんだんに使って遊んでみようという気持ちで引き受けたんです。『テルスター』をカヴァーしたのはレコード会社の要請でした。日立の『伝統美』のCMから一年も経っていないのに、ここではシーケンサーの使い方もずいぶんこなれて、かわいいテクノポップになっています」（※※）

YMOの前哨戦《ぜんしょうせん》でもあった。

ソロ・デビュー・アルバムのレコーディングは七月二十日まで続いた。ディレクターの斎藤有弘の日記によると、坂本龍一、マネージャー的存在の生田朗とアルバムについての最初の打ち合わせを行なったのが前年の九月七日なので、十か月に及ぶ制作だった。

前述の通り、レコーディングにはコロムビアのスタジオが無償で貸与されたが、主な録音場所はもともとトラック・ダウンのための小さな第四スタジオ。坂本龍一はここでコンピューター・プログラミングの松武秀樹と深夜に及ぶ共同作業を行なっていたが、レコーディングが佳境に差し掛かると細野晴臣や山下達郎、渡辺香津美らが訪れ、見学の合間にそれぞれ楽器を手にしてレコーディングに参加した。演奏に参加せずとも高橋幸宏や加藤和彦も見学に来ていた。

純電子音楽作品だった「非夢の装置　或いは関数としての音楽」とは異なり、このやがて『千のナイフ』と題されるアルバムの音楽は多彩だった。

エレクトロニック・ミュージック、民族音楽、現代音楽……。コロムビアとの縁を作ってくれた高橋悠治との連弾曲も入れた。

それらは決してポップなものばかりではなかったが、ディレクターもレコード会社も口を挟まなかった。この当時の日本コロムビアは、スタジオの無償貸与にも表れているよう、社風は大らかで、アーティストは三枚目までにヒットを出せばいい、それまでは自由にやらせろと上司からも言われていたと後年、斎藤有弘は証言している。

総計三六六時間をかけたレコーディングが終わり、『千のナイフ』と名付けられた坂本龍一のソロ・デビュー・アルバムはいよいよ発売に向けて動き出した。

「そのときの音楽的興味だけを追求して作ったアルバムですが、いま聴き直すと至らないところが多すぎて恥ずかしい。ただ、よくもわるくも若いエネルギーにあふれている。乱暴でわがままで自分勝手な勢いがある。当時はなぜこういう音楽なのかを理屈をこねて解説したり、あるいは斜に構えてみたりもしたけれど、なによりも若さの暴走でした。恥ずかしいけれど、若いうちにこういうことをやっておいてよかったと思います」（※※※）

マネージャー的な存在だった友人の生田朗はこのソロ・デビューにあたって、これまでアブ呼ばわりされていた坂本龍一のイメージ一新を進言した。長髪を切り、むさくるしい服装をあらため、ゴム草履も封印した。相談を持ちかけられたのは高橋幸宏だった。高橋幸宏の同じくソロ・デビュー・アルバム『サラヴァ！』に深く関わるほどふたりは仲が良くなっていた。一九七六年の初対面のとき、坂本龍一は高橋幸宏のファッショナブルな装いに対して、ロック・ミュージシャンがこんなにお洒落《しゃれ》でいいのかと衝撃を受けたと自伝で語っている。

ともあれ、相談を受けた高橋幸宏は、ミュージシャンと兼業していたファッション・デザイナーとしての面目躍如たる活躍を見せ、坂本龍一を青山のいろいろなブティックに連れ出し、全身のコーディネイトを行なった。

『千のナイフ』のジャケット写真の撮影は、こうして新調したアルマーニのジャケットに、リーヴァイスのヴィンテージ501と靴は高橋幸宏の私物を借りて撮影に挑んだ。むさくるしい長髪もばっさりとカットした。

「そうか、こういう世界もあるんだと、高価でお洒落な服を着ました。これも楽しくてファッションのことも勉強し、それからいまに至っています。これもぼくの人生の転機になった出来事でしょう」（※※※）

そしてこれを機に、坂本龍一のあだなはそれまでのアブから、これもまた高橋幸宏が考案した〝教授〟（大学院の修士を与えられていたことに加え、スタジオでのアレンジの指示などが非常に的確だったため）に次第に移り変わっていく。

『千のナイフ』の制作が一段落したら、いよいよＹＭＯのレコーディングだ。

田町にあったアルファレコードのスタジオで、七月十日から始まったレコーディングは九月五日まで行なわれた。細野晴臣、高橋幸宏のほか、松武秀樹や高中正義、橋本俊一という顔馴染みもゲストで参加。

本格的なレコーディングに入る前に、メンバーの三人は一度コンピューターを使わずに生演奏でYMOの構想のもとであるマーティン・デニーの「ファイヤークラッカー」を録音してみたが、それはやはりインパクトに欠け、あらためてコンピューター・プログラミング、シンセサイザー・オペレーターの松武秀樹を招聘しての正式レコーディングだった。

坂本龍一は『千のナイフ』で長期間、松武秀樹とコンピューター・プログラミングとグルーヴの関係性を考察、実験を行なっていただけに、YMOのレコーディングにもその経験がすぐに生かされることになった。

当初は自分の知識と技術を貸すだけと割り切って、まだまだバイト気分だったYMOへの参加は、やがて、録音する全曲のアレンジはもちろん、コンセプト面でも、熱愛するフランスの映画監督ジャン・リュック・ゴダールの作品の名を曲のタイトルにするように進言するほどになっていた。その結果、自身の作品「東風」、高橋幸宏作の「中国女」、細野晴臣作の「マッド・ピエロ」の三曲がゴダールの映画と同じタイトルになった。

YMOのファースト・アルバムが完成したその頃、坂本龍一のデビュー・アルバム『千のナイフ』が発売となった。

しかし反響はなかった。アルバムの音源が完成したとき、ディレクターの斎藤有弘は社内の編成会議でその音を披露したが、会議室内には沈黙が漂うばかりだったという。

これはなんというジャンルの音楽だと問われ、斎藤有弘は言葉に詰まってしまう。電子音楽、ロック、現代音楽、フュージョン、民族音楽……。坂本龍一のそのときの興味をすべて詰め込んだこのアルバムは、売れる音楽とはみなされず、初回のプレス枚数は五百枚という新人のデビュー・アルバムとしても異例の小プレスだった。レコード会社の日本コロムビアはまがりなりにも日本の大手レコード会社だったが、先鋭的なマイナー・レコード会社のコジマ録音からリリースされた『Disappointment-Hateruma』と同じプレス枚数だ。

「アルバムが完成したとき、うれしくてよく行っていたカフェバーでかけてもらったんです。大音量で流れたら店内が微妙な雰囲気になった。仲の良い自分も音楽をやっているというウェイターにそっと、坂本さん、この音楽じゃモテないですよって言われて衝撃を受けました（笑）。女性にモテるかという以前に、売り上げとか聴き手のことはまったく考えずに作っていたんです」（※※※）

坂本龍一はそれでも、内容には自信があるし、これがソロ・アーティストとしての自分の第一歩だという自負があった。

なじみの新宿ロフトで新譜発表会として『千のナイフ』をかけながらのトークショーも行なったし、同じく拠点としていた『六本木ピットイン』ではアルバムの発売記念ライヴを二日間に渡って行なった。

この発売記念ライヴはアルバム発売日の十月二十五日と二十六日に行なわれ、バックは細野晴臣、高橋幸宏のほか、いつもスタジオや『ピットイン』で共演している面々。

坂本龍一は、このとき『千のナイフ』からの曲、九月にできたばかりのCM曲「SEIKO QUARTS信頼のブランド」の音楽を再編曲した「Behind the Mask」といったソロ曲（この時点ではまだソロ作品になる可能性もあった）、さらに翌月発売になるYMOのデビュー・アルバムからの曲を均等に演奏し、曲間のMCではむしろYMOについて熱く語った。

ライヴ後半のMCでは、「レコード会社の人（斎藤有弘）からもっと自分のアルバムの宣伝をしろと怒られた、でも、ここに来ている人はもうぼくのアルバムが出たことを知っているから来てくれたんですよね」と客席の笑いを誘った。

その言葉どおり、せまい『ピットイン』の場内は満員だった。収容人数いっぱいの百人以上が詰めかけていた。二日間のコンサートで二百人強の観客。しかし、その数は偶然かどうか、『千のナイフ』の当時の売り上げ枚数とほぼ同じ数字だった。この一九七八年十月当時、坂本龍一の名を知っていて、レコードを買おうという音楽リスナーは日本全国で二百人を数えるばかりであった。

ディレクターの斎藤有弘はこの約二百枚という売り上げ枚数を見て頭を抱えた。坂本龍一の才能と『千のナイフ』の内容を高く評価していたので、坂本龍一には日本コロムビアと専属契約を結んでもらってさらにレコードを共に作っていこうと思っていた。しかしこの数字では専属契約はとても無理だ。案の定、上層部からは却下された。

国内ではこの数字でも、海外ではむしろこの作品は評価されるのではないか。そう思った斎藤有弘は日本コロムビアと契約関係にあった英国のヴァージン・レコードに『千のナイフ』を送り、海外発売の可能性を探った。

しかし、ヴァージン・レコードからの返答は「我が社は坂本龍一氏との契約に興味がない」というそっけないものだった。

翌年以降のYMOの大ブレイクによって『千のナイフ』はあらためて脚光を浴び、八〇年代には海外発売もされた。そして今日に至るまで数十万枚の累計売り上げ枚数を記録している。

YMOの大ブームのとき、斎藤有弘はなぜ坂本龍一と専属契約をしなかったかと社内で責められたそうだ。

また、『千のナイフ』からおよそ十年後、ヴァージン・レコードはこのとき「興味がない」とした坂本龍一とのワールド・ワイドの契約を締結している。

一方、YMOのファースト・アルバム『Yellow Magic Orchestra』はこの年の十一月二十五日に発売された。

メンバー三人はこのアルバムにそれぞれの音楽家としての力を最大限に投入し、手応えがあった。この当時の世界の音楽の潮流の中で注目されていたエレクトロニック・ミュージック、ディスコ、フュージョンをYMOならではの咀嚼《そしゃく》と昇華で世界にも類を見ないユニークな音楽となっていた。

しかし、世間の反応は芳しくなかった。存在しないもののように無視されたという表現でも過剰ではないだろう。

シンセサイザーを多用した冷たい音楽という評もあった。売り上げも微々たるもの。そもそもレコード会社自体がYMOの音楽を理解できず、世の中にアピールする方法がわからないままというのは『千のナイフ』と同様だった。

本来であれば、YMOはこのまま「先進的すぎて誰にも理解されないまま消えていったバンド」として遥《はる》か後世に再発見、再評価される対象になっていたかもしれない。

しかし、YMOの結成のきっかけになったアルファレコードとA&Mレコードの契約が彼らの運命を変えた。

アルファレコードはA&Mから世界デビューさせる自社のアーティストの候補には、大村憲司などアメリカ西海岸で人気だったフュージョンに寄った音楽を演奏しているアーティストが有力だと考えていた。

十二月、A&Mのアーティスト、ニール・ラーセンの来日を機に、彼を軸とした日米のアーティストが出演するライヴ・イベント『フュージョン・フェスティバル』をアルファレコードは企画。この出演陣の中には、大村憲司とともにYMOも名を連ねていた。

ニール・ラーセンとともに、A&Mの重役であり傘下のホライズン・レーベルの長であるトミー・リピューマも来日していた。ニール・ラーセンのライヴのつきそいとともに、アルファレコードの日本のアーティストの視察も兼ねていたのだ。

トミー・リピューマが、アルファレコードのエグゼクティヴ・プロデューサーである川添象郎《しょうろう》とともにフュージョン・フェスティバルの会場である新宿紀伊國屋ホールを訪れたのは十二月五日。このとき川添象郎はトミー・リピューマの滞在しているホテルに極上のシャンパンを持参し、来場前にほろ酔いになってのライヴ観覧だった。

川添象郎は、後に売る手立てが見つからなかったYMOの起死回生のためにトミー・リピューマに気に入ってもらおうと一緒にお酒を飲んで会場に行くことにしたと自伝『象の記憶』で回想している。

ＹＭＯのライヴを観たトミー・リピューマは、これこそ私がアメリカで売り出すべきバンドだと興奮したという。

川添象郎はすぐにアルファレコードの社長である村井邦彦に電話をし、トミー・リピューマがＹＭＯをＡ＆Ｍ～ホライズン・レーベルから出すと言っている、そのことをＡ＆Ｍの社長にすぐ電話をして伝えてくれと興奮気味に伝えた。川添象郎もすぐにトミー・リピューマに同内容の電話をＡ＆Ｍ社長にかけさせるとも。

フュージョン・フェスティバルの最終日の十二月十日、ＹＭＯの二回目のライヴで、前説の司会者は観客にこう高らかに告げた。

「みなさん。ＹＭＯの全米でのデビューが決まりました！」

ソロ・デビュー・アルバム『千のナイフ』とＹＭＯのデビュー・アルバム。このふたつの作品は、一九七八年末まで大きな注目は集めず、音楽業界にさざなみすら立てることはなかったが、翌一九七九年には大波となり、すぐに坂本龍一の運命を大きく変え翻弄することになった。

※二〇一五年の坂本龍一との出会いを語るインタビュー「ぼくが知っている、坂本龍一の一九七〇年代。若き〝アブ〟から〝教授〟への変身を辿って」『Year Book 1971-1979』ブックレットに掲載。

一九七九

前年の一九七八年十一月に坂本龍一はジャマイカに赴いていた。これは加藤和彦がプロデュースするシンガー、テレサ野田のシングル「トロピカル　ラブ」のレコーディングのため。坂本龍一にとっては初の海外旅行でもあった。

加藤和彦も坂本龍一も以前からジャマイカを発祥とするレゲエに強く興味を持っており現地でこの音楽が生まれる現場を体験するチャンスでもあった。実際、翌年の『ニューミュージック・マガジン』一九八〇年五月号の記事「われわれの時代にダブが提起するもの」でジャマイカでの実地体験をもとに、ダブの分析と今後の展望を語っている。

知った当初は単純な音楽にしか思えなかったレゲエだが、やがてその奥に深い世界が広がっていることがわかり、一九七七年のボブ・マーリーの来日公演にも行っていたし、デビュー・アルバム『千のナイフ』でもレゲエのグルーヴを数学的に解析して、コンピューターでリズムを打ち込んだ。

そのレゲエが生まれた国、ジャマイカのキングストン空港に降り立った瞬間から激しいカルチャー・ショックに襲われたという。

まず空港の金網の外に大勢のジャマイカ人が外国人見物をしている、ホテルへのタクシーはぼったくりで、ホテルに着くとスタッフから「お前はカンフーができるのか」と中国人にまちがわれる。ところかまわず大麻を売りつけられそうになる。アイデンティティが揺らぐ出来事が続いた。

ジャマイカにはロスアンジェルス経由で行ったが、ロスアンジェルス~アメリカに関してはさほど違和感を感じなかったので衝撃が大きかったのだろう。

「アメリカの都市は子供の頃からさんざん映画やテレビで体験していましたし、料理もそう。しかしジャマイカの場合は食べ物の味がもう日本やアメリカとはちがう。地理的に近いアメリカではなく、アフリカを感じました。アフリカに行ったこともないのにアフリカの文化圏に来たんだ！　と」

このことで逆に、アメリカから距離的に遠いはずの現在（一九七〇年代）の日本がいかに心理的にアメリカに近いのかということも考えざるを得なかったという。

そうした中、ジャマイカでのレコーディングが行なわれた。キングストンの名門スタジオでの作業だったが、そのスタジオは鎖錠されており、外部からインターフォンを通して入れてもらう。中には武装した男たちがいる。
当然に恐怖を感じながらも、それでもスタジオに入って作業を始めた。スタジオの中にはなにをしているのかわからない人たちも大勢いたが、その中にスタジオ・ミュージシャンとおぼしき人もいた。
「彼らにコード・ネームを書いた譜面を渡すと、ＯＫとぱぱっと演奏する。それが絵に描いたような典型的なレゲエのグルーヴになっている。こちらはこの独特のレゲエのノリをどうやって作っているのか興味津々で観察ですよ。演奏しているときの体の動き、とくに腰の動きを注意して見ていました。中でも同業のキーボードの人の演奏には注目しました。どうやってあの独特のリズム・パターンをどう体を動かしながら弾いているのか、一瞬も見逃すまいと凝視していました」（※）
それまで、自分たちなりにレゲエに影響された音楽を作り、演奏もしてきたが、このとき初めてある種の納得があったという。
「文化的な背景が彼らとはちがうから、彼らそっくりの演奏はできないし、できるようになりたいとも思わない。でも、こういう実際の彼らの演奏の動きを知らないで音だけまねて似たような音を出すというのもイヤだった。そもそも彼らはふだん、どういうものを食べて、どういう会話をしているのかっていう背景も含めてさらに知りたくなりました」（※）
この後、坂本龍一はアジアやアフリカなど世界のさまざまな国、場所へ音楽のフィールド・ワークに出かける人生を送ることになるが、その原点がこのジャマイカ訪問だった。

このジャマイカ滞在でいまでも鮮明に憶えているのは、スタジオでの作業が終わって深夜ホテルに帰ったときのこと。

深夜二時ぐらいになっても寝付けず、窓を開けてみたところ、遠く街の喧騒《けんそう》が聞こえた。

「その喧騒がやはりレゲエのリズムなんです。地響きのようなベースの音も聞こえてきて、本当に幻想的な体験でした」（※）

それはどこか暴動の音のようにも聞こえた。このホテルのプール・サイドでも昼は巨大なＰＡからレゲエが流れており、その重低音でプールの水面が波立っているのも見ていた。

「レゲエってどこかリラックスした音楽というイメージもあるけれど、その中には闘争とプロテストの精神がある。ボブ・マーレーの音楽もそうでしょう。あのとき、レゲエの暴力的なまでの低音はそういうパッションがあるからこそという気がしました」（※※）

一九七九年の坂本龍一の活動にはこのジャマイカでのレゲエ経験も大きく影響している。前年に続き多くのスタジオ・ミュージシャン、アレンジャーとしての仕事をこなしつつ、この一九七九年の前半の活動の核となったのはＹＭＯ、ＫＹＬＹＮ、カクトウギ・セッションという三つのバンド、ユニットだった。

まずYMO。前年の暮れに全世界発売が決定したファースト・アルバムに続くニュー・アルバムのレコーディングが三月にスタート。

前年の十二月、雑誌『ニュー・ミュージック・マガジン』の企画でデヴィッド・ボウイと対談した際、坂本龍一はYMOはエレクトロニク・パンクだと言っている(※)。

また、月刊『プレイヤー』誌一九七九年三月号では自身の連載「SYNTHETIC ESSENCE」で細野晴臣と対談。そこではYMOを「エレクトリック・パンク&ファンクのテクノポップ」であるとし、一九七八年後半からシンセサイザーをうまく使ったニューウェイヴのバンドが出ていると語ると、細野晴臣もYMOもそちらに近づくだろうと返している。そしてこの対談で坂本龍一はシンセサイザーとコンピューターの可能性をさらに追求して他のアーティストがやっていないことをYMOでやりたいとも細野晴臣に語っている。

こんな決意表明のとおり、YMOのセカンド・アルバムのレコーディングはスタートした。ディスコやフュージョンの影響が大きかったファースト・アルバムにくらべて、このセカンド・アルバムではパンクに影響を受けたニューウェイヴの色が濃くなっている。バンド感も増している。坂本龍一はこのアルバムで冒頭曲の「Technopolis」、かつてCM曲だった「Behind the Mask」、そして現代音楽とタルコフスキーの映画を意識したインストゥルメンタル曲「Castalia」を作曲した。細野晴臣の依頼で東京の歌謡曲を分析して作った「Technopolis」。同曲はYMOの初のシングル曲となって大ヒットを記録した。「Behind the Mask」も海外ではシングル・カットされ、後にある事件を引き起こすことになる。

静かな「Castalia」は、ポップなアルバムの中では異色だが、後年にもピアノ・ソロやオーケストラなどさまざまな形態で演奏されることになった。

こうしてYMOがアルバムのレコーディングを行なっている間に、海外でのYMOのアルバムの発売元であるA&Mレコードからひとつのオファーが飛び込んでくる。

それは、アメリカの人気バンド、チューブスが八月にロスアンジェルスでコンサートを行なうので、その前座としてYMOに出ないかというものだった。A&MのオフィスでたまたまYMOの音楽を耳にしたチューブスのマネージャーが発案したとのこと。

渡航に関わる費用はすべて日本の所属レコード会社であるアルファレコードが負担するという条件だったのだが、これは国内外でのプロモーションに有効かもしれないと博打《ばくち》を打つような気持ちでアルファレコードはその条件を呑んだ。

八月のYMOの海外でのコンサート・デビューが決まった。

そうした中、坂本龍一はYMOのレコーディングと並行していくつかのプロジェクトを進めていた。まずKYLYN。これはもともとは渡辺香津美のソロ・アルバムの一部を坂本龍一がプロデュースするという話から始まった。当時、渡辺香津美と坂本龍一は『六本木ピットイン』での恒例ライヴを始め、さまざまな場面で共演をしていた。

Kは香津美、Lは当時龍一の英文表記をL:u:ch:iにしていたためにL、Nは仲間。それらの間のYはスペインでYを&の意味で使うということで、香津美&龍一&仲間。ネーミングは各種の才にあふれていた生田朗の発案だった。

渡辺香津美と坂本龍一のほか、〝仲間〟は村上〝ポンタ〟秀一、矢野顕子、高橋幸宏、小原礼、ペッカー、向井滋春、清水靖晃ら、毎晩のように都内のどこかで共演ライヴを行なっているような面々だ。

アルバム『Kylyn』は六月に発売されて好評を博すのだが、その前の五月に急遽《きゅうきょ》KYLYNはひとつのバンドとして全国ツアーを行なうことになる。これは渡辺香津美の所属事務所が招聘していた海外のジャズ・バンドの来日が突然中止になり、予約済みの各地のホールをキャンセルするよりはKYLYNのプロモーションも兼ねてということで、降って湧いたような話ではあった。

KYLYNの面々は売れっ子で、つねに全員参加とはいかず、坂本龍一もところどころで欠席はしたが、六月から八月までKYLYNのツアーは行なわれた。坂本龍一にとって初のホール・ツアーでもあった。そしてこのKYLYNからもうひとつのライヴ・プロジェクトが派生する。カクトウギ・セッションだ。ほぼKYLYNと同じメンバーながら、このプロジェクトのコンセプトは同じ楽器のふたりが格闘技のように対戦（共演）するというもので、坂本龍一は同じキーボードの矢野顕子と、ドラムの村上〝ポンタ〟秀一は高橋幸宏とマッチが組まれ、ベースは小原礼と細野晴臣、ギターの渡辺香津美には大村憲司という組み合わせだった。

このカクトウギ・セッションが生まれた頃、坂本龍一はCBSソニー・レコード（現ソニー・ミュージックエンタテインメント）よりひとつのオファーを受けた。それはいま人気のボサノヴァの企画アルバムをリーダーとして作ってくれないかというものだ。

坂本龍一のアイデアで結果的にボサノヴァではなくレゲエの影響を受けたアルバムにすることとなり、カクトウギ・セッションのメンバーとレコーディングに入った。

そうして生まれたアルバムが坂本龍一＆カクトウギ・セッション名義の『Summer Nerves』だ。坂本龍一の意思通り全体がレゲエの影響を受けたポップなチューンで構成されている。

「ただ『Summer Nerves』まで来ると、それまでのレゲエのグルーヴを解析するというよりも、レゲエのスタイルを使ってポップスを作るということが目的でした」（※）

自分なりのレゲエの消化を得てのひとつの結実だった。また、このアルバムで坂本龍一は生の歌声やヴォコーダーを使ってのヴォーカルにも挑戦している。坂本龍一の歌が刻まれたこのレコードは六月に発売された。

ＹＭＯのレコードはアルバム、シングルともアメリカで五月、その他の国でも六月から順次発売されていった。

アメリカでは主にディスコ市場で、イギリスをはじめヨーロッパではニューウェイヴのファンを中心に注目を集めた。セールス的にもＡ＆Ｍレコードの期待以上。

こうした中、ロスアンジェルスの野外劇場グリーク・シアターで八月二日から三夜連続のＹＭＯが前座となったチューブスのコンサートが開催された。

前座とはいえ、名称をスペシャル・ゲストとすることや音量をメイン・アクトと同様にするなど通常と異なった好待遇で、三夜目には観客の盛り上がりを受けて、前座バンドとして異例のアンコールまで行なわれるほどの成功となった（この際の詳細は川添象郎の自伝にも書かれている）。

坂本龍一としてはこのとき、当時のアメリカ西海岸の音楽の状況を考えるとロスアンジェルスでこんなに受けてしまうのは、実は自分たちの音楽はイケていない西海岸の音楽の要素を持ってしまっているのではないかとという感慨を抱いたということが自伝などで記述されている。坂本龍一が当時好んで聴いていたロックやポップスはヨーロッパや東海岸のニューヨークなどで盛んだったポスト・パンク、ニューウェイヴが多く、YMOの音楽もいまはそちらに目が向いたエレクトロニック・パンクなのにという思いだったのではないか。

しかし、成功は成功だ。

YMO結成当初の世界進出という目標に向かう第一歩が始まっていた。

このロスアンジェルスでの成功を受け、急遽、秋にはワールド・ツアーを敢行することも決定した。イギリス、フランスとアメリカ東海岸を回るツアー。坂本龍一が好んで聴いているロックが全盛の場所でもあった。

また、このロスアンジェルスでの盛況は日本のメディアによって国内でも大きく報道された。日本ではYMOのレコードはほとんど売れておらず、知名度も低かった。その状況も変わろうとしていた。前述の川添象郎の自伝によるとそれまで動きが少なかったYMOのアルバムのセールスは報道の効果が出てこのツアー中に万単位で売れるようになっていたと記されている。

日本に帰国すると、いままでと状況が変わっていた。坂本龍一はそれまで音楽の世界での、どちらかといえば裏方、知る人ぞ知るという存在だったのに、YMOの成功とともに顔と名前が露出する機会が増えていた。

とはいえこの頃はまだまだ雑誌メディアが主で、坂本龍一は日々の仕事をこなし、十月からのYMOのワールド・ツアーの準備に忙殺されていく。

YMOのワールド・ツアーに出かける直前の十月はじめにはある出会いもあった。仕事が終わり、神宮前のバーに行くとそこで知人がおり声をかけた。その連れが見城徹。当時、角川書店の名物編集者だった。坂本龍一は一九八〇年代に入ると見城徹と懇意になり、その交友は現在まで続くことになる。

十月十三日、YMOは成田空港からワールド・ツアーの最初の公演地のロンドンに向けて旅立った。この年のYMOにはサポート・ミュージシャンとして松武秀樹、渡辺香津美、そして矢野顕子が加わっている。

ロンドンに着いたYMOはリハーサルの後、十六日にワールド・ツアー初公演を行なった。公演会場はロンドン中心地にあった『ザ・ヴェニュー』という大規模ライブハウスだ。

ここでのワールド・ツアー初日には、大勢のマスコミや彼の地のミュージシャンも来訪し、観客の反応もよく大成功に終わっている。鋤田《すきた》正義らが撮影した終演直後の楽屋の写真にはボブ・ゲルドフやウルトラヴォックスなど多くのアーティストが写り、予定されていたベルリン公演をキャンセルしてロンドンでの追加公演も決定した。

坂本龍一にとってはとりわけこの日の自分の曲「The End of Asia」の演奏の際のことがこの後も長く印象に残っていくことになる。

「The End of Asia」はソロ・デビュー・アルバム『千のナイフ』の収録曲で、アルバム・タイトル曲とともにYMOのライヴでは最初期からレパートリーになっていた曲だ。

タイトルの意はアジアの果て。ユーラシア大陸の中央から始まるアジア圏の東の端が日本で、アジアの音楽と日本の音楽(「君が代」の要素も含んで)を融合させ、さらにレゲエなど世界各地の民族音楽の要素もちりばめた意欲的な楽曲だ。

ロンドン初日のコンサートの中盤でこの「The End of Asia」が演奏されたとき、客席はさらに盛り上がり、ニューウェイヴ風の若いカップルが客席から飛び出してステージ前で踊り出したのだ。そのとき坂本龍一は前述のロスアンジェルスで覚えた杞憂《きゆう》が拭い去られ、自分たちのやっていることは正しい、カッコいいことなのだとあらためて認識できたという。

「この曲名にはアジアの端という意味と、もうひとつアジア的な文化の終わりという意味もあったんです。いまでいうグローバリゼーションに飲みこまれての終わり。ぼくはそれを感じながら、じゃあ日本人をやめてコスモポリタンになるなんていう割り切りもできない。日本やアジアの文化はこのまま残って欲しいという気持ちがあった。その一方で男の子もお化粧をしているようなロンドンのパンク~ニューウェイヴのカップルが周囲を気にせず立ち上がってステージ前に出てきて踊り出した。その精神の自由さは日本にはないものだと痛感した。イギリスのような格式ばった社会の中で、個人の自由さを求める情熱を感じました。パンクやニューウェイヴはそういう自由を求める精神から生まれたのだと確信したし、自分の音楽で彼らが踊っているということに感動したんです」（※）

ちなみにこのカップルの片割れのジョン・メイブリーは後に映画監督となり、一九九八年公開の『愛の悪魔』では坂本龍一に映画音楽を依頼している。

このロンドン初日の盛り上がりのまま、ＹＭＯはワールド・ツアーを成功裏に終わらせる。このワールド・ツアー前の九月に発売されたＹＭＯのセカンド・アルバム『Solid State Survivor』は、ワールド・ツアーの盛り上がりを喧伝《けんでん》する日本のメディア・スクラムの影響もあり、どんどん売り上げを伸ばしていった。

ワールド・ツアー中に日本における凱旋《がいせん》公演を中野サンプラザで行なうことも決まった。それまで知る人ぞ知る存在だったYMOと坂本龍一らメンバーの知名度も高まってきていた。

十二月、YMOは凱旋公演として初のワンマンのホール・コンサートを行ない、その頃には翌年に富士写真フイルムのコマーシャルに起用される話も進んでいた。

また、それまではフリーランスの音楽家三人のゆるやかな結合のようだったYMOもレコード・セールスの拡大など動く金額も大きくなっていたため、正式なマネージメント事務所が必要になっていた。それまでの生田朗、日笠雅子（雅水）ら個人マネージャーによるゆるい管理ではなく、会社としてのマネージメント。白羽の矢が立ったのは、坂本龍一にとってはかつての吉祥寺時代に知り合っていて、当時は矢野顕子の版権管理やマネージメントをしていた大蔵博。彼が新会社を作ってYMO三人のマネージメントを行なうことになった。会社名は生田朗がヨロシタミュージックと命名した。

この年の大晦日にはアレンジを手掛けたサーカスの「アメリカン・フィーリング」で、レコード大賞編曲賞を受賞することになった。坂本龍一にとって初めての大きな賞だ。他の仕事と同じように普通にこなしたアレンジであるのに、なぜこの曲で大きな賞を受賞するのかという疑問を持ったと伝えられている。

そこが腑《ふ》に落ちないながらも賞を授かって、坂本龍一の一九七九年は終わっていった。

（注）『ニューミュージック・マガジン』一九七九年二月号「ジギー・スターダストはロスにウッチャってきたよ」「ボウイーのおもしろさはサウンドじゃない」より。前者では現代音楽に関するやりとりとともに、ボウイが三島由紀夫の話も持ち出している。

一九八〇

この一九八〇年はYMOの人気が爆発し、ただの音楽グループから社会的存在になっていった年だ。まず年明けの一月、前年のワールド・ツアー以来じわじわと売り上げを伸ばしていたアルバム『Solid State Survivor』がオリコン・チャートのトップテンにランキング入りした。九位だ。発売から四か月を経てのトップテン入りは異例だった。

メディアではさらに取り上げられるようになり、昨夏のロスアンジェルスでのライヴの映像、つまり日本のバンドにアメリカ人が拍手喝采している映像がテレビやレコード店の店頭でしきりと流れたということも影響したのだろう。

所属レコード会社のアルファレコードは広告やタイアップ企画などに秀でた人物が多く、レコード店には映像素材のみならずそれを上映するためのヴィデオ・デッキも一緒に貸し出すという手を使ったのだが、これが功を奏した。

前年にはアメリカの社会学者エズラ・ヴォーゲルが著した日本経済の礼讃本『ジャパン・アズ・ナンバーワン～アメリカへの教訓』が日本で大ベストセラーになっていたし、自動車や家電製品などの輸出も好調。戦後の高度経済成長を経て、日本はアメリカにつぐ世界二位の経済大国となっていた。ソニー、ホンダ、文化の面ではコム・デ・ギャルソンの成功などとともにＹＭＯが海外で評価されていることは日本人のそんな自尊心をくすぐる存在だったのかもしれない。

さらに、ＹＭＯの人気を知った富士写真フイルムが彼らをカセット・テープの広告に起用した。ポスター、雑誌広告、そして坂本龍一作の「Technopolis」を音楽として使用したテレビのコマーシャル。これらでＹＭＯはさらに〝お茶の間〟に浸透した。道を歩いていると指差され、サインを求められる。坂本龍一にとってはすべて初めての体験だった。はっぴいえんどやサディスティック・ミカ・バンドなどのバンドで長く人前に出ることが当たり前になっていた細野晴臣や高橋幸宏とちがい、ＹＭＯ以前は知る人ぞ知る存在にすぎなかった。音楽業界以外のところでは無名のいわば非社会的存在。

レコードが売れて、音楽が愛されるということはもちろん歓迎だったはずだが、自分自身の名前と姿までがメディアで消費されていくという事態は受け入れ難かったと後々まで述懐している。

しかし、本人がそう望んでもテレビでは毎日のようにYMOの姿が映し出され、外出するとポスターが目に入り、周囲からの視線が集中する。

春には矢野顕子との間に女児が産まれて、まだ籍を入れていなかったことを知ったマスコミの過熱した報道もあった。また、週刊誌などでYMOが日本の文化大使のような扱いを受けることにも反発を覚えた。この頃、坂本龍一は次第に外出を避けるようになっていったと各種のインタビューで語っている。しかしYMOに対する熱狂は増すばかりだ。

二月には前年のワールド・ツアーの模様を収録したライヴ・アルバム『Public Pressure』がリリースされた。このアルバム・タイトルはYMOの英語の歌詞を担当していたイギリスの詩人クリス・モズデルが考案したものだが、坂本龍一はもちろん、他のふたりも多かれ少なかれ感じていた自分たちへの過度の期待と称賛に対する重圧を見てとってすぐに思いついたタイトルだったと、クリス・モズデルは二〇一八年のインタビューで回想している。自分自身のキャラクターを切り売りしているような感覚もあったようだ。

YMOの次の作品は、スネークマンショー（桑原茂一、小林克也、伊武雅刀）という異能のコメディ集団と組んだミニ・アルバムの『増殖』。YMOの音楽とスネークマンショーのコメディが交互に並ぶという構成で、音楽評論家を揶揄《やゆ》するコントにはYMOの三人も演技で参加している。また、このアルバムの末尾では「The End of Asia」をYMOとしてセルフ・カヴァーを行なっている。曲の最後はオリジナル・ヴァージョンよりもさらに「君が代」的になっていて、そこに伊武雅刀の「あ〜あ、日本はいい国だな〜」というナレーションが被る。

随所にいまのYMOが置かれた状況への違和感や皮肉がちりばめられた作品だった。しかし皮肉なことにこのようなアルバムが発売直後にYMO初のオリコンチャート一位になる。それどころか、ファースト・アルバムから『Public Pressure』までのYMOのそれまでの三枚のアルバムすべてが二〇位以内にチャート入りしているという異常な事態になった。この頃にはかつてあれほど売れなかったソロ・アルバム『千のナイフ』までがYMOブームの余波で売れ始めていた。

四月からはYMO初の国内ツアーも始まり、チケットはすぐに完売。YMOブームは盛り上がる一方だった。

坂本龍一はツアー終了後に真剣に脱退を考えて、細野晴臣と高橋幸宏にも告げたが、もちろん強く引き止められてとりあえずそのときは脱退を保留にしたという報道も当時の週刊誌に掲載された。

そのような状況の中で坂本龍一が取った行動は、マスに向けた音楽ではなくもっと個的で前衛の音楽を作ることだった。世間での坂本龍一＝YMOの一員という一面的な捉えられ方に反発し、アンチYMOという気持ちだったようだ。

坂本龍一は少し前に武蔵野タンポポ団時代に知り合った吉祥寺のレコード店店員だった後藤美孝と再会していた。以前はアメリカ西海岸のロックを愛好していたイメージがあった後藤美孝は再会するとポスト・パンク、ニューウェイヴの愛好者となっており、自分でもＰＡＳＳというインディペンデント・レコード会社を興していた。

パンクやニューウェイヴの話で再び意気投合したふたりは、坂本龍一がＰＡＳＳのアーティストのプロデュースやコラボレーションをすることを決めた。フリクション、Phewという現在も活躍するニューウェイヴのアーティストのデビュー・アルバム、ソロ・デビュー・シングルなどを坂本龍一は手がけ、それはやがて坂本龍一の新しいソロ・アルバムに繫がっていった。

坂本龍一は、ＹＭＯからの脱退を訴え、とりあえずそれは保留となったままだったが、ＹＭＯの一員であることに憔悴《しょうすい》し、精神的に追い詰められているのではないかと当時のレコード会社の社員が推測するなど、傍目にも明らかだった。

ＹＭＯの所属レコード会社のアルファレコードのエグゼクティヴ・プロデューサーである川添象郎はそんな坂本龍一を見かねて、自由にソロ・アルバムでも作ってみたらどうかと進言していた。

ＹＭＯを大ヒットさせた功労者でもある坂本龍一に対する気遣いで、内容はフリー・ハンド。自由に好きなようなものを作ればいいという提案だった。

坂本龍一は後藤美孝を共同プロデューサーに迎えて、そのときふたりともが入れ込んでいたダブを取り入れたアルバムを作ることを決める。

ダブはレゲエから発展した音楽技法で、リズムを強調し、そこにエコーやリバーブなど残響系のエフェクターを強くかけた、一九七〇年代後半から世界各地で盛り上がってきていた音楽。レゲエの動向をつねに気にかけていた坂本龍一、後藤美孝にとっては注目していた音楽だった。ふたりで音楽雑誌やダブのレコードのライナーノーツで対談もしていた。

坂本龍一はさっそくアルバムの準備に入った。曲想を練るとともに、共演、協同したい人物にもコンタクトした。ひとりはイギリスのニューウェイヴ・バンドXTCのアンディ・パートリッジ。ライナーノーツで対談したダブのアルバムはこのアンディ・パートリッジのソロ・アルバム『テイク・アウェイ』だった。

そして同じくイギリス在住のエンジニア、プロデューサーのデニス・ボヴェル。デニス・ボヴェルはジャマイカの伝統的なレゲエとダブも手がけるかたわら、この当時ダブ的な要素を取り入れたイギリスのニューウェイヴ・バンドのポップ・グループやザ・スリッツの音楽制作も手掛けていた。

坂本龍一はこの頃は音楽専門誌にダブについての考察を書くほど入れ込んでいて、ダブという解体と再構築の技法を取り入れた自分なりの音楽を作るのは自然な成り行きだったのだろう。それこそは緻密に組み上げられて作っていくＹＭＯの手法とは正反対であり、アンチＹＭＯの音楽としては最適解であるはずだった。

六月の終わり、アルバムの準備のために坂本龍一はロンドンに赴いた。ＹＭＯの新たなワールド・ツアーに関するロンドンのプロモーターとの打ち合わせのため、川添象郎も同行した。

坂本龍一はさっそくデニス・ボヴェルと顔を合わせ、意気投合して彼のスタジオに入り浸ることになる。スタジオにはザ・スリッツのメンバーたちも遊びに来て坂本龍一とセッションをすることもあったと、二〇一九年の同アルバムの再発売の際のインタビューで語っている。同時期に行なわれたデニス・ボヴェルのインタビューでも坂本龍一は当時ロンドンの最先端のミュージシャンたちに知られた存在で、滞在が伝わると、ザ・スリッツだけではなく、多くのミュージシャンたちがスタジオにやってきたとのことだ。

一方、主に日本の雑誌の企画によるロンドンのミュージシャンとの対談もこの滞在期間に行なわれた。ジャパンのデヴィッド・シルヴィアン、元ウルトラヴォックスのジョン・フォックスらとの対談が行なわれ、デヴィッド・シルヴィアンとはとくに話が盛り上がった。そのうち一緒になにかやろうというのは社交辞令に終わらず、すぐに実現することになる。

七月初め、坂本龍一は帰国。すぐにアルバムのレコーディングに取り掛かった。七月二十一日には初のシングル「War Head」も発売された。このシングルはこの年の春に、川添象郎がプロデュースした六本木のディスコ『レキシントン・クイーン』のためにYMOの他のメンバーとレコーディングした同名曲が元になってできた曲。来るべきソロ・アルバムの前哨戦ともいうべきニューウェイヴとダブを融合させた作品となっている。

八月、坂本龍一は再度ロンドンを訪れた。日本で録音したアルバムのための素材と、イギリスで録音されたアンディ・パートリッジのギターなどの素材をミックスするためだ。場所はロンドンの名門スタジオであるエア・スタジオで行なわれた。デニス・ボヴェルもエンジニアとしてやってきた。

奇遇だったのはスタジオの隣の部屋でジャパンもアルバム『ジェントルメン・テイク・ポラロイド』のレコーディングを行なっていたこと。坂本龍一の作業をジャパンのメンバー全員で見学に来ていたことから、デヴィッド・シルヴィアンと約束していたコラボレーションが早くもここで実現することとなった。

坂本龍一がその場で作曲し、シンセサイザーのみで演奏したトラックにデヴィッド・シルヴィアンが詞をつけて歌った。「Taking Islands in Africa」と名付けられたこの曲は『ジェントルメン・テイク・

ポラロイド』に収録されることになる。三〇年以上に渡る坂本龍一とデヴィッド・シルヴィアンのコラボレーションの第一歩だった。

ニュー・アルバムは『B-2 Unit』と名づけられて九月に発売された。

「この『B-2 Unit』の自分こそが本当の自分で、YMOのぼくは半分仮面を被ったぼくだという意識があった」(※※)

YMOはもちろん、前作『千のナイフ』とくらべても、『B-2 Unit』は非ポップで前衛的なアルバムになった。キャッチーなメロディや流麗なアレンジもない。コードをひとつしか使わないような曲すらあり、それまでの坂本龍一の音楽からイメージを大きく変えたものとなった。

そして、アルバムの音はノイジーで、強迫的なリズムや音色にはどこか不穏さも感じられた。

「アルバム制作当時、音に不穏な空気や壊れた感じを込めたかったんでしょう。当時は、いや、いまでもそういう音が好きなんですね、きっと」(※※)

アルバム・タイトルの『B-2 Unit』とはアメリカ陸軍の野戦携行食セットの名称。先のシングル「War Head(弾頭)」から、本アルバム収録曲のいくつか、翌年のソロ・シングル「Front Line(前線)」まで、坂本龍一の作品には当時の冷戦下の社会情勢も反映された軍事用語が散見されるようになる。

「このアルバムでデニス・ボヴェルを起用したのも、ダブという音楽自体が指向するものが〝壊す〟〝解体〟するということに惹かれたから。ダブは音をひきちぎってコラージュしながら解体する音楽。1980年までのYMOにも、当然、それまであった音楽のフォームを壊して再構築する要素があったのだけど、ぼくはこの『B-2 Unit』でそれをさらに徹底したかった。音楽を壊したまま組み立てないというのかな、そのまま提示する。荒涼とした風景ではあるけれど、そこにこそ美がある」（※※）

このように、『B-2 Unit』はYMOとは異なる、いわばアンチYMOの姿勢を鮮明にした曲で構成されたアルバムだったが、予想外の事態が持ち上がった。

細野晴臣が『B-2 Unit』収録曲の「Riot in Lagos」に尋常ではない興味を示し、この曲を十月から始まるYMOのワールド・ツアーで演奏しようと当時のインタビューで語っている。同曲は、この年六月にナイジェリアの首都ラゴスで起こった暴動のニュースから触発されて作った曲。

「もともとナイジェリアのフェラ・クティやキング・サニー・アデなどのアフリカ発のR&Bに影響されて作りました。同時期に同じようにそれらから影響を受けて音楽を作っていたのがザ・ポップ・グループ。アフリカのR&Bが壊れたニューウェイヴと同質というか、発想が近くなっていた。アルバムを作っている頃にナイジェリアのラゴスで暴動が起こったというニュースがテレビで流れて、直感的にタイトルも思い浮かんだんです」（※※）

ＹＭＯはこれまでも坂本龍一のソロ・アルバムから「千のナイフ」「The End of Asia」「Plastic Bamboo」などをレパートリーとしてきた。

しかしそれらとちがい、『B-2 Unit』の曲はＹＭＯを仮想敵として作ったものであったのに、それをＹＭＯで演奏するということは、アンチＹＭＯの曲までがＹＭＯに取り込まれてしまうということでもある。

坂本龍一にとっては、自分の新しい地平を開いた楽曲を細野晴臣に認められ、評価されたのはこのうえなく嬉しいと思うと同時に、この曲がＹＭＯのレパートリーになってしまうのかといった屈折した気持ちがあったと自伝には書かれている。

そうした中、ＹＭＯのワールド・ツアーの準備が押し詰まっていった。前年のワールド・ツアーが英仏米の三か国の小規模な日数、会場でのツアーであったのに対し、今回はホール規模のコンサートがメインでヨーロッパ、アメリカで二十数回という大規模なものだった。途中、ロスアンジェルスからは日本への衛星中継という前代未聞のイベントも組み入れられていた。

当時のアルファレコードの社員たちの証言によると、坂本龍一はこのＹＭＯのワールド・ツアーのためのリハーサルをこなしている中、あらためてＹＭＯからの脱退とワールド・ツアーへの不参加を周囲に宣言し、スタジオに姿を現さなくなった。

細野晴臣、高橋幸宏はこの事態を静観し、翻意を促す説得は事務所、レコード会社に委ねることとした。が、それらがどうも功を奏しない。これはもうワールド・ツアーは中止かと周囲が覚悟したとき、川添象郎が深夜、アポなしで坂本龍一のマンションに押しかけた。

川添象郎の二〇一八年の証言によると、ＹＭＯにとって坂本龍一はいかに不可欠な存在であるかを諄々と説き、坂本龍一抜きでのＹＭＯのツアーはありえないと念押しした上で、ここまで秋のワールド・ツアーのために多額の経費を費やしているなどという硬軟取り混ぜた説得を行なった。川添象郎は日本のエンターテインメント界の伝説ともいえる人物で、若い頃から海外に出てサルバドール・ダリらとも親しく、坂本龍一とともにロンドンに赴いた際には伝説的な写真家デヴィッド・ベイリーに『B-2 Unit』のためのポートレイト写真撮影もあっさりと実現させている。

坂本龍一はぎりぎりのタイミングでＹＭＯへの復帰を了承することになった。十月三日、ワールド・ツアーに出発するためにメンバー、スタッフがアルファレコードに集合したとき、坂本龍一も姿を現し、関係者一同がちゃんと来てくれたのだと安堵《あんど》したと後年のアルファレコード社員も証言している。

ＹＭＯの二回目のワールド・ツアー『フロム・トキオ・トゥ・トーキョー』は十月十一日、イギリス・オックスフォードから始まった。

この当時のイギリスはニュー・ロマンティックスというシンセサイザーを多用した音楽ジャンルのブームの真っ最中で、ＹＭＯは日本での先駆者ということで人気が高かった。

そのため、イギリスだけで五公演を行ない、首都ロンドンではハマースミス・オデオンという大ホールでの公演。ここにはジャパンのメンバーほか多数の現地のアーティストが表敬で訪問した。カルト的なノイズ・バンドのスロッビング・グリッスルのリーダー、ジェネシス・Ｐ・オリッジは坂本龍一にユニフォームのＹＭＯという文字が入ったシャツをねだり、翌年発表の自分たちのアルバムのジャケット裏にはそれを着た写真を掲載している。

客席では後にＹＭＯのサポート・メンバーとなるＡＢＣのデヴィッド・パーマーも観客として演奏を観ていた。イギリスのあとはヨーロッパ各地を回った。ドイツ、オランダ、スウェーデン、フランス、イタリア。スウェーデンではＡＢＢＡとも会い、そのときの記念写真がＹＭＯの写真集『OMIYAGE』（八一）に掲載されている。

楽器の故障など時折トラブルにも見舞われたが、ツアーは順調に進み、次はアメリカだ。十一月にアメリカに渡ったＹＭＯは、まずアメリカの人気番組「ソウル・トレイン」に出演。かつて坂本龍一も、そしてＹＭＯのメンバーも観ていたブラック・ミュージック専門番組だ。ＹＭＯは東洋人のグループとして初めての出演となった。

そして、大イベントとなったのが、十一月七日に行なわれたロスアンジェルスから東京への衛星中継のスペシャル・コンサートだ。日本のファンへのサーヴィスであると同時に、会場にはロスアンジェルスの多くのセレブが招待されており、YMOのアメリカでのプロモーションの目的も兼ねていた。

このイベントは観客はすべて招待で多額の経費をかけて行なわれた。日本ではYMOブームの真っ最中に長期間YMOが不在であることでファンの飢餓感が高まっていたし、アメリカ側のA&Mレコードも「ソウル・トレイン」出演とこのプロモーション・ライヴを機にYMOのアメリカでの存在感を大きくして今後のレコードのセールスにつなげていこうという思惑があった。

YMOは「ソウル・トレイン」でも衛星中継でも、司会者との会話などそつなくこなしていたが、内心ではこの過熱した状況に疲れ切ってもいたようだ。

この後、ロスアンジェルス、サンフランシスコ、ニューヨークで公演を行なったYMOは十一月下旬に帰国。

疲れ切って日本に帰ってきた彼らを待っていたのはまたしてもメディア・スクラムと言っても過言ではない取材攻勢。

YMOは十二月末に日本武道館四日連続公演という当時では珍しい大型コンサートを行なう。大晦日にはYMOに対して日本レコード大賞のアルバム賞も授与された。

坂本龍一にとっては降って湧いたような巨大なYMOブームに翻弄された激動の一年だったはずだ。

この年にリリースしたアルバム『B-2 Unit』は翌一九八一年にはアイランド・レコードから英国でリリース。ついでドイツでもロクトパス・レコードからリリースされた。いつの間にか、海外でも坂本龍一の作品がリリースされることが自然となっていく。

またイギリス、ドイツではアルバムからは「Riot in Lagos」がシングル・カットされてクラブで好反応だった。

「『B-2 Unit』は、世界的にはぼくの作品の中で映画音楽ほどは知られていないと思います。ただ、いままでも『Riot in Lagos』がデトロイト・テクノ系のアーティストにサンプリングされたり、DJがクラブで回したりといった話もよく聞く。そもそも『B-2 Unit』は、アメリカではリリースされていないのに、アフリカ・バンバータやデリック・メイなどのアメリカ人のヒップ・ホップ、テクノのアーティストからよく好きだと言われます。クラブ・ミュージックとして認知されたほか、なにかしらのポピュラリティが感じられるんでしょうね」（※※）

※第三章で引用された坂本龍一のコメントは二〇一六年の『Year Book 1980-1984』（commmons）ブックレットのためのインタビュー取材（※）、同『千のナイフ』再発売盤（日本コロムビア）ライナーノーツ（※※※）のための取材インタビュー、二〇一九年の『B-2 Unit』再発売盤（ソニーミュージック・ダイレクト）ライナーノーツ（※※）のためのインタビュー取材から抜粋。

第四章
YMOの終焉

一九八一〜一九八三

一九八一

この年はＹＭＯの終焉が始まった年でもあった。

年明け早々の一月に、ＹＭＯのニュー・アルバム『BGM』のレコーディングが開始された。そのニュースは音楽雑誌などで報じられ、前年のＹＭＯブームで膨張したファン層は熱い期待を持って続報を待つことになる。

一九八〇年はＹＭＯブームの一方でリリースされた作品はライヴ・アルバムの『Public Pressure』とミニ・アルバム『増殖』、ベスト盤だけだった。

ファンは『Solid State Survivor』に続くオリジナル・スタジオ・アルバムに飢えていた。「Rydeen」や「Technopolis」のようなポップでダンサブルな新曲を待ち望んでもいた。当然だ。だが、ＹＭＯは前年の大ブームとそれによる弊害に疲れ切っていた。新しいアルバム『BGM』のレコーディングも、当初こそ自分を奮い立たせて積極的に関与したものの、次第にスタジオから足が遠のくことになった。

「自分の中では、『B-2 Unit』の頃から二度目のワールド・ツアーをはさんで『BGM』の録音という頃が、いちばんＹＭＯへの葛藤がありました。自分は坂本龍一という個人であり、ＹＭＯとはまた別の

存在なんだという強い意識があった」(※)

また、それまでのYMOはクリス・モズデルのSF、幻想的な詩を使用していたが、この新しいアルバムでは、自分たちで詞を書くことにしていた。

坂本龍一は『芸術新潮』誌一九八一年六月号に掲載された作曲家諸井誠との対談記事で、新しいアルバムではメンバー三人とも裸の自分を見せたと語っている。望外に増えた少年少女のYMOファンに誠実でありたくなったという意のことも述べている。ビハインド・ザ・マスクに隠されていた自分たちの素顔をさらけ出そうということだ。

結成から前年までのYMOは仮面を被った匿名的な存在であることで素の自分たちでは気恥ずかしくてできない衒《てら》いのないポップスもできたが、大ブームによって匿名という仮面が剝がされたいまは同じことはもうできない。であるならばいまの自分たちの素顔の音楽を自分たちの言葉を使ってやるべきだ。これが『BGM』レコーディング開始時のYMOの三人の了解事項であった。

坂本龍一もまず「音楽の計画」という曲の歌詞で自分自身のいまの気持ちをさらけ出す。最終的な歌詞になる前の草稿はいまも残るノートにびっしりと書かれ、それらの大量の言葉は「音楽の計画」のみには収まらず、やがてソロ・シングル曲となる「Front Line」にも発展していく。

しかし、坂本龍一が『BGM』のために書いたオリジナル新曲はこの「音楽の計画」だけとなった。

作曲の進捗がない坂本龍一に対して、細野晴臣は「千のナイフ」のような曲がほしいという要望を行ない、「千のナイフ」のカヴァーが『BGM』に収録されることになったほかソロ・シングル用にレコーディングしていた「Happy End」のリミックスも収録されることになった。

また坂本龍一はスタジオに不在であることが多くなり、その間に細野晴臣と高橋幸宏がふたりで、後にYMOの代表曲のひとつである「Cue」を自分抜きで録音して完成させ（細野晴臣と高橋幸宏の当時のインタビューでは完成記念にふたりで記念撮影までしたことも紹介されている）たことに関して自伝では「ふたりに仕返しされた」と記述している。

YMOのあり方も変化していった。このアルバムでのプロデュースの名義をそれまでの細野晴臣単独から細野晴臣＋YMOとしている。坂本龍一と高橋幸宏の貢献をプロデュースの面でも記すことにしたのだ。こうした経緯で『BGM』はYMOのアルバムの中で坂本龍一の関与の度合いがもっとも薄いものとなった。しかし、メンバー全員が仮面を脱ぎ捨て、自分自身に正直になったことで、音楽性は大きく変わり、それはYMOというバンドの進化を示すことにもなっている。

YMOに期待されている過度のポピュラリティーを顧みることなく、その時点でいちばん興味を持っていた海外の最先端の音楽からの影響を出した。ポップな面は影を潜め、先鋭的な音楽となった。

このことは「Rydeen」「Technopolis」の再演を期待していた層からの失望を買ったのかもしれな

いが、やがてこの『BGM』と続く『Technodelic』は日本のみならず海外の音楽誌でもYMOの名盤と評価されるようになっていく。

細野晴臣は春の『BGM』の発売と同時にこの路線ですぐに次のアルバムも作ることを決め、まず、坂本龍一には得意の現代音楽、ミニマル・ミュージックを反映したシングルとなるような新曲を依頼。坂本龍一も即座に応じて新曲を書き上げた。後に「体操」と呼ばれる曲であった。「体操」のレコーディングにとりかかったところで、作業は一旦中止となる。これはメンバー三人にそれぞれソロの制作や他のアーティストの作品へのゲストが以前より決まっていたためで、予定通り。しかし、まがりなりにもYMOの次作への取り掛かりがあったために、YMOが解散や自然消滅ということはなくなり、秋にまた集結してレコーディングを再開しようという合意ができての中断とすることになる。YMOの歴史において幸いであった。

このYMOのアルバム制作中断期間中、坂本龍一は矢野顕子のツアーへの参加のほか、さまざまな他アーティストとの共同作業をしたが、ソロ・アーティストとしての新しい、いわば天職にも携わることになった。それはラジオのDJだ。

四月、NHK‐FMのDJ帯番組「サウンドストリート」で、坂本龍一は火曜日の担当パーソナリティーとなった。

いまも変わらない、自然体の口調で、しかし近況や気に入っている音楽や社会的なトピックスなどを自由に取り上げるこのスタイルは、坂本龍一にとっては自分なりの新たな表現手段として性に合っていたようで、この後現在まで四十年以上さまざまなラジオ番組でDJを続けることになる。

坂本龍一はその対外的なイメージとは裏腹に、おしゃべりだ。

コンサートのMCも最初のソロ・コンサートである一九七八年の『千のナイフ』発売記念コンサートからすでにMCが多く、長い。矢野顕子とのツアーが終わると、坂本龍一は新しいソロ・アルバムの制作に取り掛かった。この時期、坂本龍一は自分のソロ・アルバムとともに、イギリスのアーティスト、ロビン・スコットとのコラボレーション作品も考えていた。

ロビン・スコットはMという名義でディスコティックなテクノ曲「ポップ・ミューヂック」を世界的な大ヒットとしていたアーティストだ。ロビン・スコットも坂本龍一やYMOの音楽に興味を持っており、相思相愛という形でのコラボレーションとなる予定だった。

しかし、スケジュールの関係などで、いつしかソロ・アルバムとコラボレーション・アルバムはひとつの作品として融合することになる。

来日したロビン・スコットと、それまでフランク・ザッパ、デヴィッド・ボウイ、トーキング・ヘッズらとの仕事で名を馳《は》せていたギタリストのエイドリアン・ブリューも加わって、新しいアルバム『左うでの夢』のレコーディングがスタートした。

前述の海外アーティストふたりのみならず、このレコーディングには細野晴臣、高橋幸宏、さらには先鋭的なインディー・バンド、EP-4の佐藤薫ら新進気鋭のミュージシャンも参加した。

アンチYMOを掲げ、過激なエレクトロニック作品だった前作『B-2 Unit』とちがい、この『左うでの夢』は穏やかで明るいアルバムになった。民族音楽の要素もちりばめられ、アコースティック楽器も多用されている。なにより多くの曲で坂本龍一自身が歌を入れている。とてもポップでメロディアスな楽曲が並んだ。

「全体的に明るいアルバムになってますね。自分の歌もたくさん入っていて、ヴォーカルに挑戦したいという気持ちもあった。それはきっとジャパンに影響されたんだと思う」（※※）

明るい作品になったのは、つらかった『BGM』のレコーディングが終わり、気持ちが楽になったということもあったという。

「このアルバムには『B-2 Unit』のときにあったYMOに対する反逆がない。だから暗い音楽から明るくなった。『B-2 Unit』のエレクトロニックな音から反転して、アコースティック楽器を多用した生演奏に比重が移ってます。アルファレコードの大きなスタジオで、みんなで輪になってそれぞれの前にマイクを置き、せーので一斉に音を出して録音するなど即興的な要素もあります」（※※）

スタジオ内もアルバムの雰囲気と同様、明るい空気に満ちていたようだ。

「EP-4の佐藤薫とか、立花ハジメ、ムーンライダーズのかしぶち哲郎、一風堂の面々とか、とにかくゲストをいっぱい呼んだアルバムですね。もちろん細野さんや幸宏もいるし、ジャンルやグループの垣根を超えて、みんなで音を出したかったんですね。非常に外向きのアルバムにしたいという点で、そこも『B-2 Unit』とは正反対」（※※）

ただ、このアルバムの制作期間中にロビン・スコットとは方向性にちがいがあることがはっきりし、コラボレーション・アルバムという形ではなく『左うでの夢』はロビン・スコットも協力した坂本龍一のソロ・アルバムとなる。ロビン・スコットは自分が協力した楽曲の素材をロンドンに持ち帰り、自身が主導する坂本龍一＋ロビン・スコットのミニ・アルバム『The Arrangement』を制作、リリースすることになった。

ソロ・アルバムの制作が終わると、いよいよYMOのニュー・アルバムの続きだ。坂本龍一はこの頃には精神的に快調で、プリペアド・ピアノやミニマル音楽の要素をどんどん持ち込み、他のふたりの曲のアレンジやオーケストレーションも積極的にかかわった。

レコーディング途中に松武秀樹が自作のサンプラーを持ち込んだことで、YMOも坂本龍一もさらに興が乗り、インダストリアル・ミュージックの要素を取り入れた「階段」やバリ島の音楽ケチャの口三味線をサンプラーで再現した即興的な作品「新舞踊」などを作った。

ＹＭＯのアルバムの中で、いちばん坂本龍一色が強くなったのがこのニュー・アルバムの『Technodelic』だろう。このアルバムのエンジニアを務めたアルファレコードの飯尾芳史は、あるとき機転をきかせてスタジオ近くのプレス工場で工場音を録音。その音を聴いた坂本龍一がすぐさまキーボードに向かって、アルバム最後の「Prologue」「Epilogue」という工場音を有効的に使った楽曲をほんの三十分ほどで仕上げたことを鮮明に覚えているという。

ＹＭＯの作業が終わると、坂本龍一は自分のバンドを組んだ。バンド名はB-2 Unit。最新アルバムは『左うでの夢』だが、坂本龍一にとっては前年の『B-2 Unit』は自身にとってのメルクマールで、象徴的な作品だった。

このバンドのメンバーはサックスの沢村満、ロビン・トンプソン、プラスチックスの立花ハジメ。ベースが一九七九年から事務所のアシスタントをつとめたあと、ミュージシャンとして独立したチャクラの永田純、ドラムがシネマ～フィルムスの鈴木さえこ。キーボード、シンセサイザーの坂本龍一を除くとみなアコースティックな楽器の奏者で、そこは『左うでの夢』の影響があるだろう。

坂本龍一はこのバンドのためのデモと、ライヴでのバッキング用のシンセサイザー、シーケンサーによるトラックをスタジオで録音し、初期のB-2 Unitはこのバック・トラックと自分たちの即興を含めた生演奏を重ねるという形を取った。

「最初はバンド名どおりに『B-2 Unit』のようなミニマルな音楽をライヴでできるバンドがあったらいいなと思い、そういうデモ・テープも作ったんですよ。でもやはり時期的に『左うでの夢』の音楽性に近くなっていき、即興部分が多い演奏を行なうバンドになりました。クリックに支配されて曲のサイズもあらかじめ決まっているYMOでの演奏とちがい、B-2 Unitは自由で楽しいバンド活動でした」(※※※)

十一月四日にB-2 Unitのライヴがまず川崎産業文化会館であり、九日には京都会館でEP-4とのジョイント・コンサートも行なわれた。このとき坂本龍一はEP-4の演奏にも飛び入りし、途中のシンセサイザーのソロでまたしても即興的に「君が代」を弾いている。

B-2 Unitは翌一九八二年まで活動が続くことになる。

年末はYMOの国内ツアー『ウィンター・ライヴ』ツアーで日本全国十都市を回った。このコンサート・ツアーは、前年までのYMOブームを鎮静させるかのように、本編では非ポップな『BGM』『Technodelic』の曲のみを演奏。暗くて幻想的なステージ・セットや照明もあいまって、それはいわばＹＭＯのお葬式のようなムードも醸し出していた。

『BGM』『Technodelic』のこの年のアルバム二枚で、ＹＭＯのメンバーは音楽的に充分にＹＭＯはやりきったという感慨を持っており、気持ち的にはこのツアーはＹＭＯ解散のためのツアーだった。この年、それまでＹＭＯの三人全員が所属していたマネージメント事務所のヨロシタミュージックから、細野晴臣、高橋幸宏が離脱してふたりで新事務所オフィス・インテンツィオを立ち上げた。坂本龍一もヨロシタミュージック内に独立した個人事務所B-2 Unitを作った。ＹＭＯは分裂し、三人の総意で翌一九八二年はＹＭＯは休止することとなった。

またこの年のトピックとして、マイケル・ジャクソンからのあるオファーがあったことも特筆すべきことだろう。

ＹＭＯのアルバム『Solid State Survivor』に収録した「Behind the Mask」がマイケルのスタッフの耳に止まり、マイケルの制作準備中の新アルバム（後の『スリラー』）の収録曲の候補となったのだ。マイケルは自身で詞の追加をし、さっそくデモ録音を行なった。

その出来に満足したマイケルとクインシー・ジョーンズは所属レコード会社を通してＹＭＯの事務所にカヴァーの許諾を求めた。

ＹＭＯ側～坂本龍一としては興味のある話だったが、マイケルによる新たな歌詞とそのメロディーの一節が付け加えられていることで、作詞作曲の印税の作詞分の五〇％をマイケル側が権利を持つという条件にひっかかりを覚えた。出版権の百％を差し出すことを要求されたという話も聞く、では、それがどういう歌詞で、曲の中でどう使われているのか確認したいと応じたところ、マイケル側からは未発表の音源は第三者に聴かせるわけにはいかないという返事（※）。ここで交渉は物別れに終わって、マイケル版「Behind the Mask」はお蔵入りとなった。

一九八二年に発表されたマイケル・ジャクソンのアルバム『スリラー』は現在に至るまで七千万枚を超える世界でいちばん売れたレコード・アルバムとなった。もしこのアルバムに「Behind the Mask」が収録されていたら、アルバムがもっとも売れた一九八二～一九八三年だけで作曲者の坂本龍一には当時の宝くじの一等賞金を遥かに超える作曲印税が配当されていたことになる。

この時点ではカヴァーの発表は実現しなかったものの、この「Behind the Mask」とマイケル・ジャクソンとの因縁はその後も折に触れて坂本龍一の歴史に浮上してくることになる。

※このときに制作されたデモ音源は、二〇二二年に『スリラー』四十周年記念盤に収録された。ほぼＹＭＯのオリジナルのアレンジを踏襲し、そこにマイケル・ジャクソンがヴォーカルを乗せたものだった。

一九八二

休止といいつつ、この年の前半にはＹＭＯとしてのテレビ、イベント出演はあり、さまざまなレコーディング現場、ライヴの場で三人が揃うこともあったが、それでもＹＭＯとしてのレコーディングやコンサートがないということで坂本龍一はＹＭＯから離れたいわば課外活動を満喫した。

なかでも、ＲＣサクセションの忌野《いまわの》清志郎と化粧品会社カネボウのコマーシャルのための曲「い・け・な・いルージュ・マジック」を共同制作してシングルとしてリリースしたことはこの一九八二年前半の大きなトピックだろう。

これはアワハウスや大貫妙子のプロジェクトで懇意だった牧村憲一の仕掛けで、コマーシャル・ソングでありながら両アーティストの個性を自由に発揮させてこの年を代表する名曲がここに生まれた。ふたりがキスをするプロモーション・ヴィデオも話題になり、シングルは五〇万枚を超えるスマッシュ・ヒットとなった。

春にはこの年の二月に正式に入籍した矢野顕子のニュー・アルバム『愛がなくちゃね。』のレコーディングのため、『B-2 Unit』でも訪れたロンドンのエア・スタジオにも行った。

このアルバムではジャパンのデヴィッド・シルヴィアン、ミック・カーン、スティーヴ・ジャンセンとのコラボレーションも行なったが、それに止《とど》まらず、ジャパンがイギリスの音楽番組『オールド・グレイ・ウィッスル・テスト』に出演した際にはライヴ演奏のバッキングとして参加した。

また、デヴィッド・シルヴィアンとはこの後長きに渡るコラボレーションの嚆矢として坂本龍一＆デヴィッド・シルヴィアン名義でのシングル「Bamboo Music」のレコーディングも行なっている。

充実したロンドンでの活動を終えて日本に帰国した坂本龍一を訪ねてきたのは映画監督の大島渚だった。数年に渡って企画と準備をしてきた映画への出演依頼のためだった。この大島渚の新作映画は業界内で噂になっており、海外との共作であり、主演の俳優のひとりにデヴィッド・ボウイが決まっていた。しかし、日本人の俳優の選考に難航している中、その候補のひとりに坂本龍一がいるという噂は本人もすでに耳にしていたが半信半疑ではあった。

その大島渚から面談の依頼が本当に来た。用件は新作映画への出演依頼にほかならないと思われた。坂本龍一にとって、大島渚は一九六〇年代からその作品群を愛してきた映画監督だ。

大島渚は当時、坂本龍一も被写体のひとりとなった『男の肖像』という写真集（集英社）でのポートレイトと坂本龍馬に扮した新潮社の文庫の広告写真を目にして直感的に坂本龍一の起用を決めたのだ。いよいよ大島渚が事務所に訪ねてくる日、坂本龍一はそわそわしながらその時を待ったそうだ。

「当日はドキドキしながら事務所で大島監督を待っていた。で、窓から覗くと、本当に大島さんがこちらにひとりで歩いてこられるのが見えたんですよ。台本を脇に抱えているのも見えた」（※※※）

坂本龍一に面会した大島渚は前置き抜きに単刀直入に「映画に出てください」と迫った。小劇場での単発的でわずかな俳優経験しかなかった坂本龍一は、とまどったが、映画の音楽もやらせてくれるなら出ますと自分でもいままで考えてもいなかった逆オファーを出して、大島渚もそれを了承したと当時のインタビューで語られている。

「役者に加えて映画音楽という経験したことのない仕事がダブルとなり、つまりリスクが二倍になったわけだけど、そんなリスクを引き受ける監督もすごいなあ、と」（※※※）

この当時、大島渚が坂本龍一の音楽をどれだけ耳にしていたかはわからない。ＹＭＯのヒット曲ぐらいは聴き覚えがあったのだろうか。しかし、ポピュラー・ミュージックの世界で人気者というのは周囲のスタッフから教えられていたので、それはそれで映画の話題になるというぐらいの気持ちだったのかもしれない。

ともあれ『戦場のメリークリスマス』への出演は決まった。

この時点では坂本龍一はまだまだ映画に俳優として出演するということに現実感はもっていなかったが、次第にこれは大変なことを引き受けてしまったという思いも強くなったようだ。

その最初は、広尾の有栖川宮《ありすがわのみや》記念公園で日本兵役の出演者を集めて行なわれた〝軍事教練〟。なにしろ当時はまだ戦後三十七年。従軍経験者がまだまだ健在で、日本軍兵士、将校らの所作、挙動をみっちりと指導する会となった。

さらに東京で行なわれた七月三十日の映画の製作記者会見にあたっては頭を丸刈りにした。共演者であるビートたけしも同様で、その断髪式は週刊誌やスポーツ新聞で大きく報道された。

八月にいよいよ映画のロケ地であるニュージーランドのクック諸島（当時）にあるラロトンガ島に赴いた坂本龍一は、俳優としての仕事に無知だったため、俳優は撮影前に自分のセリフをみな暗記しているということに思い至っていなかった。坂本龍一はラロトンガの宿舎であるホテルであらためて脚本と格闘することになった。

八月二十三日から始まったラロトンガ島での撮影は、坂本龍一にとって初めての映画撮影ということで戸惑いもあったが、大島渚は素人であり、映画の目玉である（坂本龍一とビートたけし、ふたりのキャスティングの前にはさまざまな苦闘があり、そしてこの時点では日本での映画の成功の肝でもあった）ため、他の本職の役者のように怒鳴られることもなく、日々の撮影をこなしていった。そうした中、坂本龍一は島での日常にある種の解放感を覚えるようになっていたようだ。というのも、大島渚の意向でこのラロトンガ島での『戦場のメリークリスマス』の撮影には、ジャーナリストの立ち入りが一切禁止されていたためだ。映画のスポンサーであるテレビ局の取材班すら拒否するというその徹底した態度で、当然、ラロトンガ島にはジャーナリストもパパラッチもいない。

ＹＭＯでの成功以降、つねに記者とカメラマン、そしてファンに追い回されていた坂本龍一にとっては数年ぶりの平穏であり、日常への回帰でもあった。

それはビートたけし、デヴィッド・ボウイにとっても同様。デヴィッド・ボウイは一九七〇年代初期からの世界的な成功によって世界中のどこにいてもつねに過度の視線に追い回されていただけに、南太平洋のこの島での日々は貴重なものだった。いまではニュージーランド周辺の屈指のリゾート・アイランドとなっているこのラロトンガ島は、この頃はまだまだ鄙《ひな》びた島で、民宿などを除くとホテルも一軒だけ。キャストもスタッフもみな同じホテルに滞在し、朝晩にみなで食堂でご飯を食べて夜は屋内かプールサイドのバーで共に過ごす。

前述した、かつて音楽誌『ニューミュージック・マガジン』の対談取材でボウイと話をしたこともあった坂本龍一だが、ラロトンガのホテルでは、日常の延長で会話をし、酒を飲んだそうだ。娯楽も少ない島なので、映画の関係者でホテル内パーティーも何度か開催されている。

あるときはバーでデヴィッド・ボウイと坂本龍一の即興セッションも行なわれた。

坂本龍一のドラムに合わせてデヴィッド・ボウイはギターを弾き、オールディーズなロックン・ロール・ナンバーを歌った。

それ以外のパーティーでも、デヴィッド・ボウイは坂本龍一作品のYMO曲「体操」をかけるスタッフの女性たちの寸劇を監督したりもした。

こうして懇意になる中で、坂本龍一は当然、自分が手がける映画のサウンド・トラックにボウイも歌などで協力してくれないかと持ちかけたが、それは拒否された。ボウイはこの映画では音楽家ではなく俳優としてすべてを懸けたいという覚悟があったためだ。それまで俳優としては異星人や吸血鬼など自身の素とは遠い配役が多く、それはそれで評価もされてきたが、英国人でさらに兄弟との問題という自身の境遇と似た背景を持つ映画でのジャック・セリアズという役に没頭するため。坂本龍一はその気持ちを尊重した。

九月末には場所を移してニュージーランドのオークランドでの撮影が開始された。映画冒頭のジャワ・バタヴィアのシーンの撮影だ。

十月初旬、すべての撮影が終わり、出演者とスタッフはそれぞれの国に帰国。坂本龍一は映画のための音楽の作曲とレコーディングという作業に取り掛かった。

坂本龍一にとって、この『戦場のメリークリスマス』という作品が映画音楽との最初のかかわりであったことは幸運だろう。大島渚はいくつかの点で確認を済ませると、あとはほぼすべてを坂本龍一にまかせた。坂本龍一は伸び伸びと自由に作曲、録音をした。演奏のほぼすべてはシンセサイザーとサンプラー。メジャーな映画音楽でシンセサイザーとサンプラーのみを使用するというのは、世界的に見ても新しい試みだ。坂本龍一にとってはあくまで日常的に使用している楽器を使ったまでだったのだろうが、一九七〇年代後半から始まったドイツのプログレッシヴ・バンドのタンジェリン・ドリーム界隈とイギリスのマイク・オールドフィールド、ギリシアの音楽家ヴァンゲリス、アメリカのジョン・カーペンターらと並んで映画のサウンドトラックの世界に新しい風を吹き込むことになった。

サウンドトラック作りと並行して開始されたのがＹＭＯの新アルバムのレコーディングだ。後に『浮気なぼくら』と名付けられるこのアルバムは、新作であると同時にＹＭＯの最後の、つまりは解散のアルバムになるであろうことはメンバー三人の中で暗黙の了承となっていた。映画のサウンドトラックという新しい未知の世界と、自身の歴史の中で巨大なエポックとなったＹＭＯの幕引き。そのふたつを同時進行させながら坂本龍一の一九八二年は過ぎていった。

一九八三

この年は『戦場のメリークリスマス』の公開の年であり、ＹＭＯ解散の年でもあった。どちらも坂本龍一のその後の人生を大きく変えることになる出来事だった。

ＹＭＯとしての坂本龍一は、まず先行シングル「君に、胸キュン。」と続くアルバム『浮気なぼくら』のプロモーション活動に励むことになる。

「君に、胸キュン。」と『浮気なぼくら』は、ＹＭＯの最後をお祭りとして陽気に終えるための明るい歌謡曲路線。ヒットチャートの一位をめざしたポップな作品だった。もちろんアルバムには、ポップながらも「音楽」のように実験精神にあふれた曲もある。娘の美雨のために書いた「音楽」は二一世紀においても坂本龍一のＹＭＯ時代の代表曲のひとつとして、次作『Service』に収録された「Perspective」とともに以降も頻繁に演奏されることになる。

ＹＭＯはそれまで距離を置いていたテレビの歌番組などにも積極的に出演し、アイドル的な振りまでつけて「君に、胸キュン。」を演奏した。坂本龍一がイントロとＡメロを手がけた「君に、胸キュン。」は三月に発売されてチャートの二位を、五月発売の『浮気なぼくら』は一位を獲得。

この頃はＹＭＯのメンバー三人とも歌謡曲の仕事も多く手がけるようになっており、この一九八三年の春には坂本龍一も郷ひろみ、ビートたけし、そして美空ひばりのシングルやアルバムに参加している。前年まで盛んに交流していた日本の前衛的なインディーズのアーティストとの仕事は途絶えてしまったわけではなく、この年の一月にＴＡＣＯのアルバムに参加もしているが、この年はＹＭＯ解散などに忙殺されていた。そうした交流が復活するのは翌年以降となる。

五月一日には映画の公開に先立って、ひと足早く『戦場のメリークリスマス』のサウンドトラック・アルバムが発売になった。映画音楽の制作は初めての体験だったが、前節で記したように監督の大島渚は音楽に関する注文はまったく出さず、自由に思い通りに作ることができた。これまでのソロ・アルバムやＹＭＯの作品同様にシンセサイザーとサンプラーをメインの楽器として使用したこのサントラは坂本龍一のソロ作品と表現してもおかしくない内容だった。

前述のように坂本龍一は、デヴィッド・ボウイに歌で参加しないかと持ちかけていたが断られた。結果的に友人であるデヴィッド・シルヴィアンが作詞とヴォーカルを担当したテーマ曲のヴォーカル版である「禁じられた色彩」が録音され、この曲は日本とヨーロッパでシングルとしても発売された。

そして八日、『戦場のメリークリスマス』がカンヌ国際映画祭に出品されたため、大島渚らとともにプロモーションのためフランス・カンヌに赴く。現地ではデヴィッド・ボウイも合流して盛大なパーティーも開催するなど、この年のカンヌではもっとも華やかなプロモーション活動が行なわれた。映画は話題性も十分で大島渚にとっては『愛の亡霊』以来の監督賞、もしくは最高賞であるパルムドールを受賞するのではとの見方がカンヌでも、日本でも強かった。

しかし、『戦場のメリークリスマス』はパルムドールどころかひとつの賞も得られない無冠に終わった。この頃、カンヌ国際映画祭には商業主義に傾いているという批判があり、『戦場のメリークリスマス』に賞を与えるとさらに批判が高まることを恐れたという噂も流れた。実際、この年の最高賞が同じ日本人監督作品ながら華やかさとは無縁の『楢山節考』(今村昌平監督)に与えられたことを考えると決して荒唐無稽な噂ではなかったのだろう。

カンヌでは残念な結果だったものの、その落選に至る過程自体も連日の報道によって大きなプロモーションとなった。日本に残っていたビートたけしもテレビやラジオで自虐的なギャグを連発。さらに、YMOの『浮気なぼくら』や、デヴィッド・ボウイの『レッツ・ダンス』という、ともに大ヒットとなるアルバムが映画の公開直前に発売されたことで、『戦場のメリークリスマス』は五月二十六日に公開されるや空前のヒットとなった。

映画は日本のみならず、海外でも好評でデヴィッド・ボウイのワールド・ツアーの好影響もあってとくにヨーロッパ、なかでもイギリスで高い人気となった。坂本龍一のサントラ盤もアメリカ、イギリスをはじめ各国で発売。坂本龍一にとって、このサントラ盤がソロ・アーティストとしての本格的な海外進出のきっかけとなったと言ってもいいだろう。ヨーロッパではかつて『千のナイフ』の発売を断ってきたヴァージン・レコードからのリリースとなったことは皮肉だった。

この年の英国アカデミー賞では『戦場のメリークリスマス』は作曲賞も受賞。この賞はジョン・ウィリアムズやエンニオ・モリコーネなどが受賞の常連になっているもので、坂本龍一はアジア人として初めての受賞。海外の賞をもらったのもこれが初であった。

また、映画のヒット中の六月には『戦場のメリークリスマス』のサントラ曲をピアノで演奏したカセット・テープが付属したカセット・ブック『Avec Piano』が発売。

これらＹＭＯの活動、『戦場のメリークリスマス』関連のほか、この年の前半は幾多の依頼仕事のほか、自分自身のためのレコーディングも開始していた。ＹＭＯが終わることを前提にポストＹＭＯのソロ・アルバムの制作に着手していたのだ。しかし年初から始まったこのレコーディングは多忙のため途中でいったん中止し、翌年にまた再開されることとなる。八月にはデヴィッド・シルヴィアンのソロ・デビュー・アルバム『ブリリアント・ツリーズ』のレコーディングに参加するためにベルリンに。

帰国したら、いよいよYMOの総仕上げだ。

ファン・サーヴィスのためのミニ・アルバム『Service』のレコーディングと最後のライヴ・ツアーの準備が並行して行なわれた。その途中、十一月には大阪の帝塚山《てづかやま》学院大学の文化祭（葡萄祭）に招かれ、初のソロ・ピアノ・コンサートを行なっている。『Avec Piano』に収録されている『戦場のメリークリスマス』の楽曲ほぼ全曲のほか、ソロ曲「Thatness and Thereness」やYMOの「邂逅」「Perspective」「音楽」などを弾き語りで歌っており、当時所属レコード会社によってこの模様は録音されたが公にはなっていない。

YMOの解散は「散開」と表現された。YMOという集合体からそれぞれのメンバーが散って開《ひろ》がっていくというイメージだ。

この年の秋には各種メディアでメンバーたちが自ら散開という言葉を使ってYMOの解散をファンに向けて伝えていった。最後のお別れは大規模な国内ツアー。十一月二十三日、札幌から始まった国内ツアーは、以降、名古屋、大阪、郡山、東京、福岡でアリーナ・クラスの会場で行なわれた。

ツアー最終日は十二月二十二日の日本武道館公演。雑誌とのタイアップとの全席招待公演だったため、チケットの抽選に外れた熱心なYMOファンは会場外で中から漏れてくる演奏の音を聴き、ときおり「解散反対！」のシュプレヒコールも上げた。しかし総じて和やかな雰囲気の中でYMOの最後のコンサートは終わり、翌年にかけての残務整理と言ってもいいYMOとしてのいくつかの活動を除いて、ここにYMOの終焉はなった。

五年間の活動中、後半は坂本龍一にとって意義のある活動になったと同時に頸木であり仮想敵でもあったYMO。

一九七八年の参加のときは、東京の限られた音楽業界以外では無名の自由人であった坂本龍一はこの一九八三年の解散のときまでに時代の寵児である、高橋幸宏命名のあだな〝教授〟となっていた。

※第四章で引用された坂本龍一のコメントは二〇一九年の『B-2 Unit』再発売盤（ソニーミュージック・ダイレクト）ライナーノーツ（※）のためのインタビュー取材、同『左うでの夢』再発売盤（ソニーミュージック・ダイレクト）ライナーノーツ（※※）のためのインタビュー取材、二〇二一年の『戦場のメリークリスマス　知られざる真実』（東京ニュース通信社）のためのインタビュー取材（※※※）から抜粋。

第五章

八〇年代を疾走する

一九八四〜一九八九

一九八四

一九八四年の年明けからしばらくはＹＭＯの最後の仕事が続いた。前年の冬に行なわれた解散ツアーの模様とシュールな小劇がないまぜになった劇場用映画『プロパガンダ』の撮影だ。監督はツアーの演出も手掛けていた自由劇場~黒テント出身の佐藤信。一九七〇年代前半の坂本龍一とは近い位置にいた劇作家、演出家だった。映画のクライマックスとなるシーンの撮影は千葉県の平砂浦ビーチで行なわれた。ツアーで使用した巨大で荘厳な舞台セットを浜に持ち込み、それに火をかけて盛大に燃やした。ＹＭＯの終焉にふさわしい光景でもあった。

映画は四月に公開され、そのオープニングの舞台挨拶にメンバー三人で揃って出演したことがＹＭＯとの本当の別れだった。この後、坂本龍一はソロ・アーティストとして活動を続ける。ＹＭＯ時代も当初からの約束としてソロ活動に制限がかかることはなかったが、一九八〇年のブレイク以降はなにしろ忙し過ぎた。何度かの大規模なツアーにも身体と時間が拘束されていた。

また、この当時、海外との折衝や通訳などで友人として坂本龍一と再び仕事をするようになっていた生田朗の積極的な働きかけもあって、坂本龍一はビル・ラズウェル、近藤等則らニューヨーク、東京の即興ジャズ、ファンクとの交流も盛んになっていた。

三月には渋谷のライブハウスで行なわれた即興セッションのライヴ・イベント『東京ミーティング1984』で旧知の高橋悠治、渡辺香津美、仙波清彦、近藤等則にピーター・ブロッツマン、ヘンリー・カイザー、ロドニー・ドラマー、セシル・モンロー、そしてビル・ラズウェルが加わったユニットでセッションを行なった。ビル・ラズウェルはアメリカの前衛ジャズ、ロックのミュージシャン兼プロデューサーで、ここでの出会いは後に大きな意味を持つことになる。

「ビル・ラズウェルには生田朗に引き合わされていて、ぼくも彼のやっていたマテリアルというユニットは好きだった。ジャズとR&Bやファンクを横断したノイジーでワイルドな音作りでカッコいいなと。そしてこうやっていろいろ一緒にやっていくうちに、なんとなく次のソロ・アルバムは彼にプロデュースを頼むんだろうなという意識になっていました」(※)

実際にビル・ラズウェルが坂本龍一のアルバムをプロデュースするのは一九八六年の『NEO GEO』になるが、このときすでにその前兆があったということになる。

YMOといういわば外的な制約が外れた一九八四年の坂本龍一が日課としていたのは前年から始めていたソロのためのレコーディング。

後に『音楽図鑑』と名付けられるソロ・アルバムのためのレコーディングは、まだYMOが存在していた一九八三年一月に開始されていた。『浮気なぼくら』の完成直後だ。

ただ、そのときはまだ明確に新しいソロ・アルバムの制作としてスタートを切ったわけではない。坂本龍一はこの当時、特定のレコード会社と契約を結んでそこから作品をリリースするという形ではなく、アルバムごとに発売するレコード会社を決めていた。なので、レコーディング開始時点では発売するレコード会社も決まっておらず、当然、リリース日とそれによって決まる締め切りもなかった。それでもほぼ毎日、銀座のレコーディング・スタジオ音響ハウスに通って作曲とレコーディング作業を行なっていた。この当時、坂本龍一には他アーティストやCM音楽の制作の依頼が殺到しており、事務所のヨロシタミュージックは『音響ハウス』のスタジオを年間契約で借り上げ、坂本龍一はそこで自分用とその他の音楽を作り続けていたのだ。


このレコーディング・セッションでは膨大な数の作品が生まれていった。

結果的に当時は未発表となった楽曲も多く、その中には仮タイトルが「YMO 1」「YMO 2」というものもある。これはたぶんYMO向けに書くようなスタイル、あるいはYMO用に回してもいいのかなという感覚だったのだろうが、このときはまだYMOが存在し、YMOのサカモトといういわば自分の別人格を意識しながら楽曲を作ることができた。

一九八三年四月にレコーディングは一旦中断する。前章のとおり坂本龍一は以降一年近くカンヌ映画祭出席を含む映画『戦場のメリークリスマス』のプロモーションと、一九八四年四月まで続いたＹＭＯの散開劇とツアー、メディア出演に追われることとなった。

レコーディングが再開されたのは、ＹＭＯの一連の散開劇が終了した後の一九八四年四月。およそ一年という間があいたが、ＹＭＯに限らず数多くの仕事を経てのレコーディングの再開だった。最初に録音したのは結果的に未完成となった曲だが、このときには前年のレコーディングにはなかった新しい機材がスタジオに登場し、ここで早くも使用されている。その機材は以降、『音楽図鑑』となるアルバムに大きな影響を与えることとなった。

導入された新機材はオーストラリア製のフェアライトＣＭＩという電子楽器で、同機は革新的なシンセサイザー、サンプリング・マシーンだったが、それ以上に搭載された簡易シーケンサー機能〝ページＲ〟が坂本龍一の音楽を変えた。

一九八四年にフランスの映像作家エリザベス・レナードが監督したドキュメンタリー映画『TOKYO MELODY』のいちシーンで、このページＲの機能を使って作品作りを解説する坂本龍一が登場するが、モニター画面でペンを使った波形編集が直接でき、音を目でも確認できるというそれまでにない視覚的な音楽作りも可能となった。音色作り、音の取り込み、音楽の編集という機能が一体となったこのフェアライトCMIとの出会いで、坂本龍一は音楽作りにおける新たな話法を探り、それを獲得した。そして前年に完成していたいくつかの曲に、あらためてフェアライトをダビング、トラックの差し替えなどをしてヴァージョン・アップを行なってもいる。こうして無事に〝完成〟した『音楽図鑑』だったが、問題となったのは膨大な数の楽曲を、どう一枚のアルバムにまとめるかだった。

アルバムは、所属事務所のヨロシタミュージックが中心となって立ち上げた新しいレコード会社MIDIに坂本龍一のためのSchoolというレーベルを作り、そこから発売されることが決まっていた。明確なコンセプトも方針も決めずに自動筆記で思うがままに曲を生み出し、どれを最後まで完成させ、どれを途中で放棄するかとの指針も、ほぼそのときどきの興味と気分で決めたアルバムがこの『音楽図鑑』だ。〝図鑑〟というだけあって、色とりどり、さまざまな形態の楽曲がこのアルバムには収録されている。ジャケットの中面には坂本龍一自身のイラスト、楽譜、メモが、アルバムのアート・ディレクターの奥村靫正《ゆきまさ》が提供した図版とともにぎっしりと並んでいる。

本作の翌年である一九八五年には坂本龍一は出版社「本本堂」から書籍版『音楽図鑑』を刊行するが、そこには、アルバムのための創作ノートが付録となっていた。

創作ノートにはこんな言葉が自筆のメモで記されている。「自分の中には無数の他者（＝生物）がいる」「自己の幻、幻の自己」など。アルバムのタイトル案のメモもあり、四十もある案の中には「音楽図鑑」とともに『脳の窓（目）』というものも。

アルバムの作業の最後に録音したのは「A Tribute to N.J.P.」という曲。一九八四年六月下旬の録音だ。この曲は韓国出身の現代美術家、ナム・ジュン・パイクに捧《ささ》げられたもの。

ビデオ・アートの先駆者であり、二〇世紀を代表する芸術家であるナム・ジュン・パイクは、この年に日本で『ナム・ジュン・パイク展　ビデオ・アートを中心に』（東京都美術館）を行なったほか、ヨーゼフ・ボイスとの共同展『ヨーゼフ・ボイス&ナム・ジュン・パイク』（ギャルリー・ワタリ　現ワタリウム美術館）、ふたりでの共同パフォーマンス（草月ホール）も行なうなど、東京で活発に活動した。

坂本龍一は高校時代からナム・ジュン・パイクの大ファンで、この「A Tribute to N.J.P.」のレコーディング直前に知己となった。

「この年、パイクさんの大きな個展があって会いに行ったのが初対面。ところが、初対面なのに〝友、遠方より来る〟なんて言われて。ぼくは六〇年代から憧れてたからちょっと緊張したりもした」（※※）

この「A Tribute to N.J.P.」ではナム・ジュン・パイクの語りを使用する形でのコラボレーションが実現。以降、両者はいくつもの映像作品、インタレーションなどで数々のコラボレーションを行なっていくことになる（二〇一九年から二〇二〇年にかけてイギリスのテイト・モダンで行なわれたナム・ジュン・パイクの大回顧展では、坂本龍一とのコラボレーション作品も複数展示された）。気さくでバイタリティあふれるナム・ジュン・パイクと坂本龍一はすぐに親しくなり、会ってすぐの六月十八日には原宿のクラブ、ピテカントロプス・エレクトスで、坂本龍一＆ナム・ジュン・パイク＆細野晴臣、高橋悠治、高橋鮎生《あゆお》、立花ハジメ、三上晴子という顔合わせでの即興的なセッションのコンサートも行なっている。

ソロ・アーティストとなった坂本龍一の活動は音楽のみにとどまらなかった。興味の赴くことにはすべてチャレンジしていった。ＹＭＯを経てそれができる存在になっていたためでもある。自身の出版社「本本堂」からはかねてから敬愛していた高橋悠治との対談本『長電話』を上梓《じょうし》したほか、他の出版社からも赤瀬川原平らをゲストに迎えた架空の書誌『本本堂未刊行図書目録』や吉本隆明との対談『音楽機械論』などジャンルを越境した出版活動に励んでいくことになる。前述の『音楽図鑑』の書籍版も「本本堂」からの刊行だ。

高橋悠治とは五月のシンポジウム『21世紀の音楽文化に向かって　声・楽器・メディア』や十月のカラワン楽団歓迎コンサートなど共演する機会が多い年でもあった。

その十月には神戸ポートアイランド・ワールド記念ホール『ライヴ・ファンタジー・コスモポリス　地球復活祭』音楽ディレクターを務め、オリジナル曲も提供した。このイベントはファッション・デザイナーの菊池武夫が手掛けたもので、ファッション、ダンス、音楽を軸に世界中から参加者が集まるその名の通りコスモポリタンなイベントだった。坂本龍一のこの後の活動を示唆するようなイベントであったことがやがて明らかになっていく。

この秋にはうれしい出来事もあった。『音楽図鑑』の楽曲を使った映像作品『電子の拓本　坂本龍一のオール・スター・ヴィデオ』の取材と収録のためにニューヨークに赴き、そこでナム・ジュン・パイクと再会したほか、敬愛するジョン・ケージに紹介され、対話を行なった。この映像作品はそれまでの自分が被写体になった音楽ヴィデオではなく、現代アート、映像インスタレーションの領域に踏み込んだもので、ナム・ジュン・パイクとのコラボレーションであり、やはりその後の坂本龍一の指針となるものであった。

そして年末、こちらも再会となったのは小劇場「NOISE」主宰の劇作家、演出家の如月小春《きさらぎ》で、NHK‐FMラジオの番組『LIFE』でのコラボレーション。

如月小春には一九八一年にYMOの「体操」のダンスの振り付けをしてもらったほか、松岡正剛の雑誌『遊』などを通して交流を持っていた。

ＮＨＫ‐ＦＭで放送された『ＬＩＦＥ』は如月小春と坂本龍一のふたりでのトークのほか、虚構的な仕掛けも施された、やはり現代アートの文脈でのパフォーマンスと言えるもの。如月小春との共演は翌年も続き、この時期の坂本龍一の重要な出来事ともなった。

ソロになり、ＹＭＯ時代以上に多忙となった坂本龍一にとって重要なイベントもこの十二月に行なわれた。音楽評論家の秋山邦晴の企画イベント『日本の現代音楽家シリーズ』の第三回の主役に抜擢《ばってき》されることになったのだ。

高校生時代から高橋悠治と秋山邦晴のレクチャーに足繁く通っていた坂本龍一だ。ＹＭＯ参加以降あまり注目を集めなかった側面に光が当たったことになる。

十二月二十二日、神奈川県立音楽堂で神奈川芸術祭『日本の現代作曲家シリーズ　坂本龍一の世界』が行なわれた。

この「日本の現代作曲家シリーズ」はひとりの作曲家の処女作から最新作までの作品を網羅して演奏し、そこから各作曲家の個性を浮き彫りにしていくもので、坂本龍一の回も学生時代の「ピアノ組曲」（一九七〇）から、『戦場のメリークリスマス』、当時の最新アルバム『音楽図鑑』収録の作品までを幅広く取り上げた内容となった。

演奏者は坂本龍一本人のほか、高橋悠治と高橋アキ。一九七〇年代に原田力男とともに作曲家としての坂本龍一を認めてくれたいわば恩人だ。三者での共演も行なわれた。

浅田彰《あきら》や中沢新一など、ニュー・アカデミックと呼ばれた新進気鋭の思想家、学者たちとの交流が始まる一方、『ピテカントロプス・エレクトス』や六本木の『インクスティック』、西麻布の『レッドシューズ』など東京に生まれた新しい文化の拠点であるクラブにも毎日のように顔を出し、仕事と遊びが一体となって坂本龍一の新しい側面が引き出されていく。

YMO以降の新しい坂本龍一の第一歩が踏み出されたこの一九八四年は、文字通り地歩を固め、新たなソロ・キャリアの起点となる重要な年だった。


そしてこの年、マイケル・ジャクソンのサポートをしていたキーボード・プレイヤーのグレッグ・フィリンゲンズは、マイケルの許可を得てマイケルが詞を追加したシングル「Behind the Mask」を発表した。グレッグ・フィリンゲンズはその後にエリック・クラプトンのサポートも務め、その縁でエリック・クラプトンもマイケル版「Behind the Mask」をカヴァーして一九八六年の自身のアルバム『オーガスト』に収録。シングルにもなって話題になった。

坂本龍一もこのことに刺激されて、一九八六から八八年のコンサートではマイケル版の「Behind

the Mask」を演奏し、八八年のツアー・メンバーであらためてスタジオ・レコーディングして12インチ・シングルとして発表することになる。

一九八五

前年の一九八四年は、坂本龍一にとっての転機の年だった。YMOの解散（散開）を経ての、ソロ・アルバム『音楽図鑑』のリリースによる、いわば第二のソロ・デビューの年。

さらに、ナム・ジュン・パイクとの交流を機とした現代美術、とりわけ勃興しつつあったヴィデオ・インスタレーションへの接近は現在に至る坂本龍一の活動のひとつの根幹ともなる。

そして、同じく本本堂の設立もまた、音楽のみではない自己の活動の表現と他のメディアとの融合、あるいは活動の幅を拡げるものとして、有意義なものとなっていた。

また、この一九八五年は前年に種を播《ま》いたいくつもの活動の花が咲き始める年でもあった。二月にはイギリスの人気アーティスト、トーマス・ドルビーに乞われてコラボレーションを行なったシングル「Field Work」がリリースされた。ヨーロッパ、日本、オセアニアでの同時発売だ。本格的なプロモーション・ヴィデオも作られ、坂本龍一は（『戦場のメリークリスマス』を彷彿《ほうふつ》とさせる）元日本兵役を演じ、日本のみならず各国で話題となった。

四月には再び如月小春と組んだ。音楽パフォーマンス『マタイ1985 ～その人は何もしなかった～』に出演。この一九八五年はバッハ生誕三百年となり、それを記念して制作された音楽パフォーマンスだ。東京と大阪で上演されたこのパフォーマンスはバッハの「マタイ受難曲」を題材として、音楽と演劇で構成されたもの。

音楽は、渡辺香津美、三宅榛名《みやけはるな》、坂本龍一、高橋悠治の四人が主軸となり、それぞれがコーナーを持って「マタイ受難曲」をリモデル（再構築、再解釈）した演奏を聴かせる。坂本龍一は四人それぞれの解釈で行なわれるこの各人のコーナーのうち、自身のパフォーマンスの方向に関して、公演のパンフレット中でこう記している。

「繰り返し《リピート》、ソロとコーラスの、引用の集積多方向アクセスの可能性、引用と組み込み《たたみこみ》により〃マタイ〃をオープン・ホログラムとしてプログラムし直すこと、〃マタイ〃＝バッハの対話可能性をひき出すこと、そして知覚力のある有機体としての音楽、音楽をカラー・コード化して単線的な物語をモティーフ別に楽しむことができる、〃観察軸の傾きに応じて、異なったメッセージをひきだすことができる〃。etc」

各人のコーナーでは、他の三アーティストも演奏に加わるほか、曲によってサポートの演奏家も参加した。サポートは、ベースのグレッグ・リー、ドラムの村上〝ポンタ〟秀一、パーカッションのYAS‐KAZ、ハーモニカの崎元讓、ヴァイオリンの徳江比早子。

演劇パートは如月小春と劇団「NOISE」の常田景子、平川和宏、稲葉真、安達平によって、一九八五年の日本に現れた救世主イエス・キリストが巻き起こす混乱とその受難を六つのエピソードで描いた。

バッハの音楽を愛する坂本龍一にとってはやりがいのある仕事で、後年、折に触れてバッハの音楽を取り上げる嚆矢となった。

「ぼくは如月小春さんとは仲がよかったのですけど、このイベントに関しては高橋悠治さんから誘われて参加することになった記憶があります。ステージ上に各アーティストの島が四つ並び、そこでそれぞれのサポート・ミュージシャンとともに自分のコーナーで演奏するという形態でした。ぼくは、あらかじめいくつか曲をレコーディングしておいて、それを流しながらシンセやサンプラーを弾きました。また、同じく仲がよかった現代美術家の三上晴子に鉄のガラクタを集めた音響彫刻を作ってもらい、それにマイクをつけてエフェクトをかけてステージ上でひっぱたきもしました。共演者のうち、高橋悠治さんとは長いつきあいで、一九八〇年代もいろいろなことを一緒にやってました。渡辺香津美さんとは、初期のフュージョン時代やYMO時代から時が経っていたので、当時はもう親しい交流はなかったのですけど、お互いフュージョン時代とはちがうことをやっていて、この頃にお互いの活動がまた一瞬交差した感じですね。三宅榛名さんは一緒に演奏したのはこのときが初めてですが、あの頃、高橋悠治さんとペアでいろいろな催しをやっていたので顔を合わせる機会は多かった。いろいろな分野の音楽家が集まった大規模なイベントでした」（※）

夏には前年のセッション・イベント『東京ミーティング1984』で知遇を得たビル・ラズウェルから、彼がプロデュースするパブリック・イメージ・リミテッド（PIL）の新作アルバム『アルバム』のレコーディングに誘われた。

「レコーディングのためにニューヨークに行き、ニューヨークのJFK空港に到着したら、迎えのリムジンの中にはビル・ラズウェルとジョン・ライドンが乗っていて、すごくシュールな光景でした。そのPILのレコーディングでは隣のスタジオで山下洋輔さんもレコーディングしていて、終了後には毎晩、洋輔さん、ビル、ジョン、そしてぼくで朝方まで一緒に飲んでました。みんなで近くのスタジオで行なわれていたローリング・ストーンズのレコーディングを襲撃したり。ただ、そのときはメンバーは誰もいなくてエンジニアがひとりで作業していただけなので拍子抜けしましたが（笑）。あのときのＰＩＬのレコーディングは本当におもしろくて、ジョンと洋輔さんが大喧嘩しちゃったり、『アルバム』のレコーディングに参加したオーネット・コールマンを、ジョンが完全にジョン・コルトレーンとまちがえてて〝コルトレーンさん、あなたを尊敬してます！〟って真顔で言ったり。コルトレーンは60年代に亡くなっているのに！（笑）」（※）

ＰＩＬのレコーディングから帰国し、秋を迎えた九月には、タイ語のラップを取り入れ、矢野顕子をヴォーカルとして迎えたシングル「Steppin' into Asia」をリリース。テレビの歌番組にもふたりで出演して話題となった。

そして、九月十五日、坂本龍一にとって大きな節目となるイベントが行なわれた。『TV WAR』だ。この年の三月から九月にかけて茨城県筑波郡（現つくば市）で開催された国際科学技術博覧会のシンボルとなったのが、ソニーが開発した巨大野外テレビ、ジャンボトロンだった。縦二五メートル、横四〇メートルというこの大きさにより、当時のギネス世界記録で世界最大のテレビとして認定された。このジャンボトロンには万博の会期中、各種イベント映像や会場風景などが上映されており、ここでの各種大画面映像上映の試みはやがて世界各地のコンサートやスポーツ会場などでの巨大映像スクリーンの普及の先鞭《せんべん》となった。

そうした貴重な実験装置でもあったジャンボトロンだが、科学万博の閉幕後は費用の関係で他所《よそ》へ移転できず、取り壊されることも会期中に決定していた。

坂本龍一は懇意の浅田彰、映像ユニットのラジカルTV（原田大三郎、庄野晴彦）と共同で、この取り壊しが決定したジャンボトロンでの最後のイベントを企画。

『TV EV』というこのイベントは二部で構成され、第一部は坂本龍一が前年にナム・ジュン・パイクとともに制作した映像作品『All Star Video』の上映と、ヴィデオ・アーティストのポール・ギャリン、キット・フィッツジェラルドによるパフォーマンスという内容。

そして第二部が坂本龍一とラジカルTVによる『TV WAR』のパフォーマンスだった。パフォーマンスの内容は、坂本龍一が音楽、ラジカルTVが映像をそれぞれ担当し、ジャンボトロンに向かい合った形のステージで両者が音楽と映像をリアル・タイムでコントロールしていくというもの。

ステージ正面のジャンボトロンでは、戦争を伝えるニュース映像やコンピューター・グラフィックス、アニメーションに加え、ステージ上のオペレーターによって撮影される坂本龍一とラジカルTVのふたりの姿が随時インサートされていく。

坂本龍一はフェアライトCMIを使用して、事前に用意されていたスタジオ録音の素材に即興的に演奏を重ね、あるいはサンプリング音源を加えていった。

一方、ラジカルTVもまた用意した映像素材をフェアライトCVIというリアル・タイムで映像のエフェクトとスイッチングを行なえる最新の機材でコントロールしていく。音と映像による即興セッションのような形だった。

浅田彰による、映像をテレビ的な文脈から解放し、映像の意味を希薄化、攪乱《かくらん》して進化(EV=Evolution)させるというコンセプトで行なわれたこの映像と音の洪水のようなパフォーマンスは、テーマのひとつが戦争であり、多用される戦争の記録映像と、ハードでインダストリアルなサウンドがあいまって異様な緊張感と不安感を現場に生じさせた。

この日は朝から雨模様で、傘もささずにステージ前にぎっしりと集まった観客の前には多数の警備員がスクラムを組み、ステージのほうに群衆が押し寄せないようにガードをしていた。空襲警報のサイレンのような音が鳴り響いてスタートしたパフォーマンスは、クライマックスに向かうに連れて興奮して前に出ようとする観客とそれを押しとどめる警備員たちの怒号と悲鳴が交差し、まさに戦争状態のような雰囲気を生みだした。浅田彰、原田大三郎とのコラボレーションはこの後も続いていくことになる。

「当時のソニーに、〝ウォークマンを作った男〟と呼ばれる黒木靖夫さんという工業デザイナーの方

（当時クリエイティヴ本部長）がいて、その人がジャンボトロンも担当していた。たまたまその黒木さんと親しくなった際にジャンボトロンのことを訊いたら、科学万博の会期が終わったら爆破して壊してしまうと言うんです。そのための爆薬の設置スペースも設計に入れてあると。えっ、壊してしまうんだったら、その前になにかに使わせてくださいと頼んだのですが、あの頃のソニーは鷹揚で、二つ返事で許可をもらいました。それでクロージングぎりぎりのタイミングで、『TV WAR』のライヴを行なうことができた。用意した映像や音の素材に対してリアルタイムのエフェクトを加え、そこに生演奏も加えるというライヴで、映像を使ったインスタレーション＋パフォーマンスという形でしたが、あらかじめ用意したいろいろな映像をその場でスイッチングして、エフェクトもかけ、なおかつ会場に設置したライヴ・カメラの映像をインサートしたりもする。そういうことが機材の発達によってやっとできるようになってきた時代でもありました。この『TV WAR』というコンセプトは浅田彰さんたちと一緒に作りました。その頃、浅田さんはテレビで『GS』という深夜のニュー・アカデミズムの番組をやっていて、そこで〝アートとしての兵器〟というテーマの回を作ったりもしていました。フランスの哲学者のポール・ヴィリリオの思想に影響されていたのかもしれません。ただ、ぼくは単純に巨大なジャンボトロンをおもちゃにするような感覚で興奮してました。鉄人28号をリモコンで動かすみたいな感覚（笑）。行け！　鉄人！　という少年のような気持ちで楽器や映像機器をがしゃんがしゃ

んと動かしていた（笑）」（※）

巨大なジャンボトロンのすぐ下に演奏スペースが設置されていた。

「観客の悲鳴や歓声、警備員の怒声に曲のサイレンがかぶさって、本当の戦争みたいな空気が醸し出されたことも憶えています。いま思えば、その後に実際の戦争がテレビ画面の中に入っていく時代を予言していたような気もします。映像化された戦争。映像化されるということは、細部や都合の悪いことは編集で隠されているということなんですけど、それがこの後の湾岸戦争などで如実になっていく。湾岸戦争の映像は後にオペラ『LIFE』（一九九九）で使用することになりますが、社会がサイバー化していく過程のただ中で行なわれたパフォーマンスがこの『TV WAR』ということになるのかもしれません。この数年前に『ブレードランナー』があって、さらに直前にはウィリアム・ギブスンがサイバー・パンク小説の『ニューロマンサー』を上梓した。現在までつながっているサイバー化の流れの中で実現したパフォーマンスでした」（※）

十月には事前の予告などをせず、ほぼシークレット・ライヴに近い状態で深夜の即興セッションが行なわれた。参加メンバーは坂本龍一のほかに、ビル・ラズウェル（ベース）、近藤等則（トランペット）、山本秀夫（ドラム）、カルロス・アロマー（ギター）。坂本龍一はフェアライトＣＭＩとイーミュレーターを使用した。

このセッションはもともと、マイルス・デイヴィスやハービー・ハンコックとの共演でも知られるアメリカ人ジャズ・ドラマーのトニー・ウィリアムスのレコードを、ビル・ラズウェルがプロデュースして東京でレコーディングするというプランが発端となった。

しかし、ビル・ラズウェルの来日後にトニー・ウィリアムスは査証の関係で来日不可能となり、スケジュールの空いたビル・ラズウェルがトニー・ウィリアムスのレコーディングに参加予定だった坂本龍一、近藤等則らに即興セッションの開催を発案した。当初は十月のスケジュールに余裕のあったPILのジョン・ライドンも来日してPIL名義でライヴを行なうというプランもあったという（当時のPILは実質的にはジョン・ライドンのソロ・プロジェクトになっていた）。

「このときはトニー・ウィリアムスのレコーディングがなくなって、みんなでただ飲んでいるときに、せっかくだからなにか演ろうよと盛り上がったんじゃないかな。そしてたぶんその場でインクスティックに電話して、いつなら空いているということで決めちゃったんだと思う。ぼくは最初からフェアライトとイーミュレーター（サンプラー）を使おうと決めていました。というのも、ビルは基本的にジャズがベースの即興音楽の人なので、ぼくがピアノを弾くとなると、きっとジャズ的な即興ピアノを弾かなくちゃいけなくなって、それはつまらないと思ったんです。そういうのは一九七〇年代に六本木ピットインでさんざんやっていて飽きてました。ジャズ的な演奏にならないよう、フェアライトとイーミュレーターというどう弾いても熱く盛り上がる演奏にはならない楽器を選択した（笑）。フェアライトでジャズやファンクの即興セッションなんて誰もやってないだろうからいい試みになるだろうとも思っていたのかな。このときはどの曲も本当の即興で、あらかじめキーもコードもテンポもなにも決めていない。プレイヤーの誰かがまず音を出し、他のみんながそれに追随していく。ビルなどは自分がなんのキーやコードを弾いているかという意識をしないプレイヤーなので、彼が音を出して演奏が始まると、こちらは、これはFマイナー？　Gマイナー？　あ、Aマイナーだと確認してそこに音をぶつけていく。当然、演奏の始まりではその後どう展開していくかなんてまったく不明で曲にもなっていないのだけれど、それでも不思議なことに演奏していくうちに盛り上がって曲らしくなっていってしまう。ぼくとしてはそこは不満でもあるんです。べつに盛り上がらなくてもいいじゃない、もっと破綻してもいいじゃないと思うのですが、お客さんが目の前にいるとどうしても熱くなって盛り上がっていってしまうんですね。音源を聴き直すとこの時代にしか出せない音であり、演奏ですね。おもしろい」（※）

そしていまに至るも坂本龍一にとって重要なアルバムである『Esperanto』も十月にリリースされ

た。『Esperanto』はモリサ・フェンレイというアメリカの前衛舞踏家のショーのために制作された音楽だ。モリサ・フェンレイは一九五四年にネヴァダ州で生まれ、その後一九七〇年代にニューヨークに出て舞踏家、ダンス・カンパニーの主宰者としての道を歩みはじめた。

このダンス・カンパニーの舞台の特徴は、彼女自身とすべて女性によるダンサーたちの鍛えられた肉体が躍動する一方、ショーで流される音楽がそのときどきの前衛的でエッジの立った作曲家のオリジナル音楽であることが多いといったあたりだろう。

「クラシックに合わせて踊るなんて、怠惰以外の何ものでもない。昔の人たちがやってきたことを繰り返すだけなんて、テンポラリーじゃない。私は新しい時代に対して、いつもセンセーショナルでいたい」

これは『Esperanto』準備中の時期のモリサ・フェンレイの言葉だが、その言のとおり、一九七〇年代末のデビュー以来、現代音楽家でマルチ奏者のマーク・フリードマンらにオリジナルの音楽を委嘱。一九八〇年代後半以降はフィリップ・グラスやフレッド・フリスのオリジナル音楽や、ジョン・ケージの作品を使用した舞踏の舞台を作っている。

そんなモリサ・フェンレイの転機となったのがこの『Esperanto』だった。日本で行なわれるオリジナルの舞台のための舞踏『Esperanto』を計画していたときに、モリサ・フェンレイがニューヨーク・

ソーホーの街角でばったりあったのがマルチ打楽器奏者で坂本龍一の『音楽図鑑』に参加していたデヴィッド・ヴァン・ティーゲムのマネージャーと、たまたま一緒にいたピーター・バラカンだった。マネージャーはモリサ・フェンレイの知り合いで、彼女にピーター・バラカンを紹介。すでに坂本龍一の存在を知っていた彼女はピーター・バラカンを介して新作『Esperanto』の音楽の制作を坂本龍一に依頼することになった。

一九八四年、日本で上演されたモリサ・フェンレイの舞台『ヘミスフィアズ』を観覧した坂本龍一は、音楽制作の依頼を承諾し、日本で行なわれる『Esperanto』のための音楽の制作がスタートしていた。この際、音楽の内容については坂本龍一に完全にまかされたが、ダンス公演の際には録音された音楽をテープなどで再生してダンスをそれに合わせるのではなく、その場で坂本龍一自身がライヴ演奏して、いわばダンスと音楽のセッションにしたいとの依頼もあった。

当時は、坂本龍一は次のソロ・アルバム『未来派野郎』の準備中で、『Esperanto』は『未来派野郎』の曲作り、制作と並行して行なわれることになる。

舞踏のテーマである『Esperanto』は、一九世紀にポーランドの医師ラザロ・ルドヴィコ・ザメンホフが創案した人工言語で、世界各国、各民族の共通語を作ろうという理想のもとに作られた。以来、世界中での普及を目指してきたが、百年以上経った現在も、エスペラント語の話者はヨーロッパを中心に数万人程度だという説もある。

ともあれ、坂本龍一にとっては「Esperanto」というテーマは刺激的であり、なおかつ音楽の内容は完全にまかされていたので、その音楽の制作は心躍るものだったようだ。

人工言語である「Esperanto」を主題にした舞踏の舞台の音楽は、ではなにがふさわしいか？

坂本龍一は、人工言語ならぬ人工の民族音楽こそがふさわしいと考えた。

「都市の部族というイメージは当時すでに持っていて、アフリカやアジアの本当の民族、部族と都市のエスニックを対比させる意識があった。一九八〇年頃から、イギリスのザ・ポップ・グループやザ・スリッツのようなニューウェイヴのグループがアフリカ的な音楽を取り入れはじめ、それは当時の世界的な流れでもあった。そこに新しい都市性のようなものが感じられてもいました。そしてハイテクな映画『ブレードランナー』のイメージが加わって、こういう音楽ができたとも言える。『ブレードランナー』の未来……、実際にはもう過ぎた二〇一九年のロスアンジェルスが舞台でしたが（笑）、その未来の都市は同時に非常に部族的でエスニックな香りが強い都市が舞台になっていた。『Esperanto』の音楽には、そういった未来の都市のエスニック・ミュージックを作るという気持ちがありました」

（※※※）

このアルバムにはパーカッション奏者のYAS‐KAZ、元D.N.Aのギタリスト、アート・リンゼイも参加している。

坂本龍一はアルバムにYAS‐KAZとともに十一月二十三、二十四日に新宿の遠藤記念館で行なわれた『Esperanto』の公演に臨み、約一時間のダンスに合わせて演奏を行なった。

客席からはよく見えないステージ脇で、坂本龍一はフェアライトCMIとイーミュレーターを、YAS‐KAZはパーカッションを担当。音楽の性質上、あらかじめ録音されたバッキング・トラックに、ふたりが生の演奏を被せるという形だったが、ところどころ即興的な面もあり、演奏は楽しかったようだ。ジャン・ポール・ゴルチエの衣装に身を包んだモリサ・フェンレイはじめ五人のダンサーは『Esperanto』の音楽をバックに踊り、そのスピーディーな動きによる床のきしみ、振動の音もまた音楽の一部として取り込まれた。

またこのとき、坂本龍一は、『Esperanto』と同時進行で制作をしていた当時まだ未完成のアルバム『未来派野郎』（一九八六）に収録されることになる新曲「Parolibre」も演奏している。

ただし、演奏面では充実していたが、モリサ・フェンレイの新作ダンスと坂本龍一の音楽のコラボレーションという点では当時意見も分かれたようだ。

ジル・ドゥルーズとのコンビで二〇世紀後半の思想界を牽引したフランスの哲学者、精神分析学者のフェリックス・ガタリは、来日時にモリサ・フェンレイのダンス＋坂本龍一のライヴ演奏の舞台を観て、こう語っている。

「(フェンレイは) 申し分なく偉大なダンスの創造者なのでしょうが、自分自身のプログラムをあなたの音楽と真に相互作用させることなしに発展させてしまいました」(翌年刊行された坂本龍一と細川周平による著書『未来派２００９』収録)。

一部、ダンスと音楽が融合して昇華される瞬間もあったものの、全体的にはダンスと音楽が分離しており、自分は音楽のほうに、「あなた (坂本龍一) の音楽のもつさまざまな過程的次元の強度」に惹かれたという。ここでいう過程的というのは、あらかじめ決められたコード (制度) のうちに閉じこもることなく、異なる次元をループで結ぶような美的な側面、芸術的横断性で、『Esperanto』の音楽は、映像やダンスのような音楽とは別次元の芸術を結びつけるもの。その横断性がフェンレイのダンスとではうまく発揮されなかったのではないかという意見だった (それに対して、同じく観賞した筑波科学博でのジャンボトロンで原田大三郎の映像とジョイントした『TV WAR』のライヴは両者が融合していたと絶賛している)。

「一九八五年に発表したアルバム『Esperanto』はフェアライトCMIを使うことでふつうのコードを使った、決まり切った展開から脱しようという試みができた。以降、しばらくはそれまでの音楽形式からは外れるようなカットアップの技法を試したり、新しい音楽言語を獲得することを模索しました。そういう意味ではまさに現在の『async』(二〇一七)にも繋がっていると思います」(※※※)

これは二〇一八年のインタビューでの発言だが、坂本龍一の音楽の系譜には複数の幹がある。熱帯雨林のジャングルで、さまざまな樹木や植物が有機的に絡まって層を作っているように。

その幹のひとつが、一九八〇年の『B-2 Unit』〜この『Esperanto』〜一九九七年の『Discord』〜二〇〇九年の『out of noise』、そして発言でも触れられている二〇一七年の『async』という非ポップで実験的な作品群だろう。アルヴァ・ノトやクリスチャ・フェネス、テイラー・デュプリーらとのコラボレーション作品やサントラ作品『愛の悪魔〜フランシス・ベイコンの歪んだ肖像』(一九九八)もその幹に絡まる太い蔦《つた》だ。

この『Esperanto』は、発表以来、ダンスのサウンドトラック・アルバムという誤解をされがちだったが、坂本龍一はその後に本作について「オリジナル・アルバムと等しい」という発言もしている。一九八〇年代半ばの、時代の徒花《あだばな》(と言ってもいいだろう)であるフェアライトCMIを徹底的に駆使して作られた人工美あふれる民族音楽。電子音楽、前衛音楽という坂本龍一の代表作のひとつになった。

この年にはエリザベス・レナードが監督した坂本龍一を主題としたフランスのドキュメンタリー映画『TOKYO MELODY』も公開された。

さらに、本本堂の出版活動として前年のアルバムのヴィジュアル・ブックとでも言うべき『音楽図鑑』をアート・ディレクターの奥村靫正とともに制作・出版したほか、友人でもある元ジャパンのデヴィッド・シルヴィアンのポラロイド写真集『パースペクティヴ　写真日記'82 - '85』の日本版の編纂《へんさん》も行なっている。

そして、この年は浅田彰、村上龍との鼎談《ていだん》集『E.V.Café』を上梓。今日まで続く三者の深い交流の端緒ともなった。

『月刊カドカワ』の編集長になった見城徹とも懇意になり、やがてインタビュー連載も始まる。

一九八六

一月、前年のレコーディングにキーボードとして参加したＰＩＬのアルバム『アルバム』が世界発売される。

一九八六年前半の坂本龍一は、二年ぶりとなるオリジナル・ソロ・アルバム『未来派野郎』のリリースと、それに伴う自身初の本格的な国内コンサート・ツアーに忙殺される年となった。四月にリリースされた『未来派野郎』はそれまでの坂本龍一のアルバムには希薄だった肉体性が顕著だ。

タイトルの由来となった〝未来派〟は一九〇九年にイタリアのフィリッポ・トマソ・マリネッティが提唱した総合的な芸術運動で、文学、美術、音楽、映画、写真、演劇、建築を包含するもの。一九世紀的な枠組みを壊し、運動・ノイズ・速度を愛し、自動車・飛行機・鉄道を賛美した。

坂本龍一はこのとき多角的なこの芸術運動に惹かれ、そこに愛するSF映画『ブレードランナー』(リドリー・スコット監督：一九八二年)『ヴィデオドローム』(デヴィッド・クローネンバーグ監督：一九八四年)『デューン 砂の惑星』(デヴィッド・リンチ監督：一九八四年)の未来イメージを組み合わせ、それを〝未来〟の楽器であるフェアライトCMIの響きで表現しようとしていた。

また、これまで愛してきたブラック・ミュージックとロックのエネルギーを注ぎ込み、パワフルで猥雑で混沌とし、なおかつ美しい世界を作り上げた。当時の著書『SELDOM - ILLEGAL 時には、違法』(角川書店)では、この作品のレコーディング当時に坂本龍一が作った標語は「日常生活は禁欲的に、レコーディングは快楽的に」と記されている。

ＰＩＬのレコーディングでロックのワイルドなリズムをあらためて見直し、過激な作品、しかもそこに少し甘さを加えた快楽的な作品にすることを目標としたもの。

なおかつ、ヴォーカルにはニューヨークの名うてのセッション・ミュージシャンであるバーナード・ファウラーを迎えて、ヴォーカル曲ばほぼ英語のみ。最初から海外発売も視野に入れたのが『未来派野郎』だった。

この『未来派』に関してはアルバムのリースの翌年に本本堂から細川周平との共著『未来派２００９』の刊行も行なっている。

アルバムは好評で、それに続いたのは自身初の全国ツアーだった。

四〜六月にかけて行なわれたコンサート・ツアー「Media Bahn Tour」は全二十八公演という回数もさることながら、毎回、ショルダー・キーボードを抱き抱えてステージを走り回り、大量の汗をかくそれまでとはちがう坂本龍一像を提示することになった。

ツアーのライヴ・アルバムと映像作品の『Media Bahn Live』もリリースされたが、ツアー最終盤の東京公演の模様を収録したこのアルバムは、一部スタジオ録音曲や無人の会場での演奏曲が加わる、ロックでダイナミックなツアーの様子をそのまま伝えるものではなくなっていた。

この年の中盤には上野耕路らの協力を仰いだ映画『子猫物語』のサントラ・アルバムもリリース。この映画音楽で、翌年坂本龍一らは日本アカデミー賞音楽賞優秀賞を受賞することになる。

夏には、坂本龍一の運命を変えることとなるベルナルド・ベルトルッチ監督の映画『ラストエンペラー』の撮影に、戦前戦中の満州で暗躍した甘粕正彦《あまかす》役として出演。中国、イタリアでの撮影をこなしたが、このときはあくまで役者としてのオファーだった。ベルナルド・ベルトルッチは憧れの映画監督だったので喜んで撮影に参加した。

役者としても努力をした。実際に満州での従軍経験もある父にはいくつかのアドバイスももらった。また、脚本では切腹することになっていた甘粕大尉の最後に関して、日本では当時有数の近代人であった甘粕は切腹という前時代的な方法で自死するわけはないと監督に強硬に申し入れた。実際、史実では甘粕大尉は服毒自殺だった。ベルトルッチは坂本龍一の意見を聞き入れ、フィクションとしての見栄えも考慮した折衷案として拳銃自殺とすることに。

この撮影の中でひとつ転機になったのは、満州での溥儀《ふぎ》の戴冠式のシーンに音楽が必要になったことだ。撮影には音楽が必要で、そのテンポに合わせて役者陣も演技をすることになる。

旧満州地方での撮影中だ。当然、坂本龍一に白羽の矢が立った。ベルトルッチは『戦場のメリークリスマス』を気に入って坂本龍一を起用したので、音楽ができることも当然知っている。坂本龍一もその依頼に応えたいと思ったが、いきなりの要請だ。せめてピアノを用意して欲しいとプロデューサーのジェレミー・トーマスに訴えたところ、製作陣がなんとか都合をつけた。そのピアノは長い間放置され調律もされていないままだったが、なんと甘粕が深く関わっていた満洲映画協会で使われていたものだった。

さらにそのピアノで作った戴冠式の音楽のレコーディングも満洲映画協会のスタジオ。録音の段取りのコーディネートも満洲映画協会の映画の劇伴の音楽の演奏をしていた老いたフルート奏者。この一連の偶然にさすがに坂本龍一も関東軍の亡霊を感じたと自伝には記されている。

中国での撮影が終わるとローマの名門スタジオであるチネチッタでの追加撮影。ここで、坂本龍一はベルトルッチと楽しく交友することになる。

「このとき、監督の生まれ故郷のパルマを訪れました。その際に監督が小さい頃から通っているというレストランにみなで行って、四時間ぐらいかけてディナーをしたのですが、食べ終わって深夜の零時を回った頃に監督が、〝よし、これからみんなでヴェルディの家に行くぞ！〟といきなり宣言しました。そう、パルマのそのレストランの近くにヴェルディが住んでいた家が残っていたのです。真っ暗な道を歩いていって、その家に辿り着いたら、監督はドアを開けて入る直前、ぼくに振り返ってこう言うんです。〝ヴェルディは日本人の作曲家は嫌いだ。だからお前は入るな〟って。もちろん冗談なのですけれど、それが強い印象として残っています（笑）」（※※※）

しかし音楽の依頼はいまだない。この頃、ベルトルッチのもとには長い付き合いのエンニオ・モリコーネらから音楽は自分に担当させろという売り込みが何度もあったらしい。

帰国後の十月五日（日本時間）にはナム・ジュン・パイクが制作したニューヨーク、東京、ソウルを生放送で結ぶ双方向コミュニケーション・テレビ・プロジェクト『バイ・バイ・キップリング』に出演。東京サイドの司会を務めた。

このプロジェクトは三か国の多くの芸術家、文化人、スポーツ選手らが放送衛星を通して集ったもので、坂本龍一は日本のアーティストを紹介するほか映像作品「Adelic Penguins」もオン・エア。さらに番組中ではニューヨークのルー・リードと彼の最新曲「ジ・オリジナル・ラッパー」をともに演奏した。

この年はこれらのほかにも、思想家の吉本隆明との共著『音楽機械論』の上梓や、国内外のさまざまなアーティストとのコラボレーション作業、CM音楽の制作などに追われたほか、一九八一年から務めてきたNHK-FMのラジオ番組『サウンドストリート』火曜日のDJを降板したこと、長年所属した事務所ヨロシタミュージックをやめて個人事務所のTRAFICOを設立。後に振り返れば、この年を象徴する出来事であったのかもしれない。

一九八七

この年の九月、個人事務所TRAFICOに加えて主に制作を担当する事務所KAB（Kinetic Art & Business）も立ち上げる。新しいクリエイティヴ・サロンを作ろうという意識で、ここには生田朗も加わった。さらに生田朗の誘いでクリエイティヴ・ディレクターの空里香も加わる。TRAFICOの業務は数年後にKABに統合されることになる。

前年に制作を行なっていたアニメーション映画『オネアミスの翼〜王立宇宙軍』のサウンドトラック・アルバムを発売。『オネアミスの翼〜王立宇宙軍』は後に『新世紀エヴァンゲリオン』を制作して日本のクリエイティヴに大きな変動を起こす庵野秀明が主要スタッフとして参加していた作品でもあった。

七月にはビル・ラズウェルを共同プロデューサーに迎え、ビル・ラズウェルがCBSソニー・レコード（当時）とともに設立したテラピン・レーベルから世界発売されるアルバム『NEO GEO』を発売。東京、ニューヨーク、ハワイ、沖縄で行なわれたアルバム作りには、ブーツィー・コリンズ、スライ・ダンバー、トニー・ウィリアムス、窪田晴男らが参加。

タイトルの『NEO GEO』は直訳すれば新しい地図。新たな視点で世界や世界の音楽を捉え直すという意があった。

タイトル曲の「NEO GEO」ではその意識どおりにゴー・ゴー（当時ワシントンD.C.周辺から盛り上がっていった新しいダンス・ミュージック）とバリ島のガムラン、それに沖縄民謡などを合体させ、ロックやファンクの要素も加わったもの。

かつて東京藝術大学で民族音楽に傾倒したことがここにつながっていく。

それまでの作品とは大きく趣を変え、フィジカルなグルーヴを強調するものだった。さらには沖縄民謡をはじめとしたいわゆる〝ワールド・ミュージック〟にも接近。

イギー・ポップをゲスト・ヴォーカルに迎えたシングル曲「Risky」も収録するなど、世界戦略の一端も見える。この『NEO GEO』以前のソロ・アルバムも海外で発売されてはいたが、それらのほとんどが限られた国でのワン・ショット契約での発売であったのに対して、『NEO GEO』は初期YMO以来の世界各国（十五か国）での本格的なワールド・ワイドでのリリースとなった。

また『NEO GEO』のリリースとあわせた国内ツアーを敢行。

ツアー最終日の翌日にはツアー・メンバーと「Behind the Mask」他計三曲をスタジオ・ライヴ形式でレコーディング。九月に12インチ・シングルとしてリリースした。

さらにこれらの合間をぬってデヴィッド・シルヴィアンのアルバム『ザ・シークレット・オブ・ビーハイヴ』にも全面参加した。

・

こうしたソロ・ワークスで忙殺される中、『ラストエンペラー』の映画音楽の制作が急きょ決まる。別件でニューヨーク滞在時にプロデューサーのジェレミー・トーマスから電話があったのだ。役者として参加したときから音楽制作も熱望していたので嬉しい依頼ではあった。

ただ、問題は締め切りがあまりにも急すぎること。

一週間で作曲をして、ロンドンでオーケストラとともにレコーディングに入ってほしいというのが当初のオファーだった。坂本龍一はなんとか二週間に延ばしてもらい、東京に帰って急ぎ準備にかかった。このとき海外滞在中で使う人のいなかった加藤和彦のプライベート・スタジオを借り、さらにいつもの音響ハウスや青山スタジオなどで二週間ほぼ眠らずに作曲を続けた。ここで作られたデモ音源はNHK〜BBC間の衛星回線を借りてロンドンのベルトルッチ監督に届けられ、国際電話で詳細を打ち合わせた。

基本的には生のオーケストラはロンドンで録《と》るが、中国楽器のパートとオーケストラのデモも兼ねたシンセサイザーを使用した部分をまず東京でレコーディングするという段取り。不眠不休でこの作業は続けられた。こうしてようやく楽曲は完成したが、次はレコーディングだ。

「ぼくは東京で制作した音楽をロンドンに持って行き、ベルトルッチ監督ほかイタリア人スタッフの前でできたての音楽を〝これはこのシーンの音楽です〟と次々に聴かせていきました。編集室で、該当のシーンを映写しながら音楽をみなで聴いていたのですが、『Rain』のシーンの音楽が流れた途端にみんなが〝美しい！〟〝ベリッシモ！〟とハグして、泣きだしちゃったんです（笑）。ありがたいのですが、ぼくは徹夜徹夜で音楽を作ってロンドンまでやってきて、くたくたに疲れ果てているときだったので、ただもう呆然とその光景を眺めるだけでした。そういえば『ラストエンペラー』のロケを中国でやっていたときに、一日だけオフの日があって、昔の映画をみんなで観ようということになり、ホテルの小さなテレビにVHSのプレイヤーをつなげて観賞会が開かれました。ぼく以外はみなイタリア人のクルー十人ぐらいが集まったのですが、そこにいる彼らにとっては、みなどこかで関わったことのある映画ばかり。ストラーロ含めてみんなでわいわい観ていたのですが、やがて『ラスト・タンゴ・イン・パリ』のいちシーンで、みんなで抱き合って泣きだしちゃうんですよ（笑）。あるシーンの部屋の奥に映っているオレンジ色の美しさに、あらためて感動して泣きだしたそうなんです。あのオレンジを作るのに苦労したよな！ とストラーロ始めみながイタリア語で口々に叫びながら泣き笑いしている。イタリア人はとにかくエモーショナルなんです」（※※※）

オーケストラとともにアビー・ロード・スタジオでレコーディングが始まった。ここでの録音はデモ段階の曲ができているのだから順調に進むはずだったが、そうはいかない。

まずデモ作りのときに参照した映像とレコーディング開始時点の映像ではところどころ編集が変更されていた。

フィルムは一秒が二十四コマで構成されており、映像上の効果を考えてここから数コマ足したり減らすだけで、それまでの演出と合わせた音楽のエディットも変更が必要となる。ゼロ・コンマ数秒単位の音楽の再調整の作業が延々と続いた。

当時は後に普及したパーソナル・コンピューター上のＤＴＭ（デスク・トップ・ミュージック）とは

ちがい、音楽のエディットの細かな変更や修正の際は、コマの変更と音楽のタイミングを合わせるためには電卓を叩いての人力での計算が必須だった。オーケストラの演奏を一度フェアライトに取り込み、映像の変更に合わせて曲の長さなどを微調整していく。

しかもこの『ラストエンペラー』では決定版の編集が、その後もベルトルッチ監督のこだわりによって細かに手を加えられていく。何日もこの再計算、再エディットの作業に追われる毎日。音楽制作完成後に坂本龍一は過労で倒れるほどだった。しかしこの苦労は翌年にかけて実を結ぶことになる。映画『ラストエンペラー』は九月末開催の東京国際映画祭でプレミア上映されたのを皮切りに、イタリアでのプレミアを経て十一月には全米公開、その後世界各地で上映されていった。

一九八八

年明けの一月二十三日、朗報が飛び込んできた。アメリカのゴールデン・グローブ賞で『ラストエンペラー』が大きく評価され、作品賞、監督賞、脚本賞とともに、作曲賞も受賞したのだ。坂本龍一にとっては『戦場のメリークリスマス』での英国アカデミー音楽賞を受けて以来の国際的な受賞だった。

日本人音楽家初の快挙だったが、ゴールデン・グローブ賞の結果は続くアカデミー賞の行方も大きく左右するとあって、周囲は落ち着きがなくなっていく。

ところで、坂本龍一はこの年から日本語ワープロを片時も離さないようになった。マネージャーの生田朗も以前からグローバルヴィレッジというパソコン通信を利用していた。

前年に発売されたソニー製のポータブル・ワープロ、プロデュースは文書作成のみならず表計算や外付けスキャナーによる画像の取り込みなどもできる機種だった。しかしなによりも大きかったのは通信機能を備えており、電話回線を通して同機種間でメッセージ（文書）のやり取りができることだった。いわば電子メールの先駆けだ。

当時すでに音楽制作でパーソナル・コンピューターは使用していたが、実用的なノート型のＰＣはほぼ存在せず、アップル社のパワーブックの登場も翌一九八九年。

そんな中、インターネットもこの年にようやくアメリカで商業利用がスタートしていたものの、一般にはまだ遠い存在だったときに、世界中どこにいても相手と双方向のメッセージのやり取りができるこのワープロの存在は大きかった。

坂本龍一のネット時代の幕が開けようとしていた。

日本人初のアカデミー作曲賞受賞の期待が高まる中、四月に初のオーケストラを従えてのコンサート『SAKAMOTO PLAYS SAKAMOTO』を東京で開催。『ラストエンペラー』と『戦場のメリークリスマス』のサウンド・トラック曲を中心としたプログラムで、『ラストエンペラー』のアカデミー賞受賞の前祝いのような空気の中で行なわれたコンサートとなった。

このコンサートの直後、四月十一日に坂本龍一はロスアンジェルスのシュライン・オーディトリアムで行なわれたアカデミー賞授賞式に出席。

この年のアカデミー賞において『ラストエンペラー』は九部門にノミネートされた。『ラストエンペラー』は下馬評通り、音楽賞をはじめ監督賞、作品賞も獲得しノミネートされた九部門すべて受賞という快挙だった。

また、この『ラストエンペラー』の音楽はロスアンジェルス批評家協会最優秀オリジナル作曲賞、翌年にもグラミー賞の映画・テレビのサウンドトラック部門も受賞し、ゴールデン・グローブ、アカデミー、グラミーとの四冠を達成することになる。

授賞式のあとは盛大なパーティーだった。

この年の主演男優賞を受賞したマイケル・ダグラスを始め、デヴィッド・リンチ監督などハリウッドの多くの映画人と知己を得た。

六月、『NEO GEO』のアメリカ・ツアーをニューヨーク、ロスアンジェルス、サンフランシスコで敢行。

この頃、世界中をフィールド・レコーディングしながら移動していく、『NEO GEO』レコーディング・ツアーの構想やザ・スミスのジョニー・マーとのコラボレーションの計画も発表されたが実現には至らなかった。

坂本龍一にとって、この一九八八年はまさに激動の年であり、国際的な活躍の新たな端緒となる輝かしい年となるはずだった。ひとつの悲劇が起こるまでは。

『ラストエンペラー』のアカデミー賞作曲賞受賞、『NEO GEO』アメリカ・ツアーのあと、八月に坂本龍一はようやくまとまった休暇を取った。マネージャーでありビジネス・パートナーである生田朗も同様。しかし、生田朗はメキシコの保養地に向かい、そこで自動車事故を起こし命を失った。あまりにも突然の死で、坂本龍一にとっては呆然とするほかはない事態だった。すべての予定をキャンセルし、坂本龍一はメキシコに向かう。そこで対面した生田朗の遺体を日本に連れて帰り、喪に服した。新しいアルバムのレコーディングの予定も先延ばしにした。

それでも気力を振り絞っていくつかの重要な仕事をこなした。九月には、ナム・ジュン・パイクが企画した新たなニューヨーク、東京、ソウルを結ぶ双方向コミュニケーション・テレビ・プロジェクト『ラップ・アラウンド・ザ・ワールド』に出演し、ニューヨークのデヴィッド・ボウイと対談したほか、次のアルバムに収録される沖縄民謡の「ちんさぐの花」のライヴ演奏も行なった。

年末には一九八三年の帝塚山大学学園祭以来のピアノ・ソロ・コンサート『Playing the Piano』を東京の寺田倉庫で行なった。

アルバム『NEO GEO』で世界各国の音楽を援用し、そこで手応えを得たが、そうした路線を進める上で自分自身のオリジナルの音楽がその核でなくてはならないという思いがあったと当時のインタビューで語っている。すべての装飾を削ぎ落として素の自分の音楽を確認して、自分という核が確固たるものであれば何を纏ってもいい。その自分を確認するための一種の儀式がシンプルなピアノだけのコンサートだったとのこと。以降、ピアノ・ソロ・コンサートを恒例化していった。

また、十二月には、四月に行なったオーケストラ公演がライヴ・アルバム『Playing the Orchestra』として日米英でCDリリースされた。これは、ヴァージン・アメリカの社長から移籍記念でなにかをリリースしようと生田朗とともに企画したもの。初回限定盤は生田朗の友人である現代美術家の大竹伸朗がアート・ディレクションを行なったボックス仕様でこれを機に、二一世紀まで続く坂本龍一と大竹伸朗との交友が始まった。しかし、このアルバムがリリースされたときには生田朗は故人となっており、ブックレットには生田朗を追悼する坂本龍一の一文が掲載された。

もうひとつ、生田朗に捧げたものは追悼の音楽だった。「The Garden」と名付けられた静かなこの曲は生田朗の生前の映像を編集したパーソナルな追悼作品のBGMとして作られた。この頃のコンサートでも何度か演奏されているが、市販はされず、トキオ・クマガイとのタイアップの非売品CDにのみ収録された。

「生田朗とは一九七〇年代からずっと共にいたし、海外にもしょっちゅう一緒に行っていたので、彼が映っているプライベート映像をぼくはたくさん持っていました。そういったパーソナルな映像を編集して、そこにつけたBGMがこの曲。だから生田朗への追悼の音楽なんです。でも、なぜそういうパーソナルな曲を熊谷さんのためのCDに収録したのか、その理由は憶えていない。個人的に作った曲だから、市販するアルバムには入れたくなかったのかな？　でも、当時のライヴでは何回か演奏しているほど気に入った曲でした」(※※)

そして坂本龍一は、翌年の本格的なワールド・ワイドでのデビューのための新しいアルバムの準備を進めていき、日本から海外への移住も視野に入れていくことになった。

一九八九

一月に天皇が崩御し、昭和が終わった。この年は坂本龍一の日本時代最後の年になった。前年に生田朗が主導してヴァージン・アメリカとワールド・ワイドの契約が締結され、坂本龍一はそこからリリースする新しいアルバムを作っていた。

ヴァージンは一九七八年の『千のナイフ』のときにレコード・リリースを断られたあのヴァージン・レコードだ。ただ、一九七八年のときは英国本社が相手だったが、今回は一九八七年に開設されたばかりのアメリカ支社、ヴァージン・アメリカが交渉先だった。ヴァージン・アメリカにはふたりの社長がおり、そのうちのひとりはかつてA&MレコードでYMOを担当して坂本の大ファンになっていたジェフ・エアロフだった。

一九八九年の前半は、東京、沖縄、ニューヨーク、ロスアンジェルスで『Beauty』と名付けられることになる新しいソロ・アルバムのレコーディングに追われる。

これらのレコーディングの中でニューヨークは友人のロフトを借りて滞在二か月を超える長期間のものとなった。以前よりニューヨークには世界各国からやって来ている超一流のミュージシャンが多いことを痛感していたという。以前から日本を出て海外に移住することは決めており、ニューヨークやロスアンジェルスが移住先の候補地だったが、やがてニューヨークに決まった。

このとき滞在していたロフトがあるビルもシェールやシンディ・ローパーが部屋を持っている集合住宅だった。

七月にはアート・リンゼイをゲストに迎えたソロ・コンサートを東京のMZA有明で開催。発売前の新アルバム『Beauty』からの曲も多数演奏された。

また同月、ヴァージン・アメリカからの初のソロ・シングル「Undo#1」を日本のみでリリース。

「もともとはビールのCM曲として作りました。その後、アルバム『Beauty』では〝アモーレ〟と改題して収録しています。なぜそうなったかというと、この曲を作ったばかりのときに、仕事でニューヨークに行って、プロデューサーのジェレミー・トーマスやベルナルド・ベルトルッチ監督と一緒に夜中に騒いでいたんですよ。そのときに、こんな曲を作ったんだよ、とみんなに聴かせたところ、予想外に評判がいい。なかでもジェレミー・トーマスはいきなり曲に合わせてアモーレ！　アモーレ！と歌いだしたぐらい（笑）。この曲は絶対にアモーレという言葉が入った歌詞をつけろ、と。それで曲が『Amore』というヴォーカル・ナンバーに生まれ変わり、その後にアルバム『Beauty』に収録されることになりました」（※※）

このとき坂本龍一がアート・リンゼイとともに作った歌詞は、亡き生田朗に「君はいまどこにいるの」と呼びかけるものだった。

十月、ヴァージン・アメリカを通しての最初のオリジナル・ソロ・アルバムとなる『Beauty』を世界発売。日本のみならず海外でも複数のシングル発売が行なわれ、世界各地でのプロモーション活動も積極的に行なった。生田朗亡きあと、彼と仲がよかったビル・ラズウェルの元マネージャーのロジャー・トゥリリングがそのサポートをしてくれた。

この『Beauty』は前作『NEO GEO』の延長線にあるもので、沖縄民謡の「安里屋ユンタ」「ちんさぐの花」のほか、ビーチ・ボーイズのブライアン・ウィルソンとソフト・マシーンのロバート・ワイアットをヴォーカルに迎えたローリング・ストーンズのカヴァー「We Love You」、能楽、邦楽と沖縄音楽の融合「A Pile of Time」、テクノの「Futique」、アフロ・ビートとニューウェイヴ、ブラジル音楽の融合の「Amore」、アメリカのトラディショナルともいえるスティーヴ・フォスターの音楽を沖縄音楽と結びつけた「Romance」、映画音楽の延長線上にあるサミュエル・バーバーの「Adagio」のカヴァーもある。

ここではさまざまな民族の音楽を援用して坂本龍一の音楽世界を築き上げた。一九七〇年代から一九八〇年代の坂本龍一の音楽的な歩みを総括した世界と言ってもよい。テクノはまさに一九八〇年代の日本〜東京の都市の民族音楽でもあった。

ゲストも、ブライアン・ウィルソン、ロバート・ワイアットのほか、この当時のワールド・ミュージック人気の立役者でもあるセネガルのユッスー・ンドゥール、さらにアート・リンゼイもこのアルバムに大きく貢献。ゲストも参加ミュージシャンも多国籍で多様だった。

この『Beauty』はマーケットを考慮して日本版とワールド・ワイド版では一部構成を変えてリリースされた。

日本において坂本龍一のアルバムに期待されるものと海外で期待されるものでは仔細《しさい》なちがいがあったのではないだろうか。これは後の一九九〇年代のアルバムでも同様で、坂本龍一のアルバムの内外の構成のちがいの比較は当時の日本と海外の社会や空気や文化のちがいを考える上でのおもしろい要素にもなっているのではないか。

この年は他に翌年に公開されるフォルカー・シュレンドルフ監督の映画『侍女の物語』の音楽もロンドンでレコーディングした。

そして激動の年の終わる十二月にはNHK・FMの特別番組「アコースティック・コンサート」をナビゲートし、「The Last Emperor」「1900」などをピアノ演奏。この年の初めに世を去ったエンペラーを想起せずにいられない「The Last Emperor」も「1900」も過ぎ去った昭和へのレクイエムのような響きだった。

さらに大貫妙子をゲストに迎え、ひさしぶりの共演で「風の道」を共演。

「このときが大貫さんとのひさしぶりの共演になりました。その前は大貫さんのアルバムの『コパン』(一九八五)で三曲ぐらいだけ一緒にやって、それ以降はお互いに忙しく、以前のようにアルバム一枚を丸ごと協力するということも不可能になっていました。この頃、そのことに対する罪悪感を実はずっと持っていた。とくに、この『風の道』という曲は、そうしたずっと長年一緒にやってきたけれども、ここで一度お互いの道が別れるんだなという気持ちがこもった特別な曲で、詞で描かれている情景などもとてもプライベートで胸にささる。そういう意味で大好きな曲ではあるのだけど、実は伴奏してつらい気持ちになる曲ではありました。この共演のとき、大貫さんから一緒にこの曲をやろうと提案されたときは、とても感慨がありました。ぼくも伴奏していてつらい気持ちはまだあるけど、そこをあえて清算しようという気持ちが双方にあったんじゃないかな。そう、このときにはもう過去は過去として、この名曲をいい演奏といい歌で聴いてもらおうという穏やかで楽しい気持ちで演奏していますね。とてもなごやかな雰囲気。レコーディングしたときとはまたちがい、そして後年に『UTAU』（二〇一〇）でこの曲を再演したときともちがう、この頃ならではのふたりの演奏と歌だと思います」（※※）

東京で二胡《にこ》奏者の姜建華（ジャン・ジェンホワ）とピアノの山下洋輔をゲストに迎えたソロ・コンサート『RYUICHI SAKAMOTO SOLO』もオーチャード・ホールで行なわれた。

六月の中国における天安門事件、十一月のベルリンの壁崩壊と、内外ともに激動の時代となったこの年は、坂本龍一にとっても様々な意味で区切りの年となった。

※第五章で引用された坂本龍一のコメントは、二〇一七年の『Year Book 1985-1989』（commmons）ブックレットのためのインタビュー取材（※）、二〇一六年の『Esperanto』再発売盤（ソニーミュージック・ダイレクト）ライナーノーツ（※※※）のためのインタビュー取材、二〇一七年の『Year Book 1985-1989』（commmons）ブックレットのためのインタビュー取材（※※）、二〇一八年の『暗殺のオペラ』ライナーノートのためのインタビュー取材（※※※）から抜粋。

第六章
世界を巡る日々

一九九〇〜一九九六

一九九〇

坂本龍一の九〇年代は二月のアルバム『Beauty』とシングル「You Do Me」のワールド・ワイドでのリリースから始まった。

東京でテレビや新聞の取材に応えつつ、二月の終わりから国内ツアーに。福岡、大阪、名古屋、東京で十公演を行なった。三月十日に国内最後の公演を東京で行なうと、その三日後にはロスアンジェルスからワールド・ツアーがスタート。ソロになってからアメリカ公演はあったが、本格的なワールド・ツアーはYMO以来となった。

ロスアンジェルス、ニューヨーク、ロンドン、アムステルダム、デュッセルドルフ、ミラノ、バーリ（イタリア）、チューリッヒ、ブリュッセル、リール、パリ。

ローマの空港で身なりを怪しまれて警備員から銃を向けられたり、レストランで置き引き犯を追いかけたりといったアクシデントもいくつかあったが、海外公演は評判もよく、パリではデヴィッド・ボウイがミック・ジャガーを伴ってお忍びで観覧したという噂もあった。また、そのパリでは生まれて初めてのサイン会も催され、四百人以上が列を作った。

最後のパリ公演が四月五日に終了すると、坂本龍一は急いで帰国。海外ツアーのあいだに合計百八十箱になった家族の荷物はすでに船便で出発しており、身の回りのものだけを梱包《こんぽう》して翌々日にはニューヨークに旅立つという慌ただしさだった。

二人の大人と二人の子供、そして一匹の猫が旅立って行った。坂本龍一の日本時代の終わりである。

新居はニューヨークの郊外の自然豊かな街にあった。一九二九年に建てられた由緒あるチューダー様式の家屋だ。坂本一家は落ち着く間もなく移住に伴う各種の手続きを行ない、家具などの手配、そして日本から到着した膨大な荷物の整理にしばらく追われることになる。

こんな中に飛び込んできたのがベルナルド・ベルトルッチ監督の新しい映画『シェルタリング・スカイ』の音楽制作だった。

坂本龍一は一九八九年にこの映画の撮影が始まったときから制作の行方を気にしていた。プロデューサーのジェレミー・トーマスらから、監督は『ラストエンペラー』に引き続いて坂本龍一に音楽をまかせたいという意向があるようだとは聞いていたそうだ。しかしそれをそのまま鵜《う》呑《の》みにはできない。

しかし五月、ついに正式に『シェルタリング・スカイ』の音楽の依頼が届けられた。

その後、ビジネス上の契約が成立したのは六月中旬。下旬にはロンドンに飛んで仮編集の映像を観せてもらう。ここからロンドンでの音楽作りが始まり、七月中旬から曲作り。

八月からはオーケストラとともに本格的にレコーディングが始まり、ロンドンのアビー・ロード、メトロポリタンの二スタジオで六日間でそれを完了させた。このときのロンドン滞在は映画『007』シリーズの作曲家としても高名なジョン・バリー所有の豪華なフラットで、おそらく高価だろう室内の調度品を壊さないかひやひやする毎日だったという。

この作品の制作も前作同様の苦労があった。レコーディングした音楽のミックスを終えて完成したという段階で監督が映像の再編集を行なう。

「レコーディングのときにオーケストラが音を出した瞬間に、ベルトルッチ監督が、ちょっとイントロを変えてくれないか、と（笑）。え、きのうOKしてくれた曲じゃないですか！　って言ったら、いや、きのうは確かにいいと思ったけど、いま聴いたら変えたほうがいいと思う、だって。もうレコーディング始まってますよ！　いや、エンニオ（・モリコーネ）はこういうときすぐ変えたよ、と。そう言われたら変えざるをえないでしょう（笑）。わかりました、と」（※）

再編集された映像に合わせて音楽の細部も変更しなければならない。毎日、その変更の作業が続き、ようやく完成したのは八月末。九月上旬にはニューヨークに戻ってミックス・ダウンを行ない音楽制作の作業がすべて完了するという怒濤《どとう》のスケジュールだった。

ベルトルッチ監督と最初にタッグを組んだ『ラストエンペラー』が題材の関係から中国、日本の音楽の要素を取り込む必要があったのに対し、この『シェルタリング・スカイ』の音楽制作にはアフリカ（モロッコ）の要素もという以外はそれほど制約がない。制約がないぶん、ベルトルッチ監督も撮影直後はこの映画にどういう音楽をつければいいのかイメージがわかなかった。

「この『シェルタリング・スカイ』の音楽を頼まれたとき、最初にロンドンに行って、どういう音楽にしようかというミーティングをベルトルッチ監督としました。監督は六か月のサハラ砂漠での撮影が終わったばかりで疲れ切っていて、〝音楽については全然思い浮かばない。なにかアイデアはないか？〟というので、ぼくが持ってきたいろいろな音楽のCDをふたりで聴くことになりました。その中にたまたまヴェルディの『レクイエム』のCDもありました。ぼくが、これを参考にするのはどうだろう？　と言ったら、監督も即座にそうしよう！　と」（※）

坂本龍一にとっていちばん好きなベルトルッチ監督の作品は『１９００年』。その冒頭で使われているのがヴェルディの音楽だ。

「ぼくがいちばん好きな『１９００年』の冒頭は、イタリアの田舎道を農夫が〝ヴェルディが死んだ！ヴェルディが死んだ！〟と叫びながら走ってくる場面。多分あそこはベルトルッチ監督の生まれ故郷のパルマが舞台で、映画の冒頭の重要なシーンでヴェルディの死が連呼されており、エンニオ・モリコーネも、そこにヴェルディ的な非常にすばらしい音楽をつけている」(※)

映画『ラストエンペラー』の撮影でイタリアを訪れたときベルトルッチ監督とともにヴェルディの生家を訪ねたのは前章で紹介したとおりだ。

「結果的には『シェルタリング・スカイ』の音楽はヴェルディ的とは言えない、かなり違うものになったのですが、始まりはヴェルディでした。それもとても印象的です」(※)

坂本龍一の基礎となっているヨーロッパのクラシック音楽に、映画の舞台であるモロッコの土着民ベルベル族の音楽の要素を加味して、『シェルタリング・スカイ』の音楽は完成した。痛切な愛の物語だけに、エモーショナルなシーンにエモーショナルな音楽がつくことになる。作曲中、デモの段階で作者ながらデモ曲と映像を重ねてみると涙が止まらなくなることもあり、ときにはベルトルッチ監督もそこにいて、ふたりで感激のあまりハグしながら涙を流すこともあった。『ラストエンペラー』のときと同様、やはり映像の編集は音楽ができた後でも刻々と変わっていった。ただ、電卓で秒数をカウントしていた往時とちがい、このときは作曲にマッキントッシュ・SE30を使っており、ハード・ディスクに同じ曲の変化ごとの複数のファイルが保存されており、臨機応変に対応することができた。

また、この映画の途中には原作小説を書いた作家のポール・ボウルズの朗読も入っているが、この時点からは遠い未来の二〇一六年に坂本龍一はこの朗読を自作に取り込むことになる。

『シェルタリング・スカイ』はこの年の十月末にドイツを皮切りに順次世界中で公開されていく。

坂本龍一の音楽はロスアンジェルス批評家協会賞、ゴールデン・グローブ賞など各国で複数の賞を受賞した。音楽を担当した映画『侍女の物語』も公開された。受賞の余韻も冷めぬ十一月には新しいアルバムの制作を開始した。ニューヨーカーになって初めてのオリジナル・アルバムだ。

十二月には自動車運転免許も取得。やはりアメリカの都市郊外の生活では自動車が必須だった。このようにあわただしく暮れていき、坂本龍一は海外居住者としての初めての年を終えることになった。

一九九一

ニューヨークで生活するようになって初めての新年。坂本龍一の日課はまず雪かきだった。東京で生まれ育ったので、慣れない手つきでスコップで雪をかき続ける毎日。

一月十九日にはロスアンジェルスへ赴いてゴールデン・グローブ賞の授賞式に参列した。ノミネートされていた『シェルタリング・スカイ』は作曲賞を受賞した。

そんななか、アメリカに居住している身としては他人事《ひとごと》ではない、肌身で感じていたのが戦争の空気だった。フセイン大統領率いるイラクが隣国クウェートに侵攻し、アメリカを中心とした多国籍軍が結成されて中東に派遣され、ゴールデン・グローブ賞授賞式とほぼ時を同じくした一月十七日にイラクへの攻撃を開始した。湾岸戦争の始まりだ。くしくも坂本龍一の三十九歳の誕生日であった。

湾岸戦争はイラクの一方的な敗北で三月三日に停戦協定が結ばれて一応の終結を見たが、戦時下のアメリカに住む坂本龍一にとっては直接の災禍はないとはいえ、街や都市のピリピリとした空気は当然創作に影響を与えた。一緒に仕事をしていた会計士のアメリカ人が予備役招集されて戦地に赴いたほか、兵士の無事の帰還を祈る象徴の黄色いリボンを街中で見かける毎日だ。

当時ニューヨークを中心に世界的に盛り上がっていたハウス・ミュージックのビートを新しいアルバムに援用することを決めたのも、戦争と無縁ではなかった。

ハウス・ミュージックのBPM（ビート・パー・ミニット＝一分間の拍数）はおおよそ百二十で、それは人間の心音に近い。胎児は母胎内でつねに母親の心音を聴いて育っていく。

世界が戦争のような危険な状態にあるとき、人間は無意識に母胎で響いていた安定した心音のビートに身を委ねたいという欲求を覚えるのではないか。

こうした直感があり、ハウスのビートを取り入れた新しいアルバムは『Heartbeat』と名づけられることになった。ニューヨークで活躍していたディー・ライトのテイ・トウワ、ＤＪのサトシ・トミイエの協力も仰いだ。テイ・トウワは一九八〇年代に坂本龍一のラジオ番組「サウンド・ストリート」のデモ・テープ募集コーナーに応募し、高く評価されていたという過去もある。

この『Heartbeat』の制作時にはパーソナル・コンピューターによる音楽制作（ＤＴＭ）も進化を遂げており、自宅でデモ音源から、完成一歩手前のベーシックなトラックまで完成させることができていた。自宅録音したベーシックなトラックをレコーディング・スタジオに持ち込み、ファイルを録音テープにダビング。あとはゲストの演奏や、ヴォーカル、追加の楽器をそこに足していくという、それまでにくらべれば簡便で仕上がりも早かった。このアルバムでのスタジオでの作業期間は二週間。たとえば以前の『音楽図鑑』で年単位の時間がかかったことを思えば、状況のちがいはあるにせよ驚異的なスピードだった。

もちろん、そのぶん、坂本龍一が自宅スタジオでコツコツと音楽を作る時間は長くなった。ラフなデモ音源を作るのではなく、最終段階一歩手前までの音を作らなければならないためだ。

当時、坂本龍一が作った『Heartbeat』のそうした自宅録音のベーシック音源は保管されており、それを聴くとスタジオに入る段階でアルバム・ヴァージョンに遜色のない高い完成度となっていることがわかる。この傾向はＤＴＭのさらなる発達に伴っていっそう顕著となり、やがてテープへ移すという作業も不要になって、コンピューター内で音楽制作が完結する時代がやってこようとしていた。

四月には日本に一時帰国し、二十二日には東京・武道館でユッスー・ンドゥールとの共演コンサートを行なった。このコンサートの模様は世界二十九か国に衛星中継されている。

また、この前後には『Heartbeat』のためのユッスーとの録音、沖縄民謡の女性たちとの録音も行なった。この『Heartbeat』のレコーディングと並行して進んでいたのはこの年の八月から九月にかけて東京の国立競技場で開催された『世界陸上競技大会』のメイン・テーマの音楽。

八月にはペドロ・アルモドヴァール監督の『ハイヒール』の音楽制作も開始したほか、月末には日本に戻り、音楽イベント『WOMAD』に出演。

『Heartbeat』が海外で発売された十月には、ロンドンで一夜限りのスペシャル・コンサートを行なった。ここでゲスト出演したデヴィッド・シルヴィアンは『Heartbeat』の海外版で二曲のヴォーカルを担当している。このコンサートの翌日にはそのデヴィッド・シルヴィアンとロンドンに滞在中だった武満徹との三人で会食もあった。武満徹のコンサートで批判のビラを撒いた一九七〇年代、デヴィッド・シルヴィアンと知り合い多くのコラボレーションを行なった一九八〇年代、そして一九九〇年代が邂逅するランチとなった。

ちなみにこのときに武満徹と盛り上がった話題は小津安二郎の映画の音楽には納得できないので、

ふたりで作り直そうというもの（後年、音楽はやはりあれでいいのかもしれないと思い直したと述懐している）。それ以外にもなにか一緒にやろうと約束したが、武満徹が死去する一九九六年までそれは果たされないままとなった。

また、本来であれば、この年の後半は大島渚の新作映画『ハリウッド・ゼン』の撮影が行なわれるはずだった。この映画は一九一〇年代にハリウッドで大スターとなった日本人俳優の早川雪洲を主人公とした映画で、その雪洲を演じるのが坂本龍一。もちろん音楽も手がけるはずだったろう。

しかし、この映画は撮影に入る直前で資金難によって制作延期となり、そのうえで大島監督がその後病に倒れたことによって幻の企画となった。

その代わりでもないだろうが、スコットランドのバンド、アズテック・カメラからの熱烈なアプローチに応えて彼らのアルバム『ドリーム・ランド』のプロデュースを行なった。アズテック・カメラのロディ・フレイムはもともと坂本龍一の大ファンで、ステージで『戦場のメリークリスマス』のフレーズを弾いたり、ロンドンでのソロ公演も観にいくほどのファンだった。

その他デヴィッド・シルヴィアンとエクトル・ザズーのアルバム『サハラ・ブルー』へゲスト参加。

そして、翌年のバルセロナ・オリンピックの音楽の準備にも入る。

めまぐるしく忙しい一九九一年が終わった。この年の一月には男児が生まれている。

一九九二

一月、坂本龍一はスペイン・バルセロナに赴き、オリンピック開会式の音楽のための打ち合わせとオーケストラとの最初のリハーサルを行なった。総勢百人のフル編成のオーケストラの指揮をするのは初めての経験で、さすがに初日は緊張したそうだが二、三日目にはなんとか適応した。

そして十七日、坂本龍一は四十歳の誕生日を迎えた。コンサート・ツアーの準備で東京に滞在中だ。これはアルバム『Heartbeat』の発売に伴う日本ツアーで、一月三十一日の広島公演から二月十三日の京都公演まで、七都市を回った。衣装はジャン・ポール・ゴルチエが担当した。

小規模なツアーだったが、ドラムのマヌ・カチュ、ベースのヴィクター・ベイリーをはじめ近年では最高のサポート・ミュージシャンが揃い、坂本龍一は大きな手応えを感じたという。また、二月六、七日の東京武道館公演では前年のロンドンと同様にゲストでデヴィッド・シルヴィアンが登場し、「禁じられた色彩」と「Heartbeat」、シルヴィアンのソロ曲「Orpheus」を歌った。

日本ツアーが終わるとニューヨークにとって返し、映画『嵐が丘』の音楽作り。DTMの発達により、高額のレコーディング・スタジオではなく、マンハッタンのホテルの一室を借りて、そこに機材を運び込んで曲作りをし、スタジオでレコーディングを行なうというやり方だった（最終的なレコーディングとミックスはロンドンのCTSスタジオ）。

『嵐が丘』の作業は四月まで続き、徹夜続きの日もあったが坂本龍一にとって会心の出来となる。当時のインタビューなどではこれまでの映画音楽の中で、いちばんの自信作だとも。

それらが終わるとヨーロッパだ。アルバム『Heartbeat』がヨーロッパで発売されるタイミングで各国をプロモーション行脚。インタビューとフォト・セッションの毎日が続く。

そんな中、日本国内で蠢《うごめ》いてきたのがYMO再結成の噂だ。

「そのウワサはぼくもいろんなところで耳にするんですけど、不思議ですよね。誰が言い始めたわけでもないんだろうけど、あちこちで同じようなウワサが生まれるなんて。再結成ですか？　どうですかねぇ。あればあったで楽しいし、なければなかったでそれでもいいし。でも、シンクロニシティですね」

これは当時のファン・クラブの会報『SAKAMOTO EXPRESS』の一九九二年四月号に掲載されたコメント。メンバーである細野晴臣、高橋幸宏もこの頃は同様のコメントをしていたが、もう再結成自体は決定事項だった。

ＹＭＯの再結成を強く望む音楽業界、関係者たちによって本人たちにその意思がないにもかかわらず、いつの間にか外堀を埋められるような形で再結成は決まってしまっていた。

この年の二月、東京のホテルの一室で元ＹＭＯの三人は解散後初めて集まり、そこで具体的な段取りなどが決められていった。三人とも乗り気ではなかったが、それでもこのとき元ＹＭＯはあらためてＹＭＯの一員として部屋を出て帰路についたという。

ファン・クラブ会報の『SAKAMOTO EXPRESS』の七月号にはＱ＆Ａ形式のインタビューが掲載されている。その中には〝タイムマシンで行ってみたい時代＆場所〟という問いがある。その答えは「二十年後にぼくがいるところ」とある。

二十年後の二〇一二年七月、坂本龍一がいた場所は千葉の幕張メッセのホールで、脱原発のイベント『NO NUKES 2012』を主宰している。このときは、まだ遠い、予想もしていない未来だ。

また、同インタビューでは好きな画家についても訊かれており、第一章の一三歳のときの作文で挙げていた画家ではなく、ピカソ、ボッティチェリ、モランディの三名の名が記されている。

この年の六月、ブラジルのリオ・デ・ジャネイロで「環境と開発に関する国連会議（通称：地球サミット)」が開催され、世界の指導者を前にした十二歳の少女の演説が世界中に深い感銘を与えた。少女の名前はセヴァン・スズキ。後に伝説のスピーチと呼ばれる、大人たちに環境保護を訴えるその言葉は世界中で報道され、この地球サミットでもその後の気候変動枠組み条約にもつながる地球憲章がつくられた。坂本龍一は報道番組でこのスピーチに接して心を打たれた。

七月、前年にプロデュースを行なったアズテック・カメラのアルバムからの先行シングル「スパニッシュ・ホース」がヨーロッパで発売。このシングルはその後日本でも発売されたが、そのライナーノーツにはアズテック・カメラのロディ・フレイムの、なぜ坂本龍一にプロデュースを依頼したかというコメントも掲載されている。それによると、ロディ・フレイムは以前から坂本ファンで、「ぼくのアコースティック・ギターとリューイチのシンセサイザーをうまく重ね合わせたい」とした上で、坂本龍一がプロデュースを行なった最新アルバム『ドリーム・ランド』は自身の『ラヴ』というアルバムと、坂本龍一の『Coda』の中間的な作品にしたかったと語っている。

七月二十五日、スペイン・バルセロナでバルセロナ・オリンピックの開会式が行なわれた。この開会式のマス・ゲームで坂本龍一は指揮棒を振り、「El Mar Mediterrani」(カタルーニャ語で地中海)と名づけられた曲をオーケストラと演奏。

もともとはオリンピックには興味がなく、それどころかオリンピックが持つ国家主義的な側面に嫌悪感を持っていたので依頼も一度は断った。しかしニューヨークまでやってきたプロデューサーが洒《しゃ》脱《だつ》で頭のよい知識人であること、彼が語る閉塞したバルセロナという都市、そしてカタルーニャ州の文化や歴史に興味が湧き、ついに引き受けることになる。打ち合わせでバルセロナにも何度か行き、この都市やそこで出会った人々がさらに好きになっていった。

この年はバルセロナ・オリンピック開会式の前にセビリアへ。スペイン人であるペドロ・アルモドバル監督の『ハイヒール』が日本で公開されてサウンド・トラック盤が発売されたこともあり、一九九二年は坂本龍一にとってはスペインの年であったとインタビューで表明もしている。

一方、所属するヴァージン・レコードからは移籍することになった。二枚のアルバムを出したものの、レコード会社が期待した成果が得られなかったためだが、すぐに複数のレコード会社から打診があり、翌年にはエレクトラに移籍することになった。

十一月、東京でＹＭＯの再結成アルバムのための曲作り、レコーディングの準備が始まり、十二月からは青山のビクター・スタジオで本格的なレコーディング作業が開始された。

一九九三

前年がスペインの年であるなら、この一九九三年の前半はまちがいなくYMOの年だった。年明けから再開された再結成アルバムのレコーディングは一月いっぱいを東京で行ない、その後に場所をニューヨークに移した。

当時、ベルナルド・ベルトルッチ監督と三作目となる映画音楽など坂本龍一の仕事が立て込んでおり、拠点のニューヨークを離れられないという事情があった。YMOにとっては初めての海外レコーディングとなったが、坂本龍一のホーム・タウンの、慣れ親しんだ環境であるためアウェイである他のふたりとは気持ちの微妙なズレも生じたという。

この間、日本ではYMOの再結成が公表され、大きな話題になっていた。かつてのYMOの音楽は時期によって大きく変容していったので、ファンが期待するものもそれぞれで異なっていたのだが、YMOのメンバー自体もこの頃は音楽性がそれぞれちがい、それをYMOという場でどう融合させ、表現するのかを悩みながらの制作だったようだ。

水と油のように混じり合わない三人のこの時期の音楽が、それでも強引に攪拌《かくはん》され、ひとつの器に収められることになる。三月半ばでレコーディング、ミックス作業は完成し、『Technodon』と名付けられたアルバムの発売は五月に決定した。

四月一日のエイプリルフールの日には、三人揃っての記者会見が東京のホテルで行なわれたが、三人は手錠に繋がれてベッドに横たわって会見した。ベッドはジョン・レノンとオノ・ヨーコのベッドインのパフォーマンスに倣ったものだが、手錠で繋がれているということがこのYMOの再生劇から逃げられなかったという三人の気持ちを象徴しているようだった。

この会見では、商標上の理由でYMOでありながらYMOを名乗れず、YMOに×を被せて〝ノットYMO〟と称することや、六月に東京ドームでコンサートを開催することなどが発表された。

五月二十六日に発売された『Technodon』はかろうじてヒットこそしたものの、かつてのファンの多くが望んだであろう初期のカラフルでポップな曲調ではなく、アンビエント色が濃いモノ・トーンの雰囲気のアルバムとなっていた。

六月に二日間行なわれた東京ドーム公演も、コンピューター・グラフィックスを多用した映像や照明の演出は豪華だったが、基本的にはアルバム『Technodon』の曲をほぼ順番通りに演奏するという内容。これもファンが期待したであろう過去の曲の演奏は中盤とアンコールで計五曲のみとなった上、もっとも知られている代表曲「Rydeen」もさわりがほんの少し奏でられるというじらし方だった。

この当時のメンバーにはノットYMOに懐古やお祭りの感情は持っておらず、無理やりの再結成に対してわだかまりを抱えたままの再生劇だった。

このような経緯もあり、坂本龍一は「名曲と言える曲が生まれなかった」と後に語り、いまでもこのときのYMOに関してはポジティヴな印象は持っていないようだ。

ただし、東京ドームでは映像をかつて『TV WAR』でコラボレートした原田大三郎が担当し、九〇年代の後半にはいくつかのソロ活動で再びタッグを組むことになる。

YMOの活動を終えると、坂本龍一はすぐに出国し、ベルナルド・ベルトルッチ監督の新作『リトル・ブッダ』の音楽の仕上げに追われることに。

ベルトルッチ監督との仕事は相変わらず編集変更による手直しの連続で、七十以上の曲を書いたが、その倍以上の曲を書いた計算になるほど大変だったと同作のサントラ盤のライナーノーツで述懐している。映画のテーマ曲は何度も書き直しを要請された。とにかく悲しい曲をとリクエストされ、書き上げて聴かせると「まだ悲しさが足りない」。それではとさらに悲しい調子にすると、まだ足りない。これでもと書き直すと、今度は「悲しすぎる、希望が足りない」。結局、四回書き直したものの当初のテーマ曲はボツとなり(四回目のものは気に入られて別の箇所で使われた)、新しい曲を書くはめになった。それはそれで代表曲のひとつになるような作品になったが、このとき坂本龍一はベルトルッチ監督に対してのリベンジの思いを抱えた。

年末には東京、オーチャード・ホールで初のピアノ・トリオ形式のコンサートを行ない、チェロにジャケス・モレレンバウム、ヴァイオリンにエバートン・ネルソンを迎えた。ジャケス・モレレンバウムはもともとアントニオ・カルロス・ジョビンのバンドのチェリストで、一九九一年にカエターノ・ヴェローゾとのレコーディングで知り合った。

また、この年に発売されたマドンナのシングル曲「レイン」のミュージック・ヴィデオに俳優として出演。音楽を担当したアメリカのテレビ・ドラマ・シリーズ『ワイルド・パームス』もこの年のオン・エア。

一九九四

新しいレコード会社が決まっていた。ワールド・ワイドのリリースはエレクトラ。日本ではフォーライフがリリースすることになった。フォーライフは一九七五年に吉田拓郎、小室等、井上陽水、泉谷しげるの四人のフォーク・シンガーが設立した日本初のアーティスト主導のレコード会社。

坂本龍一はこのフォーライフにgütというレーベルを設け、自身のアルバムのみならず、内外の周辺のアーティストやオーディションで発掘するアーティストの作品もリリースすることを決めた。かつてのMIDIレコードでのSchoolレーベルの発展系だ。

そしてこのフォーライフ移籍を機に、坂本龍一は自身のCDのパッケージを、プラスティックを極力排したものにすることを決めた。周囲からは強い反発もあったが、以降、今日に至るまで自身が主導してリリースする坂本龍一作品はほぼすべてエコ・パッケージを採用している。

一九九二年からマンハッタンのダウンタウンのビルに事務所兼プライベート・スタジオを作っており、gütレーベルから発売される新しいアルバムの制作作業はそこで行なわれた。

最新のマッキントッシュであるクアドラを導入し、プロパーなレコーディング・スタジオに入る前にプリ・プロダクションを含む多くの作業がプライベート・スタジオでできるような時代になっていた。

一月から始まったレコーディングは、しかし難航する。今作は坂本龍一にとってはこれまで意識することがなかったポップなアルバムを作ることが主題となっていた。一九七八年のファースト・アルバム『千のナイフ』が行きつけのカフェバーの店員から「この音楽じゃモテません」と言われてから十六年。いうなればモテるような音楽を、初めて意識して作ることにした。

途中、中断を挟みながら制作は四月まで続いた。

このアルバムはポップなものを目指し歌モノも多くなる。英語曲はこの二月にひさしぶりに再会したデヴィッド・バーンに作詞を頼み、日本語詞は盟友である大貫妙子、そして新鋭の高野寛にも依頼した。二月二十八日にはニューヨークを訪問していたシンガー、女優の今井美樹（同じくフォーライフ所属だった）とディナーを共にし、アルバムへの参加を要請、快諾されるということもあった。

このレコーディングのプリ・プロ作業をしたプライベート・スタジオは、日本風に表現すると二十畳ぐらいのスペースで、ヴォーカルを録るためのブースはバスルームに設置されていた。

商業スタジオであればアシスタントが行なうような雑事、たとえばレコーディングした曲を収めたテープに曲名や日付などのクレジットを書き込んだり、機材の立ち上げやメンテナンスといったようなことを、当然自分でやらなければならない。

以降、現在に至るまで坂本龍一の創作活動は主にプライベート・スタジオで行なわれ、最後の仕上げのときに必要に応じて商業スタジオに入るということが恒常化していく。

これは余談だが、ずっと後の二〇〇九年に、ニューヨークのプライベート・スタジオの坂本龍一と、東京銀座のアップル・ストアをインターネットで繋いでトーク・イベントが行なわれた。

このとき坂本龍一のマッキントッシュが謎のトラブルを起こし、イベント開始以降三〇分近く、延々と坂本龍一がひとりでＭａｃの再起動や調整を行ない、それが東京の観客に中継されるというハプニングが起きた。プライベート・スタジオでは、フェルナンド・アポンテやアレック・フェルマンらアシスタント・エンジニアの手を借りつつも、多くの作業をひとりでやるようになっていた。

アルバムはやがて『Sweet Revenge』と名付けられた。

このタイトル曲は、もともとはベルトルッチ監督の『リトル・ブッダ』のエンド・タイトル用の曲として書かれたもの。

最初に書いた曲を監督に聴かせたところ、悲しさが足りないと指摘された。この映画の最後には悲しい曲が必要で、観客は涙を流し、ティッシュ・ペーパーの会社を買収すれば大儲《もう》けになるほど悲しい曲にしてほしいというリクエストがあった。

そこで曲を何度も手直ししたのは前述のとおり。その復讐（リベンジ）だった。

デヴィッド・バーン、大貫妙子、高野寛、今井美樹といった面々のみならず、このアルバムには多くの協力者がいた。ニューヨークでの盟友アート・リンゼイ、前作『Heartbeat』に続いての参加となったテイ・トウワ、トミイエ・サトシ、ＹＭＯの『Technodon』から引き続いてのミキサーのゴウ・ホトダ。

そして「Love & Hate」のヴォーカルには元フランキー・ゴーズ・トゥ・ハリウッドのホリー・ジョンソンも加わった。プライベート・スタジオで過労で倒れる寸前になりながら、四月二十五日には最後のミックス・ダウンが終わり、ようやくアルバムは完成した。

アルバム制作途中にはこの当時に交流が生まれた漫才コンビのダウンタウンとの、突発的なコラボレーションのレコーディングもあり、この時期には坂本龍一はダウンタウンのような日本の主流のカルチャーと親和性を持つことになる。

そのダウンタウンとのコラボレーションであるゲイシャ・ガールズ関連の露出、そしてもちろんアルバム『Sweet Revenge』の発売、アルバムに収録されている今井美樹とのコラボレーション曲「二人の果て」がシングルとしてリリースされたあと、坂本龍一はひさしぶりの日本ツアーを行なった。

十月一日に大阪から始まったツアーは全国九か所十一公演が行なわれた。ツアーにはギタリストとして高野寛も加わり、坂本龍一がプロデュースした高野寛のシングル曲「夢の中で会えるでしょう」もコンサートの中で披露されている。

坂本龍一がプロデュースした男性アーティストは、この一九九〇年代前半のアズテック・カメラ、ゲイシャ・ガールズ、高野寛が最後となった。

ツアーはその後に香港、ヨーロッパ各地へと続き、坂本龍一の一九九四年は終わった。

一九九五

この年は後の活動につながるさまざまな伏線が発生した年。なによりも四月の頭に訪れたブラジルでの体験だ。この頃、坂本龍一はダウンタウンとのコラボレーション、ゲイシャ・ガールズのアルバム作りに忙殺されていたが、四日間だけリオとサン・パウロに出向いた。

後に盟友となるチェリスト、ジャケス・モレレンバウムがプロデュースした音楽フェスティヴァルが開催され、同じく旧知のカエターノ・ヴェローゾとともにゲストで出演したのだ。

「ジャケスと最初に会ったのは一九九一年ぐらい。アート・リンゼイがプロデュースするブラジルのカエターノ・ヴェローゾのレコーディングに参加する際に、ニューヨークで彼の公演があって観に行き、そのコンサートでチェロを弾いていたのがジャケスでした。その演奏を観てぶったまげまして（笑）、ライヴが終わったあとに楽屋に行ってカエターノにまっさきにあのチェリストを紹介してくれ！　と頼んだほどです。ほぼ同年代でぼくの映画音楽なども聴いていてくれていたそうで、すぐに気が合い、その年のぼくのツアーも参加してくれました。それ以来、ほぼ毎年のように一緒に演奏している仲です」（※※）

そしてフェスティヴァルが終わると、憧れだった故アントニオ・カルロス・ジョビンの家に招待された。ジャケス・モレレンバウムと妻のパウラ・モレレンバウムはもともとジョビンのバンド、バンダ・ノヴァ（Banda Nova）に在籍しており、その縁だった。未亡人のアナ・ジョビンに紹介され、ジョビンが愛用していたピアノを弾かせてもらう。

坂本龍一は十六歳頃からボサノヴァを愛聴するようになっていたが、この音楽に惹かれる理由を自分なりに考察したところ、ボサノヴァはフランスの音楽がベースになっており、自分の音楽の基礎もドビュッシーやラヴェルといったフランスの作曲家のものが多い。アントニオ・カルロス・ジョビンも同じだからこそ惹かれたのだと分析した。

このとき、坂本龍一はあらためてブラジルの音楽を勉強し、時間を取ってまた訪れ、音楽を奏でることを決意したという。「ジョビンの音楽の中でも、一般的に知られていない曲に光を当てたカバーアルバムを作りたい。一緒にやってもらえないか」とパウラ・モレレンバウムが熱望し、それが二〇〇一年にMorelenbaum^2／Sakamotoとして結実することになった。

また、サン・パウロのフェスティヴァルでのジャケスとの共演はヴァイオリンにエバートン・ネルソンを迎えたピアノ・トリオ形式のもので、翌年のピアノ・トリオ・アルバム『1996』につながることになる。

さらに、この年はインターネットや新しいテクノロジー全般にどっぷりとはまる。一九九八年にリリースされたエクトル・ザズーのアルバム『ライツ・イン・ザ・ダーク』にピアノで参加した坂本龍一は同作の日本盤のブックレットにコメントを寄せた。そこではザズーがこれまでアフリカやケルトなど世界のさまざまな音楽を掘り下げてきたことを挙げ、「ぼくはといえば、ちょっとだけ沖縄やアフリカやインドやアイルランドやスペインをなでただけで、それ以上掘り下げずに関心は新しいテクノロジーやインターネットに移ってしまった」と記している。実際、一九八〇年代半ば以降の坂本龍一の音楽活動はテクノロジーと不可分なものとなっていて、九〇年代の商用インターネットの登場はそれに拍車をかけることとなった。

ブラジルからニューヨークに帰り、ダウンタウンとの仕事を終えると、いよいよ新しいソロ・アルバムの制作がはじまった。

前作『Sweet Revenge』に引き続き、自分なりにポップ・ミュージックを追求する作品になったが、ブラジル音楽との接近による影響で、随所にボサノヴァ的な要素が顔を出している。

アルバム制作中に中国茶のコマーシャルの音楽も担当したが、そちらもボサノヴァ。後に「真夏の夜の穴」と名付けられた、深夜のタイムズ・スクウェアの静かな熱気から曲想を得た楽曲から作曲はスタート。ダウンタウンとの仕事で知り合った作詞家の売野雅勇に詞を依頼した「美貌の青空」、大貫妙子が詞を担当した「Tango」など、後々まで坂本龍一の代表曲となる作品が生まれていった。ブラジルで録音した音がコラージュされている曲も「Rio」など複数ある。高野寛が詞を書いた「電脳戯話」は、この当時のネットに入れ込んだ坂本龍一の熱気がそのまま現れているような曲だが、アルバム制作期間中は入れ込み具合を心配したスタッフからネット禁止令が出されたと当時のファンクラブの会報にはある。

アルバムは『Smoochy』と名付けられた。スムースとキスを組み合わせた英語のスラングで、〝キスしたくなるような気にさせる〟という意とのこと。ボサノヴァやサンバなどブラジルの音楽の官能性がアルバムの随所に顕《あらわ》れていることに合致する表現だとこのタイトルになった。

これと並行してアルバムにも参加した中谷美紀のアルバムのプロデュースもあり、忙しい毎日を日本、ニューヨークで送ることになった。

アルバムの制作が終わると、自身のウェブ・サイト作りに取り掛かり、映像作家の原田大三郎が立ち上げたシャドウ・エンターテインメントという会社にも参加した。CGを制作する会社だが、『Smoochy』発売後の日本ツアー『D&L』にまずその成果が生かされた。

プラチナ・ブロンドになって臨んだこの計十三公演のツアーではCGをはじめとする映像が多用され、それは九〇年代の後半にかけてインタラクティヴでネットとテクノロジーを融合させた新しい形のコンサートを行なうための萌芽《ほうが》となり、終盤の十一月三十日の東京武道館公演ではついにコンサートのインターネット中継を実現させた。著名なアーティストがインターネットを活用した前例としては一九九四年十一月にザ・ローリング・ストーンズがコンサートの模様を収録した二十分間のヴィデオ映像を流したことがあったが、インターネットを利用したコンサート全編の世界に向けた生中継は世界初の試みだった。このプロジェクトには、日本にインターネットを作った村井純氏を筆頭に当時の日本のインターネットのテクノロジーを主導していた多くの面々の協力があったが、当時のインターネットの理想主義を反映して協力者の多くが無償のヴォランティア参加だったことは時代の証言として特筆すべきだろう。

そしてまた、この時期のさまざまなチャレンジはさらに後のインタラクティヴなメディア・インスタレーションにかかわっていく伏線にもなった。

また、ツアー会場に日本マイクロソフトの古川享《すすむ》会長（当時）が訪問し懇談を行なっている。その趣旨は長年のアップル・ユーザーである坂本龍一をウィンドウズ派に転向させ、この秋に発売される新しいウィンドウズOSであるウィンドウズ95日本語版イベントに登壇させることだった。

十一月二十三日、秋葉原で行なわれたイベントでは元スネークマンショーの小林克也の軽妙な司会にも乗せられて、ウィンドウズの魅力について語っている。

周囲はほぼアップル・ユーザーで、「魂を売った男」と揶揄されたそうだが、数年後にはまたアップル・ユーザーに戻り現在に至っている。

そして、音楽活動以外でなによりも大きな出来事だったのが、この当時大きな社会問題となっていた薬害エイズ訴訟を支援する文化人アピールに参加したことだった。

デビュー以降、関心はあっても表立って政治的、社会的問題に関する発言は控えていた坂本龍一にとって、これは大きな転機だった。薬害エイズ被害者たち、浅田彰、黒柳徹子らと記者会見の場に登壇した坂本龍一は、やがて政治的な態度表明を日常のものとしていくが、これがその嚆矢となった。

一九九六

YMOの大ヒット以来、坂本龍一は対外的にはポップ・ミュージックのアイコンであり、自作もしくは他アーティストへの提供曲でポップな曲、大衆的な作品を発表してきた。

本格的に海外に進出した一九八九年のアルバム『Beauty』からは世界規模でのポップ・ミュージッ

クを自分なりの方法論で模索し、一九九四年、一九九五年の『Sweet Revenge』『Smoochy』では日本のポップ・ミュージックのマーケットも大きく意識してアルバムを作った。

これらのアルバムは内容としては高く評価されたが、ポップス＝流行曲＝マスとしてのセールスにつながることはなかった。

ゲイシャ・ガールズなど外仕事ではポップ・ミュージックとして成果を上げているものはあったが、ことソロとなるとヒットはしていない。

この頃、まさにJ－POPの世界でのポップ・ミュージシャンの代表である小室哲哉と、テレビ番組『TK MUSIC CLAMP』（フジテレビ）で対談した際に、坂本龍一はこのようなことを述べている。いわく、自分は小室さんのような対象を絞った徹底したマーケティングはできない。どうしてもまず音（作品）がプライオリティになってしまう。さらに、日本のポップスのマーケットは西欧とはちがう特殊な構造で、好まれる楽曲もちがう。日本に特化した曲作りが必要で、それをやると今度は海外では通用しないだろうという悩みもあるというエピソードも。そうした中で、次に坂本龍一が向かったのはピアノ・トリオでの表現だった。一九九二年以来、手応えを感じていたジャケス・モレレンバウムのチェロとエバートン・ネルソンのヴァイオリン、そして自身のピアノ。この三つの楽器による演奏。

坂本龍一は、ここで一曲のみ新曲「1919」を書き下ろした以外は、すべて一九八〇年代からここまでの代表曲を再アレンジしてレコーディングをする。

やがてアルバム『1996』として結実することになるこのセルフ・リメイク、過去作の再解釈は以降、坂本龍一の音楽史において繰り返されることになる。

この『1996』制作時の意識としては、自身を含む三人が、ともにクラシック音楽の教養を下地に持ちながらロックやブラック・ミュージック、ダンス・ミュージックの経験があることと当時のインタビューで発言している。多様な音楽遍歴を経た三人で、あらためて過去作の新たな表現に挑戦し、いうなれば楽曲をアップグレードしたいとの思いがあったのだろうか。

坂本龍一にとっては、コンピューターもシンセサイザー、サンプラーも使わないソロ・アルバムのレコーディングは初めてだった。

アルバム『1996』は五月に日本で発売されたのを機にアメリカ、南アメリカ、ヨーロッパ、アジア各国で発売された。海外でのレコード会社はミランとなった。中断をはさみながらも今日も続くミラン・レコードとのオリジナル・アルバムでは初めてのコラボレーションとなった。そしてワールド・ツアー。

六月のニューヨーク、ニッティング・ファクトリー三公演を皮切りに、ヨーロッパ各国十七公演、オセアニア・アジア七公演、そして日本で九公演とまさに世界を回るツアーとなった。

このツアー中、坂本龍一は最新のデジタル・カメラとインターネットを駆使して詳細なダイアリーをファン・クラブ会報『skmt express』に寄せている。

各国によって反応はさまざまだったが、概して最後は大盛り上がりで終わる。特徴的なのは観客が老若男女の区別がない幅広いものだったこと。これはとくにヨーロッパで顕著で、いわゆるポップスの主な客層に限定されない人々が公演にやってきて、盛り上がっていたということだ。七月二十一日のイタリア、シチリア島パレルモの公演では老婆も含む五千人を超える観客が熱狂して「ブラビッシモ!」を叫び、暴動が起きそうなほどの盛り上がりで、坂本龍一らはプロモーターにうながされ終演後すぐにステージに横付けされたバンに乗り込んで会場を離れたとある。イタリアでは国民的映画監督のベルトルッチ組の一員と認知され、イタリア公演はいつも盛況だった。

ヨーロッパ最後の七月二十七日ロンドン公演も、ふだんはクールなロンドンの観客がこのトリオの演奏に向かってはコンサート序盤から熱狂的な反応を示し、坂本龍一も「きょうのみんなはまるで(熱狂的な)イタリアの人たちみたいだね」とMCでジョークを言うほどだった。アンコールも四回を数えた。

映画『ラストエンペラー』の撮影以来、約十年ぶりに訪れた中国、そして香港や台湾の公演を経て、最後は日本。ここで特筆すべき公演だったのは八月二十八日の東京、オーチャードホールだ。この日は前年にくらべて格段にクオリティが上がったインターネット中継が成功したというトピックもあったが、坂本龍一にとっては翌二十九日の同会場の公演に新宿高校での恩師が来てくれたことが感慨深かった。闘病中の恩師に対し、「A Flower is not a Flower」を演奏するときにステージ上から「この曲をぼくの友人であり、恩師の前中に捧げる」とMCを行なった。客席からは恩師の「ありがとう！」という言葉が響き、坂本龍一は泣きながら演奏を行なう。恩師はほどなくして亡くなった。

ワールド・ツアーは成功だった。前述のロンドン公演のダイアリーの一節にこうある。

「なんでたった三人のこの形態がこんなに受けるんだ。なんでいつものポップスの（バンド）形態だとあまり受けないんだ。まあ、答えはわかっている。このトリオのほうが音楽に力があるからだ。（中略）このトリオの形態はぼくの音楽の〝核〟になるものだ。このトリオ（での表現）を中心にして、その上に好きなものを足せばいいんだ」

トリオ・ツアーの成功は、坂本龍一にとってはポップ・ミュージックを意識することなく、自然体でやりたい音楽を追求すればいいのだという姿勢になっていく。

この年の十二月十六日に茨城県の水戸芸術館ACM劇場で行なわれた、メディア・アーティストの岩井俊雄と行なった『現代音楽を楽しもう―XIII　MUSIC PLAYS IMAGES X IMAGES PLAY MUSIC』は、別な意味で第一歩であったのかもしれない。

坂本龍一のピアノ演奏の音が岩井俊雄のコンピューターによってインタラクティヴに映像化され、さらに映像の動きがＭＩＤＩで繋がれたピアノを鳴らし、即興的な音楽と映像のセッションが行なわれるというもの。

この企画はこの年の一月から坂本龍一と岩井俊雄のふたりが電子メールで密なやりとりを重ねて形になったもので、イベント＝コンサート＝メディア・アートはインターネットでリアル・タイムで中継され、多くのファンが実験的なイベントを見守った。

また、この頃にはインターネット時代の音楽のあり方、なかでも著作権のありようについて深く考えるようになっていた。

自身のサイト内に「a nous, La libertre! 自由を我等に」というネット時代の著作権について考察するページをオープンして積極的な情報発信を行なっていくことにした。

※第六章で引用された坂本龍一のコメントは、二〇一八年の『暗殺のオペラ』ライナーノートのためのインタビュー取材（※）、二〇一二年のアルバム『Three』のインタビュー取材（※※）から抜粋。

第七章

音楽家として、アクティヴィストとして

一九九七～二〇〇五

一九九七

この年の坂本龍一は、まず一月から日本で開始したオーケストラとのツアー『f』から始まった。以前にもオーケストラとのコンサートは行なったことがあったが、ツアーという形では初で、しかも一九九五年の『D&L』ツアーと同様にインターネットと接続して世界中の観客とインタラクティヴにやりとりをするという試みも加わっていた。一月二十八日に横浜アリーナで行なわれた公演では指揮者佐渡裕《ゆたか》と坂本龍一の動きをモーション・キャプチャーしてCG映像を動かすというチャレンジもし、世界初のMIDI音源配信も実験され、この試みで後の九月に朝日デジタル・エンターテインメント大賞ネットワーク部門個人賞を受賞することになる。

オーケストラとのツアーのための準備は前年からスタートしていた。ピアノ・トリオ形式でのワールド・ツアーが終わり、すぐに譜面の準備に取りかかった。過去の曲をオーケストラ用にアレンジしたほか、オーケストラ用の新曲を書くことも決めた。

その新曲は、前年の十一月の終わりに就寝中に夢の啓示を得て飛び上がって起き、そのままプライベート・スタジオに駆け込んで作曲を始めた。一口に新曲と言っても四、五分のポップスの曲とはちがい、一時間のオーケストラ作品だ。夢を見た十一月終わりから書き始めて、指に鉛筆ダコを作りながら延々とその作業は続いた。ついに完成したのは『f』ツアーのリハーサル初日の十二月二十五日の朝の九時。すぐに写譜に回して夜のリハーサルになんとか間に合うという緊迫した事態だった。

この時期、坂本龍一がオーケストラとコンサート・ツアーを行ない、新曲を書き下ろそうと決めた背景にはいくつもの事情や心境があったと当時のインタビューで語られている。

その代表的なものは前章で紹介したように、本人的には極上のポップ・アルバムを作ったつもりの『Sweet Revenge』『Smoochy』がポップ＝ポピュラー・ミュージックと言えるほどのポピュラリティー、つまり期待された売り上げに届かなかったことから、自分がポップスを目指す意味と意義が希薄に感じられるようになったこと。

新曲「Untitled 01」は映画音楽やオリンピックの音楽以外ではひさしぶりの自分のためのオーケストラ曲で、その曲想の大きな源となったのは社会問題だった。具体的にはニューヨークの自宅で観たテレビのルワンダ問題に関するドキュメンタリー番組から受けた衝撃だ。

一九九四年四月に始まり、それからの百日間で百万人が死んだ内戦によるジェノサイドの詳細と、そこから派生したルワンダ難民の現状を知り、強い憤りの感情が湧き上がって「Untitled 01」の第二楽章「Anger」となった。

この頃の坂本龍一には大きな内面的な変化が起こっていたとのことだ。それはルワンダのような社会的な問題にかかわろう、少なくとも発言や意思を表明していこうという変化だ。この年のオフィシャル・サイト掲載の日記には日本で審議が進められていた盗聴法（犯罪捜査のための通信傍受に関する法律。一九九九年成立）に関する懸念も記されている。

また、大貫妙子に紹介してもらった三枝龍生（当時は三枝誠）という整体師と懇意になり、三枝の師である野口晴哉の著作や思想に触れ身体や健康に対する観念が根本的に変わった。玄米を食べ、マクロビオティックを学び、足湯や半身浴も始めた。こうした身体や健康に対する関心から当然、環境問題にも敏感になってくる。

この当時、坂本龍一は新たなパートナーとその子供とマンハッタンの新たな住居に移っていた。そして日々子供と接するうちにさらに環境問題について考えるようになっていた。

こうしたさまざまな事柄が、オーケストラ作品という新しい命題に有機的に結びついていったのだ。

一月七日に大阪で幕を開けたオーケストラとの『f』ツアーは日本全国七か所十一公演を無事に終える（このツアーの途中には新幹線のホームで偶然にパティ・スミスと会って、坂本龍一の音楽をよく聴いているというパティ・スミスと将来の共演の約束もしたが未遂のままだ)。この『f』ツアーはオーケストラとのコンサートでありながら、ステージ上で当時勃興していた新しいクラブ・ミュージック「ドラムン・ベース」の第一人者のDJ、Spookyがオーケストラ・サウンドを生でリミックスするという先進的な試みも行なわれていた。

この『f』ツアーを受けて、「Untitled 01」を中心とした新しいアルバム『Discord』が、当時最新のメディアとして注目されていたCD-EXTRA(音楽CDに映像やインタラクティヴな要素があるコンピューター用のファイルやデータ、プログラムを追加したもの)形式で制作された。

さらに編集者の後藤繁雄が行なった坂本龍一との膨大な一問一答のインタビューを切り分けてインタラクティヴかつランダムに再生されるようにしたコンテンツなどを収録したCD-ROM作品『DECODO 20』も発表。音楽家であることのみにとどまらず、音楽を核にしたメディア・アートへの進出がこの頃にはもう始まっていた。

そうした仕事と並行して、この年はひさしぶりとなった大貫妙子のアルバム『ルーシー』をプロデュースしたほか、中谷美紀のアルバム、シングルの制作もあり、これらも話題となった。自身のレーベルgütとタワー・レコードと共同で立ち上げた派生レーベルgütbounceではアート・リンゼイや新人アーティストの作品、自身の未発売作品『Music for Yohji Yamamoto Collection 1995』、バルセロナ五輪のための曲を収めた『El Mar Mediterrani（地中海）』、さらにはアマチュアのデモ音源をセレクトした『güt On-Line 1996-1997』などさまざまな作品をリリースした。

さらにこの年の一月から放映されたテレビ・ドラマ『ストーカー　逃げきれぬ愛』（読売テレビ）のサウンドトラックを佐橋佳幸と共同制作し、その主題歌「The Other Side of Love」のヴォーカルに娘である坂本美雨を起用。主題歌を歌うシンガーがなかなか決まらない中で、東京のカラオケ店で歌う坂本美雨の歌声を聴いたマネージャーから推薦があり、坂本龍一は、実は坂本美雨が透明感のある繊細な歌声の持ち主であることを知る。そこで匿名で歌わないかと誘ったところ、グラフィック・デザイナーの道に進むつもりでいた坂本美雨も快諾。

Sister Mという匿名に近い芸名で坂本美雨が歌った「The Other Side of Love」はドラマの影響もあって大きな話題となるが、この曲のレコーディングを通して坂本美雨が音楽と歌のおもしろさに目覚めてしまったことは予想外の出来事だった。

シンガーの道に進みたいと希望しだした娘に対して、自分がきっかけを作ってしまっただけに、母親である矢野顕子のように強硬な反対もできず、翌年、実名である坂本美雨名義で本格的にデビューする娘のプロデュースを行なうことになる。

この年は、映画音楽として『愛の悪魔』、『スネーク・アイズ』の音楽の制作も行なっている。

前者はジョン・メイブリー監督による画家フランシス・ベーコンを主題にしたアート・フィルムで、監督からはピアノ曲を一曲入れてほしいという以外の注文は受けることなく、自由に、自分のソロ・アルバムのような気持ちで作り上げた。やはりほぼ注文なしで作ることができた『戦場のメリークリスマス』や『エスペラント』の系譜に連なった、限りなくオリジナル・ソロ作品に近い映画音楽となる。このサントラはとくに欧米において好評で、「映画音楽の地平を開く新しい音楽」と業界内でも高く評価されることになった。逆に後者はブライアン・デ・パルマ監督の細かく数多い注文に最大限に応えた職人的な仕事の結晶のハリウッド作品で、こちらの音楽はとくにヨーロッパで人気となった。同時期の極端に傾向のちがうこれら映画音楽二作は翌年に映画公開とともにサントラ・アルバムとしてリリースされる。

年末、十二月十九日から二十五日にかけて恵比寿ガーデンホールで行なわれた岩井俊雄とのコンサート『MPI×IPM』は有料ネット配信した。

この配信は一公演百人限定の三二〇×二四〇、もしくは二四〇×一八〇ドットの映像とFMラジオ相当の音質が可能になる百十二Kbpsという（当時としては）高品質の帯域保証をされたコースと、通常の五十六Kbpsの回線に視聴者がダイヤルアップ接続をするというもの。配信チケットの購入はビットキャッシュやサイバーコインが銀行振り込みとともに利用可能だった。料金は百十二Kbpsが千五百円、五十六Kbpsが三百三十円だった。

現在のネット環境からすると昔日の感はもちろんするが、現在に至るまでのインターネット普及期における貴重な実証実験になったことは論を俟《ま》たない。

先年から開始したネット時代の著作権を考える試みもさらに進めた。十二月に横浜で行なわれた『インターネット・カンファレンス'97』では論文「ミュージック・オン・インターネット」を発表。

「これまで音楽をリスナーに提供する手段としては、店頭でのCD販売、テレビなどのマスメディアの活用、コンサートの開催が主なものであった。しかし、音楽をリスナーに届ける手段としての利便性とライヴで活用した場合の無限の可能性を考えると、近い将来にはインターネットが音楽提供の最も有力な手段となるのではないかと考えられる。また、現在考えられないようなインターネットならではの音楽のあり方が今後現われてくる可能性もある。音楽の歴史を振り返ると、音楽は常に技術に触発されてそのスタイルや意味内容、表現の幅を変化させてきたのであり、現在日々変化し続けているインターネットが音楽の享受のされ方だけではなく、その表現スタイルや意味内容にも影響を与える可能性は大きい」

という冒頭で始まるこの論文の通り、ネット時代の音楽のあり方については、この後の坂本龍一にとってはつねに考察と試行錯誤を重ねていくこととなる。

一九九八

この年、坂本龍一は日本国内向けにおける配給のgütレーベルとフォーライフ・レコードを離れ、新たにワーナー・ミュージックと契約を行なった。

前年に引き続きプロデュースを行なっていた坂本美雨、中谷美紀もワーナー・ミュージックから作品をリリースすることになった。

通常は高名な音楽家が新しいレコード会社に移籍するとご祝儀的な華々しい作品が求められるものだが、坂本龍一はむしろ落ち着いた、いわゆるポップ・ミュージック的なものではない作品を作ることになる。

これまで十年以上に渡ってピアノ・ソロ・コンサートを行なってきたにもかかわらず、ピアノ・ソロのみのアルバムはこれまでなかった。『戦場のメリークリスマス』の曲をピアノで弾いたカセット・ブック『Avec Piano』やそのLP版『Coda』という例外的なものはあったが、書き下ろしのオリジナル曲をピアノで録音してアルバムにまとめるという試みは初めて。

こうした試みに挑戦することには理由もあった。翌一九九九年に上演されるオペラのために、一度自分のルーツであるピアノとピアノ曲に対峙《たいじ》し直し、そのことで新たな世界を築きたいという希望だ。

その具体性を決めるきっかけになったのはバッハの「マタイ受難曲」のコラールを聴き直したときだった。学校に行く前の子供になにかしら音楽の良作を聴かせることを毎日のモットーとしていた日々のあるときに、ふと選んだのが「マタイ受難曲」だった。

世界に数多くある音楽のうち、どれかひとつを選ぶならやはりこの曲だと再認識した坂本龍一は、そこから得たインスピレーションをもとにアルバムの各曲を書き下ろしていくことになったと当時のインタビューでは語られている。

そのため、当然、バッハに影響を受けた曲もできたが、それにとどまらずエリック・サティやジョン・ケージなど近世や現代音楽を意識した曲もできた。特殊な水中用マイクを使った曲、民族楽器の口琴を使った曲もできた。バッハから現代音楽、民族音楽、特殊な音響を駆使したテクノ的な作品までというまさに坂本龍一の少年期からの音楽遍歴を総括したような内容である。

完成した曲のピアノによる録音は初台のオペラシティの武満徹メモリアル・ホールで行なった。音の響きのよさを考慮しての選択だったが、それでもやはり批判ビラから晩年まで不思議な交流となった武満徹の名が冠された場所でこのような内容のアルバムをレコーディングするというのは一種の縁としか言いようがない。

このレコーディングの成果として生まれた作品群はアルバム『BTTB』としてまとめられた。BTTBはバック・トゥ・ザ・ベーシックの略。まさに基本に立ち返った作品だったが、同時にそれは未来へ播く種ともなった。

オペラはもちろん、二〇一七年に発表された『async』まで、この『BTTB』で用いられた手法はこの後の坂本龍一の作品にときには全面的に、あるいはところどころで顔を出していくことになる。

『BTTB』は十一月に収録曲の楽譜やMIDIデータ収録のフロッピー・ディスクを同梱した特装版が先行発売され、翌一九九九年一月に通常版がリリースされることになった。

この頃、坂本龍一はオペラ『LIFE』の準備に忙殺されていたが翌年に放映されることになるあるCMの音楽も書いていた。

三共製薬の栄養剤リゲインのCMのための曲で、坂本龍一は特別な感慨はなくさらりと書き下ろした。その曲は後に「Energy Flow」と名付けられることになる。

また、この年の三月には朝日新聞に「音楽著作権の独占管理改めよ」を寄稿。ここでは日本においてJASRACが音楽著作権を独占的に一元管理する現在のシステムではインターネット時代にふさわしい著作権者と使用者の相互利益を確保できないのではないかと問題提起をした。この後、坂本龍一はＪＡＳＲＡＣの競合となる新しい著作権管理会社の設立に尽力し、二〇〇〇年に誕生した新会社ジャパン・ライツ・クリアランス（ＪＲＣ）に自身の作品の著作権をＪＡＳＲＡＣから移行させ、ネット時代の音楽著作権管理に新しい制度を構築した。

このＪＲＣは二〇〇五年にはアップル社のアイチューンズ・ミュージック・ストアで日本人アーティスト・楽曲では初となる日本発の全世界同時配信のコーディネイト、配信業務を開始し、その中には坂本龍一のＣＤ未発売の『トニー滝谷』のサウンドトラック・アルバムなども含まれることになる。

また、ＪＲＣは二〇〇八年にはYouTubeにおける音楽利用の包括的許諾契約をGoogle社と締結し、坂本龍一作品を始めとしたＪＲＣ契約アーティストの楽曲がネットで広範囲で利用されることになった（ＪＲＣはその後イーライセンス社と合併して現在NEXTONE社となっている）。

一九九九

この年は前年から身を入れてきたオペラ『LIFE』の仕上げの年だった。『LIFE』は坂本龍一にとって自身もその大半近くを生きてきた二〇世紀を総括するオペラ作品だった。

ただ、このオペラは通常の意味でのオペラからは大きく逸脱するものでもあった。オーケストラがいて音楽を奏で、パフォーマーもいるというところまではクラシカルなオペラと通じるが、それ以上にオペラという名を借りたマルチメディア・インスタレーションという側面が大きかった。

この作品で坂本龍一は二〇世紀という時代を戦争と殺戮《さつりく》の世紀だと位置づけ、来るべき二一世紀をそのような時代にしないためにも、二〇世紀が産んだ技術、それは映像であり音響でありコンピューターとインターネットでもあるが、それらと人類が本来持つ文化や多様性を融合し、地球環境の持続性を模索しつつ二〇世紀の澱《おり》を一掃して前に進むべきだという意思をこめた。

オーケストラは〝正統〟的な西洋音楽のみならずアフリカ、モンゴル、琉球《りゅうきゅう》音楽のような〝辺境〟の音楽も等しく奏で、そこでダンス、身体表現も行なわれる。スクリーンにはローリー・アンダーソンやベルナルド・ベルトルッチ、ピナ・パウシェら二〇世紀の文化を代表する人たちとともに、ジェームズ・ラブロックやアマーティア・センといった各界の科学者、ダライ・ラマ十四世らの朗読やメッセージ映像、そして原爆の父であるオッペンハイマー博士の音声が流れる。文化と科学と宗教、そして環境。激動の二〇世紀を多層的に総括する大作オペラだった。

坂本龍一を支えるクリエイターも村上龍、浅田彰、原田大三郎、山本耀司、村井純といった一九八〇年代からの盟友たち。それらの中に、浅田彰の紹介でこのときが初顔合わせとなる若いアーティスト、高谷史郎もいた。高谷史郎は二一世紀に入っても坂本龍一と多くのコラボレーションを実現していくことになる。

五月にはモンゴル、七月にはラダックとオペラのための海外取材、視察も続き、さらには二百近くの映像、音の素材のサンプリングの許諾を得る作業も加わった（英国の元首相のウィンストン・チャーチルの音声の使用の許諾が降りたのは公演初日の本番三十分前という綱渡りもあった）。これら永遠に終わらないような感覚に陥った準備の時間もいよいよ最後となった。

朝日新聞創刊百二十周年記念、テレビ朝日開局四十周年記念の『A Ryuichi Sakamoto opela 1999 LIFE』はこの年の九月四日に大阪城ホールで幕を開けた。翌五日の同ホール公演後は、東京の日本武道館で九日から十二日までの四連続公演。

満員の観客はときに息を呑み、ときに呆然としつつ、この先鋭的なオペラ作品を受け止めた。坂本龍一にとっては全身全霊を尽くした渾身の作品となったが、この時点では戸惑いの雰囲気が大きかった。すぐには咀嚼できない膨大な情報が詰め込まれていたということもあっただろう。

映像やCD作品で記録も残されたこの大作オペラ『LIFE』の真髄が明らかになるのは、二一世紀を迎え、しかしその新世紀は坂本龍一のみならず世界の多くの人が願っていたような二〇世紀を反面教師にした平和で穏やかな時代とはならず、むしろより凄惨で暴力的な世紀であることが明らかになっていく頃だった。

『LIFE』の後、年末に仲間のクリエイティヴ・ディレクター、編集者、アート・ディレクターらが作ったcodeというグループに参加した。エコロジーを意識した表現とモノ作り、その流通を考える場で、codeは翌年から活動を本格化させていく。

また、この一九九九年は大島渚とのひさしぶりの仕事も行なった。映画『御法度』のサウンドトラック音楽の制作だが、この映画には俳優として北野武も出演しており、『戦場のメリークリスマス』以来の三者の共同作業だった。

この映画の撮影時には大島渚はすでに闘病生活に入っており、車椅子の上から指示を出したが、往年の大島節は健在で、現場のスタッフや俳優、そして坂本龍一も「大島さんのために」と愛情と気迫をこめてそれぞれの仕事に挑んだという。『御法度』は最後の監督作品となった。

二〇〇〇

二〇世紀の最後の二〇〇〇年、坂本龍一はオペラ『LIFE』の記録を映像作品『Optical LIFE』とライヴ・アルバム『RAW LIFE OSAKA』『RAW LIFE TOKYO』『Audio LIFE』にまとめる作業を続けた。

また、アルバム『BTTB』が世界発売されることになり、一月からそれにあわせたワールド・ツアーも敢行していた。

四月には韓国ソウルでのコンサートも行なった。前年、日本人の音楽公演が解禁され、その第一弾はソウルでの喜納昌吉のコンサートだったが、この年にはそれまであった客席数二千以下という条件も撤廃され、坂本龍一が初の大規模公演を行なった。この後、日本のアーティストの韓国公演は常態化していくことになった。

ただし、坂本龍一がコンサートを行なったこの年には、日本語の歌を収めたCDの発売はまだ解禁されておらず（二〇〇四年解禁）、坂本龍一のこの年までの韓国でのCDリリースは日本語曲のない『BTTB』や編集盤の『Cinemage』、『Ryuichi Sakamoto 2000』（『Smoochy』と『1996』からの選曲をした韓国オリジナル盤）ならびに『戦場のメリークリスマス』などのサウンドトラック・アルバムだった。

六月にはcodeの活動の一環として季刊誌『アンフィニッシュド』の第一号を刊行。坂本龍一と他のcodeのメンバーによるインタビューが主体の内容で、この創刊号では次のような人選となっている。

ダライ・ラマ十四世、HIROMIX、細野晴臣、高木善之、毛利衛、ブライアン・イーノ、デヴィッド・トゥープ、パンソニック、吉本隆明。

これら法王、音楽家、写真家、宇宙飛行士、思想家といった人々に坂本龍一をはじめとするメンバーはじっくり話を聴いていく。坂本龍一は以前よりフリー・チベットのサポートをしており、オペラ『LIFE』のための取材でラダックで面談したダライ・ラマ十四世からは強い感銘を受けたと後々まで語っている。これは二〇〇五年の発言だが、ラダックでの出会いをこうも言っている。

「法王のおっしゃっていることって、特別に目新しいことじゃないけど、側にいると光が感じられるんですよね。こういうこと、あんまり言わないんですけど（笑）。でも、あのとき、ああ、きっとイエス・キリストっていうのも、こういう人だったんだろうなあって思ったんですよ。当時のイスラエルの社会の中で、汚い格好をしたイエスに、でも大勢の人が仕事も家族も捨ててついて行っちゃうっていうのは、きっとこういう光を感じたからだなんだろうな、って。側にいたい、ついて行きたくなるっていう人がいるんだなって初めてわかった。そのことをデヴィッド・シルヴィアンに話したら〝なんでそのままついて行かなかったの？〟と真剣に訊かれて、そうか、ついて行けばよかった！　なんて思ってますけど（笑）」（※）

二〇世紀最後の年の二〇〇〇年はこうして終わった。激動となるのは翌二〇〇一年の後半からだった。

二〇〇一

二一世紀の最初の年。前年に自身のライフワークと位置付けた『LIFE』が完結し、これまでタイミングを待っていたプロジェクトが始動することになった。Morelenbaum^2 / Sakamoto（モレレンバウム2＋坂本龍一）だった。盟友のチェロ奏者、ジャケス・モレレンバウムとその妻でシンガーのパウラとのユニットだ。三人でアントニオ・カルロス・ジョビンの音楽を奏でる。

一九九五年にブラジルを訪問した際に、モレレンバウム夫妻が長年一緒に仕事をしていたアントニオ・カルロス・ジョビンの家に連れられ、生前にジョビンが使っていたピアノを弾かせてもらった。ピアノの上には坂本龍一も敬愛するドビュッシーやショパンの楽譜があり、窓の外からは鳥の声も聞こえた。いつかこういう環境の中でこのピアノで録音したいという思いを抱いたままでもあった。

モレレンバウム夫妻と坂本龍一は二〇〇一年一月にリオのジョビン宅を再び訪れ、そのピアノでジョビン曲のカヴァー曲集『CASA』をレコーディング。そのアルバムはこの年七月に発売されることになる。

「ぼくは一九九五年頃にブラジルに行って、リオのジョビンさんの家で未亡人のアナさんにお目にかかり、ジョビンさんのピアノを弾かせてもらい、彼の曲はもちろん、ジョビンさんの好きだったショパンやドビュッシーの曲、そして自分の曲も弾かせてもらいました。そのときのインスピレーションが『CASA』というアルバムになりました。『CASA』は発表されるとあちこちで評判になり、三年ほど、ぼくとジャケスと彼の奥さんのパウラ（やはりジョビンさんのバンドでバック・コーラスをしていました）と三人で日米欧をたくさんツアーしました。とてもいい思い出です。ジョビンさんやカエターノと一緒に演奏するということはブラジルでは本当にトップ中のトップの演奏者である証明なのですが、ジャケスは現在ますますその名声に拍車がかかって、演奏だけでなく作曲者や指揮者、あるいはブラジルのいろいろな歌手のプロデューサーとしても活躍しています」（※※※）

ブラジルから帰ってくると、坂本龍一らはcodeの機関誌『アンフィニッシュド』の第二号を発行し、ここでも作家、武道家、マクロビオティック研究者、地域通貨を研究する経済学者、宇宙物理学者などさまざまな分野の人たちをインタビュー。ここには村上龍のメールマガジンに掲載されていた、高校時代からの友人で、このときは自民党の政治家になっていた塩崎恭久、村上龍との鼎談も掲載された。

そして坂本龍一はこの後にまた大きなプロジェクトを手がけることになる。TBS開局五十周年特別企画地雷ゼロキャンペーン『地雷ZERO21世紀最初の祈り』だ。世界中の紛争地に埋められたままの地雷の問題を取り上げて注目を喚起すること、そして撤去活動をしているNGOを支援する、筑紫哲也が中心となってまとめ上げたチャリティ企画で、坂本龍一はこのプロジェクトのテーマ曲『Zero Landmine』を書き下ろし、世界各国のアーティストに声をかけてレコーディングを行なった。旧知のデヴィッド・シルヴィアンやクラフトワーク、シンディ・ローパー、ブライアン・イーノらの海外アーティストに加え、もちろん日本からも、SUGIZOや、グレイ、ミスター・チルドレンの桜井和寿、ドリームズ・カム・トゥルー、UAといった若い世代の他、細野晴臣、高橋幸宏、大貫妙子などの音楽仲間を含めた国内外の三十人以上のアーティスト、著名人が歌や演奏を行ない、ダイアナ元英国皇太子妃やダライ・ラマ法王等のメッセージも取り入れてレコーディングは終了。メインとなった楽曲は十八分を超える長さになっている。

そして四月三十日には筑紫哲也がキャスターを務めるTBS『NEWS23』の特別番組内で各国を結んでの生放送のライヴ演奏も行なわれた。当時スケッチ・ショウというユニットでの活動が活発化していた細野晴臣、高橋幸宏のふたりももちろん参加。翌二〇〇二年に発表されるスケッチ・ショウのデビュー・アルバムには坂本龍一も楽曲提供や演奏でゲスト参加しており、かつてのYMOでの葛藤が溶解し始めた時期でもあった。

『Zero Landmine』は長尺の全長版や短縮版、ピアノのみのインストゥルメンタル版などの各種5ヴァージョンを収めたアルバムとしてCD、アナログ盤で発表されたが、この作品の売り上げはすべて撤去活動をおこなっているNGOに寄付。

『Zero Landmine』の収益と寄付の詳細はTBSのサイト内で公開され、それは二〇二〇年まで継続。二〇二〇年三月までに、地雷ゼロキャンペーンは『Zero Landmine』の売り上げ、著作権収入と各種寄付をあわせて約五億三千万円を超える収入を得て、その金額で三百二十五万ヘクタールで地雷を除去。除去された遺棄地雷の数は不発弾を含めてなんと二万を超えている。多くの命を救うプロジェクトとなった。

このときから二十一年後、ロシアによるウクライナ進攻に伴う新たな戦争被害と地雷設置の報道が行なわれるなか、坂本龍一はチャリティ・シングル「Zero Landmine 2022」を発表している。悲劇は終わらない。

『Zero Landmine』の後はアルバム『CASA』が七月に発表された。それにあわせてMorelenbaum^2/Sakamotoは長期のワールド・ツアーを行なうことになった。演奏されるのは『CASA』に収録されているもの、あるいはその他のジョビンの関連作品で、坂本龍一の楽曲は「Tango」のみという、あくまでもMorelenbaum²/Sakamotoのコンサート・ツアーになった。

しかしこのツアーの合間の九月十一日、ニューヨークの自宅にいた坂本龍一は世界貿易センタービルの崩落を目撃する。9・11と称される全米同時多発テロだった。

二〇〇一年九月十一日午前八時四十六分にロウワー・マンハッタンの世界貿易センタービル北棟に、イスラム原理組織のテロリストにハイジャックされたアメリカン航空十一便が突入して爆発。ついで九時三分には南棟にユナイテッド航空一七五便が同じく突入。この二機の航空機の衝突と爆発炎上により、二時間もしないうちに両棟とも崩落した。救助活動を行なっていた警察、消防、そして周辺の建物も巻き込む、死者二千七百人を超える大惨事となった。

最初の北棟への航空機の突入の時点でニューヨーク、とくにマンハッタン島は騒然とし、世界貿易センタービルと同じくロウワー・マンハッタンにある自宅にいた坂本龍一もほどなく事件に気づき、家の外に出て世界貿易センタービルのほうを見ると火山の噴煙のような黒い煙が盛大に立ち上っていた。坂本龍一はカメラをつかんで外に飛び出し、レンズを通して惨事を目に焼き付けた。

世界貿易センタービルが崩落した頃には、このテロ事件がニューヨークに限ったものではなく、東海岸の広域で同時多発的に行なわれていることも報道されるようになっていた。

アメリカは厳戒体制に入り、民間機の飛行はすべて禁止された。ニューヨークの上空に見えるのは報道、消防、警察、軍のヘリコプターと警戒飛行を続ける空軍の戦闘機だけ。報道も混乱し、情報は錯綜した。

坂本龍一もテレビとインターネットで情報を収集し、それは長期間続くことになる。

マンハッタン島と対岸を繋ぐ橋とトンネルも長期間封鎖された。坂本龍一はマンハッタンからの避難を考えて四輪駆動のSUVを購入し、水や保存食品をそこに詰め込んだ。家族や友人のためのガスマスクも入手した。次のテロが核や化学兵器を使用したものになる可能性もあったのだ。

さいわい緊急の避難をする必要には迫られなかったが、アメリカ、とりわけニューヨークは混乱と悲しみの日々が続いた。ローカルのラジオ曲では戦争や殺人、テロに言及あるいはそれらを思い起こさせる音楽は放送自粛となる。その中にはジョン・レノンの「イマジン」まであった。

マンハッタンでは音楽が消えたような状態になったと坂本龍一は自伝『音楽は自由にする』で書いている。自分自身も音楽を作ったり聴いたりする気にはなれなかったとも。しかし、このとき、チェルノブイリ（現チョルノービリ）原子力発電所の事故被災地のその後を題材にした映画『アレクセイと泉』の音楽の制作の期限が迫っており、ピアノに向かわざるを得なかった。「この音楽を作ることでこわばっていた心が溶けるようだった」と後に述懐している。

音楽のない日々に坂本龍一はインターネットに没頭していた。テロの全貌はもちろん、ニューヨークをはじめとする各地の被害状況などを把握しようと努め、さらにはこの惨事をどう受け止め、理解すべきかのヒントになる論考を検索する毎日。友人、知人も同じことをしており、相互の情報交換はやがてゆるやかなネットワークに成長していった。

そうした情報交換から生まれたのが、この年の十二月に刊行された論考集『非戦』だ。坂本龍一＋サスティナビリィ・フォー・ピースの名義で出版された『非戦』は友人である見城徹の出版社の幻冬舎から出版された。

そこには坂本龍一自身の論考「報復しないのが真の勇気」や村上龍、中田正一、大貫妙子、桜井和寿らによるこの本のためのオリジナルのテキストとともに、ガンジーやマーティン・ルーサー・キング、オノ・ヨーコらの過去の名言、そして世界中のメディアに掲載されたものから選んだ論考が転載されている。

「〝非戦〟という言葉は、いまではけっこう当たり前のものになりつつありますけど、実は、あの言葉を作ったときにすごく考えたんですよ。それまでは〝反戦〟しかなかった。〝反戦〟っていうと、やっぱり拳を振り上げているイメージがあるじゃないですか。でも、それってちがうよなって、二〇〇一年の9・11以降を考えたときに感じたんです。〝反戦〟と言っちゃうと、ブッシュに代表される勢力とガチンコしなきゃいけない」（※※）

これは二〇一七年に当時を振り返っての発言だが、同時にそれは一九六〇〜一九七〇年代のカウンター・カルチャーとはまた別のものだという意識もあった。

「六〇〜七〇年代って、たしかにベトナム戦争反対と関連してロックがひとつのカウンター・カルチャーとしての役割を果たしていたし、ジョン・レノンのようなロック・ミュージシャンも半ば自覚的にそのイコンとなってましたよね。でも、ぼくたちの場合はちょっとちがって、あれほど薔薇色の夢を持ってるわけじゃない。むしろ、ミュージシャンだろうと八百屋さんであろうと、どんな職業の人であれ、〝これはちがうんじゃないの？〟って言わないほうが不自然だろうぐらいの気持ちなんですよ。八百屋のおっちゃんも、ミュージシャンも、ジャーナリストも、職業関係なく、おかしいと思ったことは言えばいいじゃんという感覚」（※※）

『非戦』はこの種の書籍としては異例のベストセラーとなった。『非戦』出版に先立ち九月二十二日付けの朝日新聞オピニオン面「私の視点」欄に掲載された論考「報復しないのが真の勇気」には『非戦』に至る当時の坂本龍一の考えがよく現れており、なかでも「暴力は暴力の連鎖しか生まない。報復をすればさらに凶悪なテロの被害が、アメリカ人だけでなく世界中の人間に及ぶことになろう。巨大な破壊力をもってしまった人類は、パンドラの箱を開けてはいけない。本当の勇気とは報復しないことではないか。暴力の連鎖を断ち切ることではないか。人類の叡智《えいち》と勇気を誰《だれ》よりも示せるのは、世界一の力を自ら動かすことのできるブッシュ大統領、あなたではないのか」という一節は話題となった。

この論考は（https://www.sitesakamoto.com/wtc911/20010922-j.html）で全文を読むことができる。

二〇〇二

9・11の衝撃もまだ生々しい中、この年の二月に坂本龍一はアフリカ・ケニアに飛び立った。ケニアにはこれまで三年連続で訪れていたが、この時の目的は人類発祥の地であるアフリカで人間の暴力性の起源とそれを克服する知恵のヒントを得るためだった。

雑誌『ソトコト』との共同企画で、二月五日からのおよそ十日間の滞在期間中、坂本龍一は積極的に活動する。

まず考古学者、古人類学者に会い、トゥルカナ湖を訪れた。ここで発見されたのがトゥルカナ・ボーイと呼ばれる百五十〜百六十万年前の東アフリカの初期ヒト属（ホモ・エルガステル）の全身骨格の化石だ。

トゥルカナ族、エルモロ族、マサイ族の人々との交流もあった。マサイの小学校にはピアノを寄付した。ほとんどの生徒にとっては生まれて初めて見るピアノで、「Merry Christmas Mr. Lawrence」や「Bolerish」を弾いてみせる坂本龍一に対して、役割を持たない音楽が存在するということを奇異に感じていたようだった。

各部族の村では伝統的な音楽や歌をフィールド・レコーディングし、踊りも見学した。ここでのレコーディングは後日、アルバム『Elephantism』の制作に生かされることになる。

また、この旅での大きな目的である象の生態にも触れた。研究者のジョイス・プールに話を聞き、象の社会を勉強する。群同士の戦いを避け、話し合いで解決していく象の社会のあり方は人類の「非戦」のためのヒントになるのではないかと思ったそうだ。

坂本龍一は象の言語を用いたコミュニケーションを研究するジョイス・プールとともに、象が音楽にどんな反応を見せるか実験するため、キーボードを持って象たちに向かい、ここでも「戦場のメリークリスマス」を弾いた。当時の日記「エレファンティズム・ダイアリー」（DVDブック『Elephantism

坂本龍一のアフリカ』収録）によると、群れのリーダー象が「戦メリ」に反応している様子が見てとれてうれしかったとのこと。

また、codeの出版物『アンフィニッシュド』四号に掲載されるケニア在住のナチュラリストであり、サファリ・ガイドでもある加藤直邦のインタビューも行なわれた（三号はこの年の五月に発行）。

アルバム『Elephantism』はDVDに収録されたドキュメンタリー映像のBGMのための音楽だが、ここには前述のとおり、採集したマサイ族らの歌や音楽を自身の曲と融合させた楽曲も入っている。

『Elephantism』の作業を終えると『Derrida』や『アレクセイと泉』などいくつかの映画音楽の仕上げを経て、またMorelenbaum^2／Sakamotoのツアーが始まった。八月には、このMorelenbaum^2／Sakamotoの活動に対してブラジル政府から国家勲章が授与された。

同じ八月には日本に一時帰国していた際、病床にあった父に会い、これが最後の別れとなるかもしれないという思いを胸に病室を後にした。

また、青山のスパイラル・ホールで行なわれた細野晴臣と高橋幸宏による新しいユニット、スケッチ・ショウのショーケース・ライヴにシークレットでゲスト出演もした。一九九三年以来の元ＹＭＯの三人による演奏だった。その後すぐにMorelenbaum^2／Sakamotoのツアーが再開された。

翌九月、ツアー先のパリに向かう移動中に坂本龍一は父の訃報に接する。具合がよくないことはツアーに戻った当初から伝えられており、一時はツアーを離脱して日本に戻って父を看取《みと》ろうかとも考えていたが、それはやめていた。たとえ死に目にあえなくともそのほうが父の意向に沿うのではないかという思いがあったと後に語っている。

ツアー終了後に日本に戻った坂本龍一は父の偲《しの》ぶ会への出席者たちに当時の最新のベスト・アルバムを黒のジャケットで特装したCDを贈った。

九月にはスケッチ・ショウのアルバム『Audio Sponge』が発売。ここには「Wonderful to Me」「Supreme Secret」の二曲の作曲と演奏で参加している。

この二曲はニューヨークで坂本龍一が演奏データを作り、それをふたりに送って「自由にしてください」と託したとのこと。その言葉通り「Wonderful to Me」は元の演奏データの音色やアレンジなどを大胆に変えた。YMO時代だったら、坂本龍一の演奏や曲をこれほど大胆に手を加えるということはできなかっただろうし、考えもしなかったと細野晴臣と高橋幸宏は語っている。

このスケッチ・ショウへのゲスト参加を機に、ここから十年ほどのゆるやかなYMO再々結成期が続いていくことになる。

さらに、二〇〇二年はカールステン・ニコライとのコラボレーションが本格的に始まった年でもあった。カールステン・ニコライは一九六五年に東ドイツで生まれたアーティストで、本名では美術家としてグラフィック作品やインスタレーション作品を発表する一方、アルヴァ・ノトという名義を使って一九九〇年代末から実験的な電子音楽作品を生み出してきていた。

「最初は一九九八年に、東京で池田亮司がキュレーションをした『Experimental Express』という音楽イベントがあって、たまたま東京にいて時間があったぼくも観に行ったんです。そこにカールステンが出ていた。彼はそのときが日本で初めてのライヴだったそうですけど、終演後に池田亮司に紹介されて話すとおもしろい人だな、と。それですぐ『CASA』プロジェクトのリミックスを依頼してみたんです」（※※※）

Morelenbaum² / Sakamotoのライヴ・アルバム『Live in Tokyo 2001』に収録の「Insensatez」のリミックスだ。

「ぼくはものすごく好きなリミックスだったんだけど、ブラジル人のふたりからはまったく不評でした（笑）」（※※※）

そのリミックスを経て、最初の本格的なコラボレーションとなったのが、この年に出たアルヴァ・ノト＋坂本龍一名義のアルバム『vrioon』だった。坂本龍一の弾くピアノとアルヴァ・ノトの電子音響、ノイズが一体となった意欲的な電子音楽作品となった。

以降、両者は二十年を超えるコラボレーションを続けていく。

「お互いの音楽性が近くないからこそ続いているのかもしれない。音楽性が近いと被りもあって、むしろうまくいかない。カールステンとはかなり遠いぶん、お互いの持ち場がわかれていて距離がはっきりしている。その反面、気はとても合う。好みも合う。京都のお寺ではどこが好きとか（笑）。不思議ですよね」（※※※）

また、この年、ブライアン・デ・パルマ監督の映画『ファム・ファタール』の音楽を手掛け、その冒頭に監督の強い要望によってラベルの「ボレロ」をパスティーシュした楽曲「Bolerish」を作曲したが、ラベル財団から訴えられそうになるという椿事《ちんじ》も発生した。

二〇〇三

坂本龍一にとって二〇〇三年は9・11によって顕在化した世界の非対称性、それに起因する政治や経済の対立が環境負荷を深刻にしていく中、そうした現実にどう立ち向かえばいいのかを考えることが多い年だった。

この年に始めたことのひとつにアメリカ軍のイラク侵攻に抗議する『Chain Music』プロジェクトがある。

「ぼくが最初にきっかけとなるモチーフを作って、みなが知り合いに渡して、音楽がどんどん繋がって行くというのが『Chain Music』だった。モチーフにどう手を加えて、誰につないでいくかというのも受け取ったアーティストの自由。チェイン・レターみたいに、友達から友達、知り合いから知り合いにどんどん繋がっていくので、ぼくの全然知らない、グルジアとかギリシャなどの、ふだんあまり縁のない国のミュージシャンにも拡がっていった。それらの中にはそのときだけの人もいれば、クリスチャン・フェネスのようにあのとき知り合っていまもつきあいが続く人もいる。とてもおもしろい試みでした」（※※※）

また、前年に続きスケッチ・ショウのレコーディングに協力し、アルヴァ・ノトとのコラボレーションのツアーも始まった。

世界的な電子音楽の祭典であるスペイン・バルセロナの〝ソナー・フェスティヴァル〟にもヨーロッ

パ・ツアーの一環として出演したが、くしくも同フェスティヴァルにはスケッチ・ショウも招かれていた。

そして自身のレギュラー・ラジオ番組『radio sakamoto』があるFM局J-WAVEの企画によりデヴィッド・シルヴィアンとの共作シングル「World Citizen」を発表。

十月にはcodeの季刊誌『アンフィニッシュド』の最終号が発行された。codeの活動はこれをもって終了したが、その考えは構成していたメンバー各人の本業の中で生かされていくことになる。中心メンバーだった後藤繁雄、中島英樹（二〇二二年逝去）の以後の活躍はもちろん、codeの運営を担っていた三原寛子は「南風食堂」で、舛谷久美子は「ap bank」で活動の場を広げている。

二〇〇四

二月、坂本龍一は新しいアルバム『CHASM』を発表。アルバム・タイトルは「裂け目」の意。9・11と続く対テロ戦争で世界は分断され、引き裂かれたという思いがあった。

オリジナル・ソロ・アルバムとしては一九九九年の『BTTB』以来となるがピアノ・アルバムであった『BTTB』とちがい、『CHASM』はエレクトロニカ、電子音響を主体とした作品となった。

また、このアルバムは二一世紀初のアルバムであり、新しい世紀になって作ったコマーシャルのための音楽や、『Elephantism』の際にケニアで録音した環境音を取り入れた曲も並び、ここ数年の坂本龍一の音楽的な成果をまとめたものとなった。

この『CHASM』に引き続いて坂本龍一が取り組んだのはアルバム『/04』。

こちらは過去の曲をピアノ・ソロを主体にしたアレンジで再録音するという趣旨のアルバムで、過去の曲を再録音という意味ではピアノ・トリオ・アルバム『1996』と同系統の作品となるが、このときピアノで過去の曲を再録音するという行為は坂本龍一にとって大きな意味を持つことでもあった。

二〇〇一年から、坂本龍一はジャケス、パオラ・モレレンバウムとともにアントニオ・カルロス・ジョビンの曲を録音してアルバム『CASA』を発表し、それを演奏するワールド・ツアーを行なっていたが、そのツアーの間に坂本龍一は自分のピアノの演奏がそれ以前とは大きく変化したことに気づいたのだという。

『/04』とほぼ同時発売されたオフィシャル・スコアブック『坂本龍一/04』に掲載されたインタビューで、ジョビンの曲を弾くようになってテンポ感がまるで変わってしまったと語っている。それ以前はYMO時代にクリックを聴きながらシンセサイザーを演奏していたように、ピアノを弾くときも頭の中でクリックが鳴っており正確なテンポをキープしていた。しかしジョビン後は脳内クリックではなくその場そのときの気持ちに合わせて弾くのが楽しくなったとも。

また、『/04』に先立って制作されたルイ・ヴィトン百五十周年記念の非売品CDシングル曲の「+33」では、八台のピアノを多重録音した、さながらピアノによるオーケストラといった曲で、ピアノによるオーケストラというアイデアを発展させたピアノアレンジを試みた。過去のポップス系、電子音響系の楽曲もMIDIピアノでの連弾形式にすればピアノ曲として成立するというアイデアもあったという。

こうして『/04』は「Asience」や「Undercooled」のような近年の曲から「Perspective」「Riot in Lagos」のようなYMO時代の曲まで新しいピアノ曲として蘇《よみがえ》った楽曲が収録されている。また、『/04』と翌年のピアノ・アルバム『/05』のもうひとつの目的は、これを機に正式なピアノ譜を整えたいという目的があった。この頃には予兆がはっきりとし始めていたCDなどフィジカルの媒体での音楽の売り上げの減少～激減の時代に向けて、楽曲自体の出版権の整備も必要とされていた。

スケッチ・ショウとの関係も新たな段階に入った。

この年の六月に行なわれたスペイン・バルセロナのソナー・フェスティヴァルに三人揃って出演したのだ。名義はヒューマン・オーディオ・スポンジ（HAS）。これは前年にひさしぶりに三人共同で新曲

「Quarter Dream」を制作した際の名義。

ソナー・フェスティヴァルでは、HAS＝スケッチ・ショウ＋坂本龍一とパンフレットやサイトで紹介され、かつてのYMOを知る人々にとっては大ニュースになった。

三人での演奏曲はスケッチ・ショウと坂本龍一の近年のソロ曲で、スケッチ・ショウのアルバムや坂本龍一の『CHASM』の共通言語であるエレクトロニカを基調とした統一感のあるステージだった。『/04』で再アレンジした一九八〇年のYMOのレパートリー「Riot in Lagos」が演奏されたことも話題になった。

HASのコンサートは十月に東京で行なわれたソナー・フェスティヴァルの関連イベントでも行なわれ、このときにはコーネリアスこと小山田圭吾がギターで参加。小山田圭吾は二〇〇二年のスケッチ・ショウのコンサートにもゲスト出演しており、以降、元YMOのメンバーとは密接な関係になっていく。

また、この年、坂本龍一はアクティヴィストとしての姿勢をさらに鮮明にする。前年から法案が審議され四月の閣議決定のうえ第一五九国会に提出された「音楽レコードの還流防止措置」法案は、日本国内で日本盤として正規販売されているレコードやCDに対して、海外から安価な同内容の輸入盤を仕入れて販売することを禁止するのが目的のもの。

主にアジアなどで生産されている日本人アーティストの安価なCDの輸入を防ぎたい音楽業界の要請による法案だったが、この法案は解釈によってはビートルズなどの洋楽アーティストの輸入も阻むことができるというものだった。このような疑念が日本の音楽ファンの間に拡がり、音楽評論家らによるシンポジウムが開かれて日本盤でも輸入盤でもどちらでも選択できるという権利の保護を訴えた。坂本龍一もこれに呼応し、七百名を超えるアーティスト、音楽関係者らの共同声明「私たち音楽関係者は、著作権法改正による輸入CD規制に反対します」に参加し、メディアでも積極的に発言した。法案は国会で可決されて二〇〇五年一月から施行されたが、こうした音楽関係者の姿勢やそれに同調した音楽ファン、輸入レコード店らの厳しい監視にさらされた結果、さらに音楽の聴取方法がCDなど物理メディアからインターネットに移っていったことで法案は有名無実のものとなり現在に至っている。

二〇〇五

前年に発表されたソロ・アルバム『CHASM』を受けたバンド・ツアー「ジャパン・ツアー2005」を夏

に、ソロ・ピアノ・ツアー「Playing the Piano/05」を十二月にと、この年二本の国内ツアーを行なった坂本龍一は、これらのツアーにおけるコンサートの全消費電力を自然エネルギーでまかなうことを決定。二〇〇一年からコンサートでは使用する電力の一部を再生可能エネルギーで代替してきたが、それを徹底することにした。ニューヨークの自宅で消費する電力もすべて代替エネルギーに転換した。

「ジャパン・ツアー2005」のパンフレットは音楽ツアーのパンフレットでありながら、当時の最先端のエコロジー、環境問題に関する論考のテキストがぎっしりと詰め込まれ、それまでの坂本龍一のツアー・パンフレットがいずれもグラフィック重視で言葉が少ないものだっただけに旧来のファンを驚かせた。それは環境問題に対する坂本龍一の真剣さが伝わってくるものであった。

かつて9・11を受けて仲間との間でネットワークを作り、それが『非戦』に結実したが、そのときのゆるやかなネットワークはこの頃にはアーティスツ・パワー(ａｐ)というメーリング・リストに発展していた。この後の坂本龍一の環境問題にかかわる活動にとって、ａｐは重要なツールとなっていくほか、ここから派生して、音楽家の小林武史、桜井和寿とともに資金を出し合い、環境保護活動に取り組む個人や団体への融資を行なうための金融機関「ap bank」もこの年に設立している。

八月には坂本龍一がアレンジ、プロデュースする元《はじめ》ちとせの反核・反戦のメッセージ・ソング「死んだ女の子」を発表。広島原爆ドーム前でのパフォーマンスに参加。九月には『/04』の続編であるピアノによる自作曲の再録音アルバム『/05』が発売された。この年には他にも、映画『星になった少年』のサウンド・トラック・アルバムを発表。

アルヴァ・ノトとのコラボレーションも活発で共作アルバム第二弾『insen』をリリースし、十月にヨーロッパ・ツアー、十二月も東京でコラボレーション・ライヴを行なっている。

そして、この年が一九九九年以来所属していたワーナー・ミュージックとの最後の年になった。坂本龍一はワーナーを離れ、新たなレコード会社との契約を行なう。そこでは共有地を作るつもりだった。

※第七章で引用された坂本龍一のコメントは、二〇〇五年の『ディクショナリー』誌のためのインタビュー取材（※）、二〇〇七年のイベント『ストップ・ロッカショ十周年記念』でのインタビュー取材（※※）、二〇一二年の『Three』のためのインタビュー取材（※※※）、二〇二〇年の連載『教授動静』のためのインタビュー取材（※※※※）から抜粋。

第八章
新しい共有地とモア・トゥリーズ

二〇〇六～二〇一〇

二〇〇六

二月、ニューヨークで行なわれたナム・ジュン・パイクの葬儀に参列。セレモニーではパイクの有名なパフォーマンスにちなんで出席者達はネクタイを切り棺《ひつぎ》に入れた。

そしてこの年、坂本龍一は青森県六ヶ所村の核燃料再処理工場の問題を音楽やアートを通して情報を発信するWEBサイト『STOP-ROKKASHO.org』を創設。

三月のある日、グリーンピースのWEBサイトを覗いたところ、六ヶ所村の核燃料再処理工場に関する記事が掲載されており、そこでは工場が稼働した場合は一日で通常の原発の一年分の放射能を含んだ処理水や排気が海と大気中に放出されるとあった。しかもこの三月中に稼働に向けたアクティヴ試験が始まるともある。

それまで原子力発電に対してはいやだなという曖昧な否定の気持ちを持っていたが、この核燃料再処理工場が機となって原発と核の問題の資料に真剣に取り組むようになる。

日本のマスコミではほとんど報じられていない六ヶ所の問題をもっと知らしめたいという気持ちに

もなった。そして、そのWEBサイトではたんに学術的な資料や批判のテキストを置くのではなく、社会問題を提起する活動はヴィジュアルによる訴求力が弱いという社会運動の脆弱《ぜいじゃく》な部分にも力を入れ、ファッション的にも広く関心を持ってもらえるよう音楽や映像も取り入れた。

米国在住のラッパーSing02、ダミアン・ハーストやデヴィッド・ボウイなどとのコラボレーションで世界的に評価される英国のデザイナーのジョナサン・バーンブルックらの協力を得て、その日のうちにサイトの構築を開始した。オリジナルの楽曲をダウンロードできるようにし、誰もがその曲のリミックスを作ったり映像を制作して拡散できる。外圧に弱い日本の政治や世論を念頭に、サイト構築は日英をデフォルトとした。このとき制作したTシャツには脱原発に関する標語を入れようということになり、坂本龍一が考えたのが「no nukes, more trees」だった。

「no nukes, more treesって、あるとき、ぼくがなんとなく思いついた言葉なんですよ。まず、原発も核兵器も含めて〝核＝nuke〟はいやだ。で、no nukes。そのあとに、ふっと〝more trees〟って言葉が続いて浮かんじゃった。原発をやめてその跡地に木を植えようなんていうことでもないし、どうしてこのふたつのセンテンスが続いたのか自分でもよくわからないんだけど、なにか心にひっかかって気に入ったんです。no nukesという言葉にはちょっと腰が引ける人がたくさんいて、タブー視する人もいる。でも〝more trees〟には、どんな立場の人も、どんな職業の人も諸手を挙げて賛成してく

れる。あまりの大賛成ぶりに、逆にこっちがちょっと引いちゃうぐらい（笑）」（※※）

サイト『STOP-ROKKASHO.org』は五月十七日にオープンした。

イデオロギーが前面に出た硬派のサイトではなく、冒頭にクラフトワークが作ってくれたサウンド・ロゴがあり、ジョナサン・バーンブルックがキャッチーかつ上品にまとめたこのサイトには、内外の多数のアーティストからの賛同とコラボレーション作品が寄せられていくことになった。

こうした脱原発も含めた環境運動へのかかわりはこの年も盛んで、東京と京都の2都市で開催された、クラシック、邦楽、ジャズの若手演奏家が参加する「ロハスクラシック・コンサート2006」をプロデュース。日本では当時ＬＯＨＡＳ（Lifestyles of Health and Sustinability）という健康と環境、持続可能な社会生活を心がける生活スタイルを送ることが注目されてきていた。坂本龍一も積極的にその啓発に関わったのだが、一方では不満も抱いていたようだ。

それは、いわゆるＬＯＨＡＳ的なものが、スノッブで上品すぎるきらいがあるということ。上質な食や衣服、調度などがＬＯＨＡＳの名の下で紹介されることはいいことだとしても、なにかが足りないという思い。それは食欲と並ぶ人間の根源的なエネルギーである性が語れていないからではないか。そんな思いを抱いていたところで知ったのがノルウェーのＮＰＯ「ＦＦＦ」だった。このＮＰＯは有料制のポルノ・サイトで、その収益はすべて森林保護に当てられるというもの。二〇〇五年には十万ドルを保護団体へ寄付できたという。

ＦＦＦはFuck for Forestの略で、サイトでポルノを公開するだけでなく、主宰者らは積極的に公共空間で性行為をパフォーマンスとして行なっており、性は人間にとって隠微なものではなく、根源的な行為として堂々と行なわれるべきだという主張もしていた。

「ぼくも最初に雑誌で知ったときはなんだそれは！　って思ったんだけど、環境保護のためになにかをしたいけれど、自分たちには金も技術もない。それじゃあ、自分たちでできることで活動しようってことで、人前でＦｕｃｋして見物料を取って、それを保護のために寄付しよう！　自分たちにできることはＦｕｃｋだけだと。よくそんなこと思いついたなって。それまで誰も思いつかなかったことを思いつくって、夢のようなことだよね。希望やエネルギーが湧いてくるでしょ。これこそまさにクリエイションだなって思ったんですよ。音楽でもそれまで誰も考えつかなかったような音が、あるときポンと世界のどこからか現れる。本当に人間っておもしろいなあと」（※）

このアナーキーな集団に感化されて坂本龍一はエロ（性）とＬＯＨＡＳを結びつける〝ロハスピープルのための快適性生活マガジン〟を謳った雑誌『エロコト』を制作した。パートナーはアート・ディレクターの信藤三雄や宗教学者の中沢新一ら。リリー・フランキーや福岡伸一らも寄稿する不思議でエネルギッシュな〝エロ雑誌〟となっていた。編集長坂本龍一はこの雑誌で秋葉原のメイド喫茶を実地調査し、ヌード・グラビアも撮り下ろした。この頃、強く興味を持つようになっていた縄文文化のパワフルさと現代日本の性風俗に共通性を感じたりもしていた。高踏的な人文記事がありながらもヌード写真やアダルト・ヴィデオ、性具の広告も並ぶこの雑誌はいろいろな意味で話題を呼んだ。

この年は他にも、まだ現役の電子楽器の名器も含めた古い電気製品の流通を禁止する経済産業省の「PSE法」に、持続性のある経済を目指すという観点からも反対を表明し、多くのアーティストたちと行なった反対運動の結果、大幅な規制緩和を実現させた。

こうした活動を行なう中、本業でも大きな転機を迎えた。音楽レーベルの域を超えたアーティストたちの共有地とすべく「commmons」を、日本国内向けにエイベックス・グループとともに設立。音楽をなるべく環境に負荷をかけないで人々のもとへ届ける最適な方法を探り、実現する新組織を結成したのだ。commmonsのひとつ多いmはmusicのm。

坂本龍一にとっては一九九〇年代の「gütt」以来の自身のレーベルとなったが、このcommmonsの場合は単純な音楽レーベルとはまたちがうもので、ある種のコミュニティであり、共有地を目指して設立されたものだった。当時、坂本龍一はこう語っている。

「レーベルというよりもむしろプラットホームというほうが近いかな。世界中の才能のある人に使ってもらいたいプラットホームですね。たとえば、世界中のアーティストが、みんなバラバラに制作や実務の苦労をしているんですよ。たとえば日本のミュージシャンだったら、音楽を作ることに専念すべき時間を英語のビジネスレター作りに使わなきゃいけないなんていう、エネルギーの無駄遣いをしている。そんな英文レター作成なんて、commonsでやるから、音楽作ってよ。そういうプラットホームを提供したいんです。ぼくは海外とのやり取りをもう二十年ぐらいやってきて、それなりのノウハウもあるし、それをcommonsというプラットホームを通してみんなに提供する」（※）

さらには作品の流通にも現状からの変化をもたらせたいという思いがあった。この二〇〇〇年代半ばは音楽をリスナーに届ける手段がCDからインターネットに移行する過渡期であり、一九八〇年代から音楽著作権や音楽の流通手段について考え続けてきた坂本龍一にとっては新しい流通を考えることは急務であるという気持ちが強かった。もちろんその流通のあり方は環境に配慮したものでなくてはならず、そこは解散したcodeの経験と実験が生かされるところでもあった。

「commonsの大きな役割として、ある創作物を、それを本当に必要としている人にちゃんと届けたいと思ってるんです。本当はそれを必要とするリスナーがちゃんといて、マーケットもあるのに、届かないために知られないままの音楽や才能がたくさんある。これまでの慣習みたいなものを乗り越えて、いろんなチャンネルを使い、必要としているところまで音楽を届けるシステムを作りたいんです。

いま音楽をＣＤとして売るというビジネスが過渡期に入っているでしょ。音楽をリスナーに届けるにはこれまではＣＤというチャンネルだけだったのが、いまは非常に多様化してますよね。その作品にあったチャンネル、それはこれまでどおりＣＤなのかもしれないし、配信なのかもしれないし、まったく別のものかもしれないけど、確実に必要としているリスナーに届くようにしたい」（※）

翌二〇〇七年からcommonsは本格的な活動をスタートすることになる。

この年、クリスチャン・フェネスとスペイン・マラガで行なわれた音楽フェスティヴァルに出演。アルヴァ・ノトともコラボレーションＥＰ『revep』を発表し、日本、香港、マカオ、オーストラリアを回るアジア・オセアニア・ツアー、二度にわたるヨーロッパでのツアーも行なった。

二〇〇七

一月には映画『SILK』の音楽の録音のためにカナダに飛び、小学生以来憧れのグレン・グールドのスタジオでグールドのピアノを弾き、建物の入り口付近に設置されていた銅像と2ショット写真も撮った。多忙な制作スケジュール中のほんのひとときの愉楽だ。かつてグールドの真似をして猫背でピアノを弾いて先生に怒られていた坂本少年は、いまも猫背気味で演奏する壮年になっていた。

二月にキリンラガービールのCMにYMOとして出演。同名義を使うのは一九八三年以来で、CMに使用された新録音の「Rydeen 79/07」もcommonsからダウンロード・シングルとしてリリースされた（後にCDも発売）。

五月十八日には『STOP-ROKKASHO』の活動一周年を記念した音楽とトークのイベントを六本木のクラブ、スーパー・デラックスで開催した。桑原茂一がプロデュースしたこのイベントでは、環境活動家の田中優やブロードキャスターのピーター・バラカンなど多彩なゲストが登場し、坂本龍一と対談や鼎談を行なったが、予告なしのサプライズで登場したのが細野晴臣と高橋幸宏だった。元YMOの三人はこのイベントの翌日にはHASにYMOを加えた新しい名義のHASYMOでコンサートを行なうことになっていたが、ここでの鼎談では三人で真剣に環境問題について語り合っている。

また、このイベントで発表されたのは「no nukes, more trees」という標語から発展的に誕生した森林保全団体である有限責任中間法人モア・トゥリーズ（後に一般社団法人化）の発足だった。以降、植樹をしての森づくりや、放置された人工林を整備して森林を再生させるプロジェクトのためのモア・トゥリーズは現在に至るまで坂本龍一のライフワークのひとつとして活発に活動を続けている。

モア・トゥリーズの活動についてはこの年の十一月の赤坂区民センターでの『みなと森と水会議2007』において、「坂本龍一のモア・トゥリーズ・ミーティング」が開かれて、モア・トゥリーズの活動コンセプトや森林再生への可能性などが具体的に語られ、翌年から本格的に活動をスタートすることになるがそれに先立って高知県梼原《ゆすはら》町にモア・トゥリーズの森第一号が誕生している。

古くからのファンを驚かせたのは、地球温暖化問題に取り組むアル・ゴア元アメリカ副大統領の呼びかけにより、世界九都市で同時開催されたチャリティ・イベント『ライヴ・アース』の京都特設会場にYMOがメイン・アクトで登場すると発表されたときだ。メンバーが同一であるHASYMOのコンサートこそ五月に行なわれていたものの、キリンラガービールのコマーシャルという架空の世界ではなく、現実世界においてもYMOが帰ってきた。これは坂本龍一をはじめメンバーにとってはインターネットやテレビで世界中に中継されるイベントなのだから、国際的に知名度が高いYMOで出演したほうが効果的だろうぐらいの軽い気持ちだったが、言霊《ことだま》的というか、これを機にYMOの再々結成が大きく前進することになる。

七月七日の七夕の日に京都東寺の特設会場で行なわれたYMOのステージは計四曲の短いものだったが、このステージを中継で観ていた英国のバンド、マッシヴ・アタックは翌年開催される自分たちがキュレーションする音楽イベントにYMOを招聘することを決めている。

また、この東寺でのYMOとしての出演の前々日、坂本龍一は高谷史郎とともに京都・大徳寺でラップトップを使用した実験ライヴを行なった。これは二〇〇四年に法然院で行なわれた高谷史郎とのコラボレーション・プロジェクト『庭園シリーズ』の一環。寺の庭などを借景として環境音も音響の一部として音楽に取り入れていく即興は、ライヴ・パフォーマンスとサウンド・インスタレーションの中間となるものだった。

この年の主なリリース作品は、映画『SILK』のサウンドトラック・アルバムのほか、クリスチャン・フェネスとのユニットFennesz&Sakamotoによるアルバム『cendre』、クリストファー・ウィリッツとのユニットWillits&Sakamotoによるアルバム『Ocean Fire』など。細野晴臣の還暦を記念したトリビュート・アルバム、映画『EX MACHINA - APPLESEED SAGA -』のサウンドトラック・アルバムにも楽曲の提供を行なっている。

また『STOP-ROKKASHO.org』では前年に発生した新潟中越沖地震で破損・停止した柏崎刈羽原発の安易な運転再開に反対する署名運動「おやすみなさい、柏崎刈羽原発。」キャンペーンを実施し、柏崎市、刈羽村で坂本龍一、大貫妙子、SUGIZOらのメッセージ映像を携えたアーティスツ・パワー有志による署名提出活動も行なった。その後二〇〇九年に再稼働は行なわれてしまったが、東日本大震災によってふたたび全基が休止し、テロ対策不備の指摘などもあって二〇二三年一月現在まで柏崎刈羽原発の再稼働は実現していない。

この年は他でもオペラ「LIFE」をベースにしたインスタレーション作品「LIFE - fluid, invisible,

inaudible…」を高谷史郎と共同制作。山口情報芸術センター（YCAM）、NTTインターコミュニケーション・センター（ICC）で展示されたほか、同名の書籍も発売され、作品の公開を記念したラップ・トップを使用した高谷史郎との即興ライヴも行なわれた。

また五月にはイタリア・ロヴェレートで行なわれた「ベルトルッチ・フェスティヴァル」にジャケス・モレレンバウムとともに出演して、ひさしぶりのトリオ編成でのライヴも行なっている。

そのほかアルヴァ・ノトともドイツ・マンハイム市の市政四百周年を記念したイベントのため、ドイツのアンサンブル・モデルンを招いた書き下ろし作品『utp』を十一月に上演した。

二〇〇八

四月、坂本龍一は銀座アップル・ストアで行なった記者会見でcommonsからリリースするCD、DVDなどのアイテムのすべてをカーボン・オフセットにすると発表。合言葉を「commons for GREEN!」として、対象第一弾は坂本龍一のソロCDシングル「koko」で、このCDシングルのレコーディングや製造の際に排出されるCO_2は1枚あたり約3kg。これをモア・トゥリーズを通して回収する仕組みが作られた。さらに売り上げの一部を植林のために使い、排出されたCO_2を自ら回収するカーボン・オフセットCDを実現したのだ。

また、commonsはKDDIと協力し、環境をもっと身近に感じ、楽しく継続的に環境問題に取り組める着うたサイト『ソラミド』を開設。サイトからダウンロードされた着うた楽曲からの、KDDI、アーティスト、commonsそれぞれの収益がモア・トゥリーズへ寄付されるほか、アーティストによるメッセージ、環境問題に関する日替わりコラムなど、環境問題に対する意識を高めていくサイトとすることを発表した。

6月にはNHKのエコ・プロジェクト「地球エコ2008 セーブ・ザ・フューチャー」のフィナーレを飾る生放送の音楽番組が放映され、坂本龍一はシンガーのalanによる同番組のイメージソング「懐かしい未来~longing future~」をプロデュースし、番組で共演した。

また、ロハスクラブと協力して、テイジンの完全循環型リサイクルシステム「エコサークル」で再生された繊維で作られる坂本龍一企画のエコバッグも発売。

こうして環境保護に邁進《まいしん》しつつ音楽の活動も精力的に行なった。六月にはクリスチャン・フェネスとのコラボレーションのイタリア・ツアーを行ない、そのままロンドンに赴いてYMOに合流した。ライヴ・アースでの東寺の公演以来のYMO名義でのコンサートは、会場のロイヤル・フェスティヴァル・ホールで六月十五日に開催。二十八年ぶりのロンドン公演となった。

「このロンドンでのコンサートではぼくのソロ曲の『Tibetan Dance』を演奏したのですけど、オペラ『LIFE』のときにぼくがダライ・ラマからもらったメッセージをさりげなくステージに投影する映像に埋め込んで、わかる人にはわかるというぐらいの感じでやったんです」（※※）

二〇〇八年の三月にはチベット自治区のラサで、チベット独立を訴えたデモとそれに起因する暴動があってチベットには世界から注目が集まっていた。ＹＭＯのロンドンでのコンサートに「Tibetan Dance」を演奏しようというのは高橋幸宏の進言だった。

ロンドンに続いて十九日にはスペインのヒホンでもコンサートを行なった。ＹＭＯがスペインでコンサートを行なうのはこれが初めてだったが、坂本龍一はヒホンこそ初訪問だったもののスペインは慣れ親しんだ国で気持ちよくコンサートができたそうだ、

八月にはＨＡＳＹＭＯ名義に戻って、高橋幸宏らがキュレーションする音楽フェスティバル『ワールド・ハピネス』にも出演。ＨＡＳＹＭＯのシングル『The City of Light / Tokyo Town Pages』も発表された。

これらこの年のＹＭＯ～ＨＡＳＹＭＯの活動を一段落させると、ニューヨークに戻っていよいよニュー・アルバムの制作を開始する。

しかしその内容に関しては考えるところもあった。

自身で立ち上げたレーベルからの初めてのアルバムだから、ふつうに考えると派手で話題になって売れるものがいいのだろう。

ところが、坂本龍一にとってソロ・アルバムとはもうそういう存在のものではなくなっていた。

「たとえば山下達郎は三〇年間、自分の世界を変えてないでしょう。それは消費者としては安心できますよね。達郎のコーナーに行けば、いつでも同じテイストの作品が買えるっていう。それが坂本のコーナーに行ったら一作ごとにちがうから、困っちゃうよね（笑）」（※※※）

これは二〇〇五年の発言だが、自分のシグネチャーを持たず、そのときどきで好きな音楽をやる。それはポップ・ミュージックの世界、いや、世の中のアート界全般からも歓迎されないことであることはわかっていた。このとき、自分のシグネチャーに固執せず、自由にスタイルを変えても許された芸術家は近年ではピカソぐらいだろうとも語り、すこし自嘲気味に自分は近年どんな内容のレコードを出そうとも売り上げはどれもほとんど変わらない、つまりどんな音楽を作っても許されるのではないかとも漏らしていた。

こうして自由に音楽を試行する中、九月の終わりから十月の初めには、直前に誘われた北極圏への旅に出た。これは科学者やアーティストが北極圏を航海する「ケープ・フェアウェル」というＵＫ発のプロジェクトで、坂本龍一はレコーディングに集中したかったので参加の約束を後悔していたが、ローリー・アンダーソンらとともに訪れたグリーンランドで、環境破壊のすさまじいスピードを目にして衝撃を受ける一方、環境破壊の進行で壊れるのは「人間世界／社会」であり、地球という天体自体はこれからも変容しながら生き続けるのだろうという、自然の力を実感する。

このグリーンランドでは氷河の音などのフィールド・レコーディングも行ない、ニュー・アルバムに大きく影響を与えることになった。

また、この年に当初全30巻を予定した坂本龍一監修のCD付き音楽全集『schola』の第一巻〝J.S.Bach〟編が刊行され、以降、定期的に刊行されていくことになる。その他、音楽を手がけたイラン映画『women without men』がヴェネツィア国際映画祭銀獅子賞（監督賞）を受賞した。

さらに『エロコト』に続く雑誌『ラブコト』の編集長をアート・ディレクターの信藤三雄とともに務めた。『エロコト』があまりにも扇情的すぎる上に男性視点の性に偏重しているという意見を受けて、この『ラブコト』は多くの女性ゲストを迎え、エロではなくラブとエコロジーをテーマに編集を行なった。

高知県中土佐町にモア・トゥリーズの森第二号も誕生。

二〇〇九

三月、五年ぶりのソロアルバム『out of noise』を発表した。前作の『CHASM』がラップやダンス・ビートを導入し比較的ポップなアルバムだったのに対し、ここではポップ・ミュージックへの目配りは減じた。「より音響的で、モノの音にこだわることにより八年後の『async』への道を拓く作品となった」と後に語られている。

デビュー以来の坂本龍一のキャリアを通じてトレードマーク的な存在であったシンセサイザーもこのアルバムでは一切使われず、ピアノや弦楽器、そして北極圏で採集したものも含む自然音のみで全曲が構成されている。坂本龍一の新境地ともいえるアルバムだった。

アルバム完成間近の前年十一月のファン向けメーリング・リスト「ジャーナルskmt」七十九号のコラムで坂本龍一はこう綴《つづ》っている。

「もう今はあまり、ひとにどう聴かれるかということには関心がなく、ただ自分が聴きたい音を、静かに紡いでいるという心境だ」

環境への目配りもアルバムのリリースと不可分になっていて、『out of noise』のＣＤはモア・トゥリーズを通してカーボン・オフセットされた通常のアルバム・パッケージのほか、パッケージングを極端に簡素にして環境への負荷を減らし、そのぶん販売価格を下げるパッケージ・レスCDを併売するなどの配慮がされたリリースとなった。

また、同作発表後の四年ぶりの国内ツアー「Playing the Piano 2009 Japan」ツアーは日本国内を二十四か所まわるという大規模なもの。全公演を約二十四時間以内にアップルのiTunesStoreにて配信したことも大きな話題となった。

「このツアーをやる前や、始めたすぐの頃は二十四回もコンサートをできるのかなって不安でしたね。でも最後の五〜六回のところまできちゃったら、逆に〝えっ、もう終わっちゃうの？〟ぐらいの気持ちになっていた。人間って不思議ですよね（笑）。だから、けっこうあっという間に終わっちゃったという印象かも。きっと、毎年ツアーやっている人とちがって、ぼくの場合はツアーって何年かに一度だから、ツアー頭というのかな、ツアーというモードやノリを普段は忘れてるんですよ。でも、いざツアーが始まってそういうモードが復活すると、十回も二十回も五十回もあまり変わらずにやっていけるっていうことだと思います」（※※※）

そしてここでもモア・トゥリーズと協力してツアーで排出されるCO_2のカーボン・オフセットを行ない、チケット購入者もチケット一枚当たり一kgのCO_2排出量を相殺できるという新しい試みを行なった。さらにコンサート・ツアーではカーボン・オフセットを実施するにとどまらず、楽屋に届く花の代わりに森林保全、植林活動を展開するモア・トゥリーズへの寄付を呼びかけたり、スタッフ全員が水道水を入れたマイ水筒を持ち歩くなど、エコ・コンシャスなツアーはさらに進化を続け、現在に至っている。また、前年からホクレンのテレビCMに使われていた楽曲「nord」を地域活性化のために、ホクレンの地元の北海道のみで限定発売。CDジャケットの印刷も、環境に配慮した事業活動を行なう札幌の印刷会社が手掛けた。

五月には伊勢丹百貨店がモア・トゥリーズと協力し、チャリティ・キャンペーンを実施。坂本龍一ほかモア・トゥリーズ賛同人がデザインした、オーガニック・コットンを使用したロー・カーボン、フェア・トレードによって製作したエコ・バッグをチャリティ販売している。

こうした音楽活動の現場における積極的な環境配慮への取り組みに対して、国連環境計画が世界環境デーの一環として実施するEcho Festivalにおいて「Echo Music Award」を授与されたほか、フランス政府から芸術文化勲章「オフィシエ」を授与される。この叙勲式でフィリップ・フォール駐日仏大使は「環境保護や地雷撤去などに活躍し、社会的態度を明確にしている芸術家でもある」と坂本龍一を評した。

「勲章をもらうほど音楽でフランスに貢献していないと思うんですけど、去年、こういう勲章を授けたいという連絡が来て、そのまま連絡がなくてすっかり忘れてた。それが今年になって、いきなり〝叙勲式のほうはどうしますか〟って。どうしますかって言われても、こちらもそういうモノをもらうのは初めてだし、どうしていいかわからない。そのままそう伝えたら、じゃあ、こちらで手配しますと。授与式はべつにやらなくてもいいやと思ってたんだけど、やらないと叙勲を拒否したことになっちゃうみたいで、では、おまかせします、と。向こうからとくに指定されたのは平服で来てください、ぐらいかな。1950年代に制度ができたまだ新しい賞なんですよ。それなのに等級は〝シュバリエ〟（騎士）〝オフィシエ〟（士官）〝コマンドール〟（司令）っていう、十字軍の騎士の階級のような呼び名がついてるんですね」（※※※）

八月には前年に続きHASYMOとして『ワールド・ハピネス』に出演し、九月にはモア・トゥリーズの提唱する森林再生プロジェクトに共鳴した「ルイ・ヴィトンの森」が誕生している。

秋に行なわれたソロ・ピアノによるヨーロッパ六カ国二十一都市を回るツアーも自動車会社アウディ・ジャパンのサポートにより百パーセントのカーボン・オフセットを実施。

十二月には大貫妙子をゲストに迎えての全7回のピアノ・ソロ・コンサートも開催。翌年の『UTAU』プロジェクトの前哨になった。

この年には他にもアサヒ飲料三ツ矢サイダーのCM楽曲「Aubade」を着うた配信限定発売したほ

か、DVD作品の『Playing the Piano 2009 Japan』を発表。テーマ曲を手がけたテレビ番組のサウンド・トラック『不毛地帯』のCD、そして初の自伝となる書籍『音楽は自由にする』などを発表した。NHKでのインタビュー番組を収録したDVDも『100年インタビュー坂本龍一』として発売されている。忙しく、充実した年だった。

二〇一〇

この年もまた忙しい一年になった。四月には生物多様性や環境問題も包含するテーマとしての動物保護を訴える「ペットと呼ばれる動物たちの生命を考える会」FreePetsを友人たちと共に立ち上げ、会のシンボルとなるキャラクターのイラストを提供。

同じ月、J-WAVEのレギュラー番組『radio sakamoto』のアーティストの大竹伸朗をゲストに迎えた回で、初のUstream（当時流行になりつつあったインターネットでの生配信システム）での生放送を行なう。

七月には東京で吉永小百合が原爆詩の朗読を行なう「平和への絆コンサート」に出演。以降、両者の共演は回数を重ねていく。

夏には大貫妙子の歌と坂本龍一のピアノのアルバム『UTAU』のレコーディングを北海道・札幌芸術の森スタジオで行なった。このプロジェクトは大貫妙子の希望によって実現したもので、坂本龍一の過去のインストゥルメンタルの楽曲に大貫妙子が新たな詞をつけて歌うもの、過去の大貫妙子とのコラボレーション曲、そして「a life」という新曲で構成されている。新曲「a life」はツイッターを意識した内容の歌詞となっているが、この当時は日本のツイッターはまだまだ牧歌的な世界で、坂本龍一はそこでファンとも気軽にやりとりをしていた。素朴な質問に答えたり、雑談をしたり、ときには電車の事故でコンサートに遅れそうだという書き込みに対して、じゃあ開演時間をちょっと遅らせるよなどという平和なやりとりも。ほんのひとときではあるが坂本龍一とツイッターの蜜月とも言える期間があった。九～十月にかけて行なわれたピアノ・ソロの北米ツアーの後、アルバム『UTAU』は十一月に発売された。

それを受けて十一月から始まった大貫妙子との国内ツアー『ア・プロジェクト・オブ・タエコ・オオヌキ&リュウイチ・サカモト・UTAUツアー・二〇一〇』においても前年のピアノ・ソロ・ツアーと同じく、全公演分のカーボン・オフセットをアウディ・ジャパンが後援して実施。また、『UTAU』国内ツアーのすべてはUstreamを使用してのインターネット・ライヴ中継を行ない話題となった。

この年は八月の『ワールド・ハピネス』への出演をＨＡＳＹＭＯではなくＹＭＯの名義を使用した。

四月に発売されたスコラの第五巻『ドラム&ベース』も細野晴臣と高橋幸宏を選者に迎え、付属のCDにはYMOによるビートルズとスライ&ザ・ファミリー・ストーンの新規カヴァー録音が収録されることにもなった。

このスコラ関連では音楽番組シリーズの「スコラ/坂本龍一 音楽の学校」のシーズン1がNHK Eテレで四月からスタートし、大きな話題となった。

そして、芸術分野での優れた業績を評価されて文化庁より芸術選奨「大衆芸能部門」の文部科学大臣賞を授与された。中沢新一との共著となる書籍『縄文聖地巡礼』、高谷史郎との共著『LIFE-TEXT』(オペラ『LIFE』に使用したテキストを編集したもの)の二種の書籍も刊行している。

※第八章で引用された坂本龍一のコメントは、二〇〇六年のタワーレコード『NO MUSIC NO LIFE』広告のためのインタビュー取材(※)、二〇〇七年のイベント『ストップ・ロッカショ十周年記念』でのインタビュー取材(※※)、二〇〇九年の『オウプナーズ』のためのインタビュー取材(※※※)、二〇〇五年の『ディクショナリー』誌のためのインタビュー取材(※※※※)から抜粋。

第九章
坂本龍一の東日本大震災
二〇一一〜二〇一四

二〇一一

年が明けて一月、坂本龍一は韓国ソウルでピアノ・コンサートを開催。このコンサートを日本全国でパブリック・ビューイングするプロジェクト『skmts サカモト・ソーシャル・プロジェクト』が友人やファンによって組織された。全国津々浦々の会場は、それこそ規模の大きなライブハウスやイベント・スペースなどから、開放された個人の住居、小さなカフェ、病院までさまざま。ソウルでのコンサートも、日本でのパブリック・ヴューイングも盛り上がり、二〇一一年は幸先《さいさき》よく幕を開けた。

三月十一日、午後二時四十六分。東日本大震災が発生した。このとき、坂本龍一は東京のレコーディング・スタジオで、手がけていた映画『一命』の音楽の録音の準備をしていた。ギター奏者の村治香織との録音を予定しており、待っているところで東京が揺れた。

震度五弱から五強の揺れ。東京のあちこちで建物に被害が発生し、死者や負傷者が出たという報が入る。しかしそれは東日本広域の巨大な被害の一部に過ぎなかったことがすぐに明らかになった。

東北各県では東京の震度を上回る大きな揺れで家屋の倒壊や火災が起きており、それだけでも被害は甚大だったが、さらには地震が原因となった大津波が東北から関東を襲い、これが被害をさらに大きなものにした。

十メートルから四十メートルに及んだ津波は多くの人命を奪い、街を破壊し、そして福島県のふたつの原子力発電所に壊滅的な被害をもたらした。

東北にくらべると相対的には軽微な被害にとどまった東京だが、公共交通機関は麻痺《まひ》し、道路も大渋滞した。

坂本龍一はレコーディングを終えて青山のビクタースタジオから六本木のホテルまで移動したが、都内の道路は尋常ではない渋滞で、電車も止まっている中、帰宅の手段を失った村治香織の宿泊の手配をした。

翌日になり、やがて、福島の原発の状況が報道されるようになった。福島県にふたつある原発のうち、とくに福島第一原発が地震と津波によって全電源を喪失し、原子炉の冷却ができなくなっていることも明らかになった。

冷却できない原子炉は核燃料の熱によって冷却水が蒸発し、さらに燃料棒が溶解して原子炉自体が溶け落ちるメルトダウン事故となる。一九七九年の米国スリーマイル原発事故や一九八六年のソビエトのチョルノービリ原発事故ですでに人類が経験していた出来事だ。

福島第一原発では、このメルトダウンの途中で燃料棒から発生した水素によって、三基の原子炉が次々に爆発して放射性物質を撒き散らした。三月十二日から十五日にかけての出来事だ。福島第一原発を保有する東京電力の発表によると、これらの爆発によって大気に放出された放射性物質はヨウ素換算で約九十京《けい》ベクレル。放射性物質を含んだ雲（プルーム）の多くは太平洋に流れたが、一部は東北から東京を含む東日本一帯に到達し、広範囲に放射能汚染を巻き起こした。日本政府は事態の沈静化を図ったものの、情報は錯綜し、危険を感じた人々が東日本からの脱出も始めていた。

坂本龍一は予定どおり三月中にはニューヨークに戻り、仕事を続けた。東京での、そして二〇一一年の予定はすべて白紙に戻った。

ニューヨークに戻った坂本龍一は東日本大震災による地震、津波被害、そして福島第一原子力発電所の事故による被害のためのさまざまなチャリティ活動を開始する。自身を含む世界中のアーティストから音楽、映像を提供にしてもらい募金を集める『KIZUNA』プロジェクト、地震と津波で失われた学校と子供たちの楽器を修復、新調する費用を集める『こどもの音楽再生基金』などをスタート。

他にも大友良英ら主宰の『プロジェクトFUKUSHIMA』などさまざまなチャリティ、ボランティア活動に参加した。

その間、六月にはYMOとして三十一年ぶりのアメリカ公演をロスアンジェルス、サンフランシスコの二都市で行なった。

これは前年から計画されていたもので、海外向けの新しいベスト・アルバムを用意するなど準備が進められてきたが、その様相は東日本大震災を経て大きく変わらざるを得なかった。

もともとは海外にあらためてYMOの音楽の魅力を伝えるということが主眼で、坂本龍一はベスト・アルバムの選曲のために、当時アメリカで大学生だった息子とその友人の意見も聞き、海外の若いリスナーに向けた曲を選んでいる。

また、アメリカ・ツアーも当初はニューヨークなどを含むそれなりの規模を予定していたが、社会情勢を考慮しロスアンジェルスとサンフランシスコのアメリカ西海岸二都市のショート・ツアーとなった。

さらにこのアメリカでの公演のうち、ロスアンジェルス、ハリウッド・ボウルでのコンサートはオノ・ヨーコらが主催する東日本大震災への復興チャリティ・イベントとなり、オノ・ヨーコをゲストに迎えてのものとなる。

一方、サンフランシスコは由緒あるウォーフィールドという会場でのコンサートで、二〇〇七年のHASYMO公演以来、これまで唯一のYMO名義での単独公演になり、公演の模様はWOWOWで放映されたほか、後日映像作品としてDVD、BDがリリースされることになった。

アメリカ公演を終えるとYMOは七月末に日本の音楽フェスティバル『フジロック・フェスティバル』、八月に例年通り『ワールド・ハピネス』に出演。この『ワールド・ハピネス』出演時にはYMOとして十八年ぶりの新曲「Fire Bird」を発表し、チャリティのためのダウンロード発売も行なっている。

こうしたYMOとしての活動の一方、坂本龍一は東日本大震災を受けて、この状況下だからこそ読んでほしい本のガイドブック『いまだから読みたい本　3・11後の日本』(小学館)を友人たちとともに編纂。

秋からはチェロのジャケス・モレレンバウム、インターネットでオーディションを行ない選ばれたヴァイオリンのジュディ・カンとともにトリオ編成でのヨーロッパ・ツアーを行なった。

このツアーを終えるとそのままポルトガルのポルトで翌年発売されるアルバム『Three』のレコーディングを行なった。アルバムを作ってからのツアーではなく、ツアーを行なって演奏の練度を高めてからレコーディングという試みだった。

「三人で二〇一一年の秋にヨーロッパでピアノ・トリオのライヴ・ツアーを行ない、ツアー終了直後にポルトガルのポルトという街でツアーの成果ともいえるレコーディングをしました。それがこの『Three』というアルバムに結実したわけです。アルバムの選曲については過去の自分の作品の中から、まずピアノ・トリオでのライヴにふさわしい作品を選び、ツアーで演奏し、それらたくさんの曲をツアー終了後にポルトの街のスタジオでレコーディングしました。もともと一九九六年に発表した『1996』というやはりピアノ・トリオという編成でレコーディングしたアルバムがありました。そのそのときからはずいぶん時が経ち、ぼく自身もずいぶん変化した。同じ曲であっても、感じ方もずいぶんと変わってきているものもある。そういう変化や、あるいは変わらない部分をそのまま反映させています」（※）

年末には恒例の銀座ヤマハ・ホールでのソロ・ピアノ・コンサートも開催された。この年の主なリリース作品は邦楽作品を沢井一恵から委嘱された「点と面」（指揮、演奏：佐渡裕＋沢井一恵）、邦楽器を使用した映画『一命』のサウンド・トラック作品などがある。

かつて邦楽器を作品に取り入れた武満徹をナショナリズムに加担するのかと批判したビラを撒いておよそ四十年後だった。

その他、クリスチャン・フェネス（この年のＹＭＯのコンサートのゲスト・ギタリストでもあった）

とのコラボレーション・アルバム『flumina』、アルヴァ・ノトとの『summvs』、を発売。邦楽に接近しつつ、ヨーロッパの実験、前衛音楽の二者と同時にコラボレーションのアルバムを出すというところが坂本龍一が坂本龍一たる所以《ゆえん》だろう。

二〇一二

この年も東日本大震災に関するチャリティの活動に多くの時間を割くことになった。前年から始まったモア・トゥリーズによる被災地支援プロジェクト「LIFE311」。これは、震災と津波の被害が大きかった東北地方の地産の木材を使っての仮設住宅作りや現地の林業の支援を通じての雇用促進を行なうというモア・トゥリーズならではの復興支援事業だった。

七月七、八日には坂本龍一が提唱した、クラフトワーク、ＹＭＯなど内外のアーティストが集まった脱原発音楽イベント『NO NUKES 2012』が千葉幕張メッセで二日間に渡って開催された。坂本龍一はＹＭＯとして出演するほか、様々なアーティストとコラボレーションのステージを行ない、イベントの公式ガイドブック『NO NUKES 2012　ぼくらの未来ガイドブック』の監修も行なった。

また、坂本龍一自身が出演交渉を行なったクラフトワークからは彼らの代表曲のひとつである「放射能」をこのイベントで日本語で歌いたい、さらには歌詞に福島も織り込みたいという相談を受けた。坂本龍一はさっそく日本語訳を行なった。以降、クラフトワークは世界各地のコンサートでこの坂本龍一訳詞の「放射能」ヴァージョンを演奏し続けている。

このように『STOP ROKKASHO』以来、脱原発に関して積極的に発言と活動を行なってきた坂本龍一だが、東日本大震災と福島第一原発の壊滅的な事故という事態を受けて、以前とはちがう反発も受けるようになってきた。

その代表例が、七月十六日に東京の代々木公園で行なわれた脱原発イベント『さよなら原発10万人集会』でのスピーチに対するものだ。

このとき坂本龍一は原子力発電とは要するに核分裂の熱で水を沸騰させて蒸気にし、それでタービンを動かして発電しているにすぎない。火力も水力も地熱も同様にタービンを動かして発電している。近年では風力や太陽光もある。さまざまな方法で製造できる電気というものは、つまるところたかが電気であると言い切った。原子力という危険で、廃棄物という将来への禍根を残すような発電に頼らなくとも、たかが電気なのだから他の方法で作ればいいという論旨だ。

「たかが電気のために、なんで命を危険にさらさなくてはいけないのでしょうか」と問い、さらには

「たかが電気のためにこの美しい日本、国の未来である子供の命を危険にさらすようなことはすべきではありません。お金より命です。経済より生命。子供を守りましょう。日本の国土を守りましょう」と締め括《くく》った。

坂本龍一自身がこれまで何年も主張してきた内容であり、脱原発のスピーチとしては普遍的な内容ですらあった。

しかし、これに保守系のメディアが嚙みついた。電気を使って音楽をやっているくせに「たかが電気」とはなにごとだと発言の一部を切り取って難癖をつけたのだ。坂本龍一のいう「たかが電気」は発電方法に関するものであって、エネルギーとしての電気の価値を毀損《きそん》するものでないことは明らかだ。しかし、福島第一原発の事故とそれに続く一時期の首都圏の電力供給制限でナーヴァスになっていた一部の人々は保守系メディアの煽動《せんどう》に乗って、坂本龍一バッシングを始めた。それはとくにツイッターなどSNS上で顕著で、ほんの三年前にはファンとほのぼのとしたやりとりの場であったツイッターは荒《すさ》んだ。後に坂本龍一はツイッターの日本語アカウントを削除している。

この頃から、反原発であることを理由にほぼ決まっていたコンサートのスポンサーがキャンセルを申し出るなど、以降いくつかの活動に支障をきたすこともあったが、それで意見を曲げることはなかった。

また、七月には強行された福井県大飯《おおい》原発の再稼動に反対する抗議活動の人びとのシュプレヒコールや声をコラージュした音楽作品「ODAKIAS」(再稼働＝Saikadoのスペルを〝反対〟にした)をインターネット上で発表。民主党政権への批判として行なわれた首相官邸、国会議事堂前の反原発抗議活動や集会などにも参加した。

八月にはチャリティで東北の被災地を積極的に回り、宮城県の東京エレクトロンホールでは「こどもの音楽再生基金」の活動の一環として、東北の学校の生徒たちが参加した『スクール・ミュージック・リヴァイヴァル・ライヴ』第一回も行なった。この活動はやがてライフワークのひとつにもなった東北ユースオーケストラに直結していくことになる。

十月には前年ポルトでレコーディングされたトリオ編成のアルバム『Three』がリリースされ、それに合わせたトリオ・ツアーが十二月に日本、韓国で開催された。日本ではスペシャル・コンサートとして初の『青山ブルーノート』でのコンサートも開催。

トリオ・ツアーの最終公演は坂本龍一が総合アーティスティック・ディレクターを務めた山口情報芸術センター(YCAM)の十周年記念祭のプレイベントとしてのコンサートとなった。

同月には第四六回衆議院議員総選挙が行なわれ、坂本龍一は「政治家のみなさんへ」というメッセージのサイトを開設。国内のさまざまな有識者からの政治家へのメッセージを掲載した。

全国の統一地方選に向けても各県の知事選の立候補者に原発政策に関するアンケートを送り、それをネット上で公開して有権者の判断の材料にするというサイト「候補者のエネルギー政策を知りたい有権者の会」も立ち上げた。

アクティヴィストとしての活動が目立った二〇一二年だったが、『Three』以外にもいくつかの作品がリリースされている。主なものとしてはコトリンゴとの共同作品となった映画サウンドトラック・アルバム『新しい靴を買わなくちゃ』、クリストファー・ウィリッツとのコラボレーション・アルバム『Ancient Future』、そしてYCAM限定発売のSachiko MとのコラボレーションのライヴCD「snow, silence, partially sunny」など。

また、この年に東京都美術館で開催された『メトロポリタン美術館展』のテーマ曲を制作し、同展の図録の添付CDシングルに収録された。

DVD、ブルーレイ作品ではテレビ・シリーズ「schola／坂本龍一 音楽の学校」での演奏シーンを集めた『schola TV』、前年のトリオのヨーロッパ・ツアーの模様を収録した『Trio Tour 2011 in Europe』がある。

また、11月から翌年2月まで、東京都現代美術館で開催された『東京アートミーティング［第3回］／アートと音楽－新たな共感覚をもとめて』の総合アドバイザーを務め、自身も高谷史郎、オノセイゲンとコラボレーションした新作インスタレーション作品「Silence spins」、高谷史郎とのコラボレーション作品「Collapsed」などを発表、同美術館でアルヴァ・ノトとのコンサートも行なった。また、展覧会と同時発売された同名の書籍の共著者にもなっている。

その他、書籍では竹村真一との対談集『地球を聴く－3・11後をめぐる対話』も上梓。

そしてこの年、スティーヴン・ノムラ・シブル監督による坂本龍一のドキュメンタリー映画の撮影もスタートした。シブル監督とは二〇一一年にニューヨークで行なわれた小出裕章氏の講演を聴きにきていた坂本龍一にシブル監督が声をかけて知り合った。この時点では『NO NUKES 2012』のドキュメンタリー映画になる予定で、シブル監督の熱意に応える形で映画が作られることになった。

二〇一三

この年は一月の大島渚の訃報からスタートした。坂本龍一は葬儀に参列し、弔辞を読んだ。テーマ曲を手掛けたNHK大河ドラマ『八重の桜』も始まり、サウンドトラック・アルバムも発表。二月には

「世界的な音楽活動に加え、反原発運動や環境問題への取り組みなど」が評価されて、米カリフォルニア大バークレー校日本研究センターから「バークレー日本賞」を授与された。

同時期、アルヴァ・ノトとともに欧州で公演を行い、アイスランドのレイキャビクで行なわれた『ソナー・フェスティヴァル』にも参加。

五月には日本で十六年ぶりとなるオーケストラとの共演コンサート、『Playing the Orchestra 2013』のツアーが行なわれた。大河ドラマ『八重の桜』を含む過去から近年の作品を新たにオーケストラ作品として編曲し、自身はピアノを弾いた。このオーケストラとのコンサートは好評で手応えも感じたが、指揮者の音楽の理解度への違和感もあり、自身の楽曲をオーケストラでやるのなら、指揮も自分ですべきと確認した。十六年前とはちがい、その後数多くの映画音楽の仕事などで指揮者としての経験を積んでいたこともある。周囲からもピアノを弾きながら指揮をする、「弾き振り」をしたほうがいいとアドバイスをされた。

翌年のオーケストラコンサートでは実際に弾き振りをした。

六月にはロンドンのロイヤル・フェスティヴァル・ホールで行なわれたオノ・ヨーコがキュレーションした音楽イベント『メルトダウン・フェスティバル』にも参加した。かつてローリー・アンダーソン、マッシヴ・アタックがキュレーションした際にもソロ、ＹＭＯとして出演したので、これが同フェスティヴァルへの三回目の登場となる。

また、チャリティ活動も盛んに行ない、三月には前年に続いての『NO NUKES 2013』イベント、八月には同じく『スクール・ミュージック・リヴァイヴァル・ライヴ』が継続開催されたほか、この年の九月から十月にかけて、宮城県松島町で開催された東北と世界をつなぐ音楽祭「ルツェルン・フェスティバル ARK NOVA松島２０１３」に全面協力し、十月には「坂本龍一 アペトペスッペ プログラム」として、東北の小中高生で編成された東北ユースオーケストラとの共演も行なった。

年末には恒例のＹＡＭＡＨＡホールでのピアノ・コンサートのほか、六本木ＥＸシアターで、高橋幸宏をゲストに迎えての細野晴臣とのジョイント・コンサートも行なわれた。

この年の主なリリース作品には、オーケストラとのコンサートの模様を収録した『Playing the Orchestra 2013』、『八重の桜』関連のサウンド・トラック作品のほか、テイラー・デュプリーとのコラボレーション・アルバムの『Disappearance』などのＣＤ作品がある。村上龍との対談書籍『村上龍と坂本龍一 21世紀のEV.Cafe』も発売された。

また、この年はメディア・アートの場での活動も盛んだった。三月のアラブ首長国連邦における『シャルジャ・ビエンナーレ』でも、高谷史郎、オノセイゲンとコラボレーションしたインスタレーション作品「Silence Spins」を発表したほか、七月にはアーティスティック・ディレクターとしてかかわっているYCAM10周年プログラムのために山口市に滞在し、新作インスタレーション「Forest Symphony」を制作・公開したほか、さまざまなプログラムを開催している。

さらに十一月から翌二〇一四年三月にかけて行なわれたYCAM10周年記念祭の一環の「坂本龍一ART-ENVIRONMENT-LIFE」に、坂本龍一＋高谷史郎「LIFE—fluid, invisible, inaudible... Ver.2」、坂本龍一＋YCAM InterLab「Forest Symphony」、坂本龍一＋高谷史郎「Water State 1」の三つのインスタレーション作品が発表、展示された。

二〇一四

一月、鈴木邦男との対談集『愛国者の憂鬱』を上梓。三月にはこの年七月から開催される札幌国際芸術祭のゲスト・ディレクターを務めることが公式に発表され、東京で会見を行なった。ちょうどこの頃、メディア・アートに傾倒するようになったきっかけを話している。

「もともとはドイツ人アーティストのカールステン・ニコライ（アルヴァ・ノト）と知りあったのが大

きなきっかけかな。十年ぐらい前に彼と音楽のコラボレーションをやることになった。彼は一方では美術作家でもあるので、YCAM（山口情報芸術センター）で作品の展示をしたんです。それを観にぼくもYCAMを訪れるようになった。それから縁ができて、二〇一二年にYCAM十周年記念の一年間に渡る音楽とアートというテーマでのキュレーションをやり、今年は札幌国際芸術祭。たしかにアートの仕事が続いています。十代のときから現代美術はとても好きでしたが、その道を目指したわけではないのに、ここにきてアート関係の仕事を頼まれることが多くなってきた。真鍋大度さんらの作品もそうですが、いまはアートとテクノロジーと音楽を組み合わせたメディア・アートの時代だと思っています。ぼくももともとコンピューターを使って音楽を作るということをYMOの頃からやってきたわけだし、テクノロジーとアートとは馴染みが深く、相性はいい。絵がうまいわけでも美術の才能があるわけでもないんですが……」（※※）

この他、オペラ『LIFE』を共に制作した高谷史郎と常々「LIFEの素材を別な形で作品にできないか」と話していたこともメディア・アート作品をつくるきっかけとなったとのこと。

四月には、今回は自身が指揮も担当する『Playing the Orchestra 2014』日本ツアーを行なう。近年はピアノ・ソロ、トリオ、このオーケストラのようにソロ・コンサートではコンピューターを使用せずにアコースティックな楽器編成となってきていたことについてもこう語っている。
「いまでも音楽を制作するときには日常的にコンピューターを使っているのだけど、ライヴで演奏するときには使わなくなってきてますね。みんながステージでコンピューターを使うようになったからかな。Ｍａｃを使って最新のプラグインを使っておもしろい音を出す若い人はいっぱいいるから、その真似はしたくない。せっかくピアノが弾けるんだから何百年も使われてきたピアノという楽器で、〝こんなに新しい音が出せるんだ！〟という発見をするほうが自分としてはおもしろいんです。オーケストラとの共演も、古いピアノである楽器でいろんな音を出していることとちょっと似てるんです。まだまだ自分がいいと思う音色がオーケストラという編成の中から出てくるんじゃないかなあと思ってる」（※※）
そして、このようなオーケストラ、あるいはピアノ・トリオ編成での自曲の再解釈で得られる発見も多い。
「たとえばかつてテクノポップとして書いた曲であっても、オーケストラに編曲しやすい曲もたくさんあって、そうか、この曲はそうしやすいんだなという発見をすることがあるんです。たとえば『Happy End』という曲などがそう。だいたい、イエロー・マジック・オーケストラなんていうバンドのために書いた曲だったんだから、そういうオーケストラ的要素がもともとあったんですね（笑）。もと

もとがシンフォニックなサウンドだったんです」(※※)

このオーケストラのツアー中にYMOの楽曲「東風」もオーケストラ演奏のために編曲を始め、なんとかツアー最終日の名古屋公演には間に合ったものの、リハーサルの時間が取れないということで演奏は断念。名古屋での終演後には来年もオーケストラとのコンサートをやるので、そこで「東風」もやると周囲に断言したのだが……。

その後、ホテル、パーク・ハイアット東京の開業二十周年記念のテーマ曲の録音と、新しいソロ・アルバムの準備が本格化する。新しいソロ・アルバムは、このときの目論見では翌二〇一五年にはリリースできるかなという感触だったようだ。

「来年には出る予定。だけど、今年も六分の一以上が終わってしまったのに、まだ一音も書いてないです……(笑)。来年の春に出したとしても六年ぶりのリリースになってしまう。インターバルがどんどん拡がっていて、死ぬまでにあと何枚出せるかっていう。二枚ぐらいしか出せないんじゃないかって話ですよ、もう(笑)。パソコンとDTMの登場以前は、レコーディングをするにしても他のミュージシャンと一緒に練習して、一時間なり一日なりをかけていいテイクが録れたら、それがゴールじゃないですか。ところが個人でコンピューターでやりだすと、ここがゴールという地点がない。リミット・レスなのでいくらでもやってられる。むかし、まだアナログの時代に『音楽図鑑』というアルバムを作って、そのときもリミット・レスで、本当は制作費という意味でのリミットはあったはずなんだけど（笑）、それをぼく本人は知らずに一年十か月もスタジオを借りてレコーディングし続けた。同じ曲をほんのちょっと変えるだけで録音し直し。いまはそういう変更も、コンピューター上で数字をいじるだけで簡単に変わるから、自宅でいくらでも『音楽図鑑』的な状況を続けられる。どこかでやめるっていう決意がいまは大事なんです」（※※）

しかし、開幕が迫った札幌国際芸術祭のゲスト・ディレクターの仕事に没頭している六月、喉の異変を感じて診察を受けたところ中咽頭《ちゅういんとう》ガンの罹患《りかん》が明らかとなる。

七月、中咽頭ガンであることを公表し、すべての活動を中止して治療に入ることを発表した。

坂本龍一はニューヨークで闘病生活に入った。

ニューヨーク移住以前から、病気らしい病気は初めてで、アメリカの医療ドラマなどの印象で医療現場は殺伐としているのではないかとの恐れはあったが、それは杞憂に終わる。

アメリカでのガン治療では通常の、入院はせずに通院という形で治療が始まったが、これがつらいものだった。患部である喉は痛み、満足な食事も取れない。当然体力が落ち、免疫が下がり、暗澹《あんたん》たる気持ちになった。それでも、心配しているだろうファンのために、毎月メーリング・リストでそのときどきの近況を報告した。気を張った前向きの内容が多いが、それでもときどき弱音は吐いた。なかでも痛切なのは八月十日付けの文章にあるこの一節だろう。

「高校や大学の頃、四十代、五十代という若さで亡くなった叔父たちを見舞いに行ったことを思い出す。〝龍ちゃん、死にたくないよ〟と泣いていた。僕は何も言えなかった」

それでも治療を続けながら、できる仕事は続けていた。八四年のアルバム『音楽図鑑』のリマスター再発売のための、ボーナス・トラックの選曲、そしてこの休養期間だからこその振り返りの作業として、二〇〇五年からこの年までにあちこちのために書いた曲、作った音楽を年鑑としてまとめた。翌年に発売される『Year Book 2005-2014』というコンピレーションのためのもので、選曲はもちろん、ブックレットに掲載するインタビュー取材も日本とスカイプを繋いで行なった。

シブル監督の映画の撮影も再開されたが、それは当初予定されていた音楽ドキュメンタリーから当然性質が変わる。撮影の再開は坂本龍一が患部のエコー映像を見せるところから始まり、それからは死と向き合った坂本龍一が新たな音楽作りを始める姿を追う作品になっていく。

闘病のうちにこの年は暮れる。坂本龍一は病気が治ったら絶対にまたこの好物を食べるのだという希望を持って、東京の行きつけのレストランのカツカレーの写真を貼って、病と戦った。

また、この年、パーク・ハイアット東京開業二十周年記念のCD『Timeless Passion』、前年の横浜でのピアノ・コンサートの模様を収めた『Playing the Piano 2013 in Yokohama』などのCD作品のほか、DVD、BD作品で『Schola Live on Television vol.2』がリリースされた。また、前年のオーケストラ・コンサートの模様も『Playing the Orchestra 2013』として、CD、BDで発売。十一月にはパーク・ハイアット東京のピークラウンジ&バーで、高谷史郎と共同制作したインスタレーション「LIFE-WELL―パーク・ハイアット・トーキョー・ヴァージョン」が展示され、それに合わせたオリジナル・カクテルも供されている。

そしてゲスト・ディレクターが現地に不在ながら札幌国際芸術祭は七〜九月に渡って無事開催され、目標を上回る約四十八万人の来場者を記録した。

※第九章で引用された坂本龍一のコメントは、二〇一二年の『Three』のためのインタビュー取材（※）、二〇一四年のCPRA『SANZUI』誌のためのインタビュー取材（※※）から抜粋。

第十章
病からの復帰と『async』

二〇一五～二〇一九

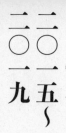

二〇一五

闘病は続いていたが、仕事の現場に戻っていった年でもあった。一月には映画芸術科学アカデミー会員の一人としてアカデミー各賞にノミネートされていた『バードマン』とその監督のアレハンドロ・ゴンザレス・イニャリトゥに一票を投じた。

誕生日の一月十七日には『Year Book 2005-2014』が発売。この年鑑は以降、シリーズ化されていくことになる。その他、『スコラ』の作業などもこなしていたが、本格的な復帰のための仕事となったのは映画『母と暮せば』の音楽作りだった。

前年の四月に『Playing the Orchestra 2014』の楽屋を訪れた山田洋次監督と主演女優の吉永小百合から直接の依頼を受けての制作となった映画音楽作品だ。

四月頃から体調のいいときにピアノに向かい、無理のない範囲で少しずつ作業は進んでいった。正統的な日本映画のための音楽を前面に据えつつも、ところどころで新しい試みを加えたこの音楽の制作がスタートしたころ、青天の霹靂《へきれき》とも言うべき依頼が飛び込んできた。

この年、見事『バードマン』がアカデミー賞を総舐《な》めにしたイニャリトゥ監督から、新作映画の音楽を頼みたいという連絡があったのだ。ふつうに考えれば断るしかないスケジュールの依頼でもあった。坂本龍一は迷った。迷いに迷い、それでもいまこの仕事を断ったら絶対に後悔するという自分の気持ちに従って引き受けることにした。しかし、引き受けたことを後々に後悔することになってしまうのだが。

「ほんとうは二〇一四年半ばに始まった治療からまるまる一年ぐらいは休んで、ゆっくり再スタートするという夢を見ていたんですけど（笑）、現実はそうもいかず。体も完全には復活していない四〜五月ぐらいから山田監督、イニャリトゥ監督の映画の音楽にかからなきゃいけなくなった。もちろん体調は心配でしたし、再スタートとしてはかなりハードなものになってしまった。『母と暮せば』だけだったら、それなりにゆっくりと活動再開できたと思うのだけど、イニャリトゥのほうは音楽の量も膨大。おそらく、ぼくがこれまでかかわった映画音楽の中でいちばん量が多い。全編ほぼ音楽がかかっている。それもあって途中からカールステン（・ニコライ）に助けを求めたし、監督の意向で（ブライアン・）デスナーが起用されたり。とてもひとりじゃ無理な量。そうやってふたりに助けてもらったのに、それでもものすごい量。体のことは心配だったんですけど、なんとかのり切った。そういう忙しさのストレスで体がまた悪くなっちゃうのか、そのストレスをバネにして意思力で体調が上がっていくのか賭けだったのですが、結果的には前よりも元気になった」（※）

イニャリトゥ監督は映画『バベル』(二〇〇六)で劇中に坂本作品を使うなど、以前から坂本龍一ファンとして知られており、雪と氷の原野を舞台にしたこの作品では、仮編集の段階から坂本龍一の当時最新のソロ・アルバムの『out of noise』の各曲を仮のサウンドトラックとして使用。『out of noise』は坂本龍一が北極圏を訪れた経験が作品に反映されるなど、まさに『ザ・レヴェナント：蘇えりし者』の世界にぴったりだった。

しかし、映画の撮影は難航し、雪不足のため重要なエンディングの冬のシーンを南半球で追加ロケ(季節が北半球と反対なので)を行なったため、映画の完成は延び、それにしたがってサウンドトラックの完成もギリギリのタイミングとなった。

そうした完成までのタイトなスケジュール、まだ療養中という時期による体力と気力への不安、そうした迷いを強引に乗りきっての作曲と録音になったが、その苦労は人生最大の挫折体験と言えるべきものだったらしい。

イニャリトゥ監督は映像だけではなく、音楽や音響にも徹底的にこだわる。そして監督からのオファーは、わかりやすいメロディのある音楽ではなく、重層的なサウンドをというもの。完成した映画音楽を聴くと、音楽と音響がシームレスに融合した作品になっているが、当初、坂本龍一は自分にどういう「音楽」が求められているかを把握するまでに時間がかかったという。完成までの時間がない中、監督と密に対話を重ね、ひとつひとつ音〜音楽を具体化していった。しかし、二時間半を超える長尺な映画であるため、当然、必要とされる音楽も多い。

長時間の作業は闘病中の身には過酷で、とうとう坂本龍一はひとりで音楽を完成させることを断念。友人のアルヴァ・ノトに助力を乞うた。自身の百パーセントの力を発揮しての独力での音楽制作が叶わなかったのは大きな悔いになってしまったと、自伝『ぼくはあと何回、満月を見るだろう』で回想している。

それでも本映画におけるレオナルド・ディカプリオが演じる主人公が直面する自然の厳しさと、人間という生き物が持つ美しさと醜さ。そうしたものが渾然《こんぜん》一体となった、オーケストラと電子音響が重層的ないくつものレイヤーとなって映画を彩る、坂本龍一の新しい局面を感じさせる音楽ができたし、それは次のソロ・アルバム『async』やその後の映画音楽作品などへの道筋にもなった。

この映画音楽を作り上げて、坂本龍一はいよいよ自身のソロ・アルバムへ取り掛かることに決めた。

「もともとは病気になった二〇一四年にソロ・アルバムを作ろうと計画してたんですけど、それが一年押し、二年押し、ついにこの二〇一六年に作ろうと。こういう大きな病気をしてみると、いつまでも時間があるわけじゃないということを本当に実感できた。シビアにそれがわかってしまった。これが最後のソロ・アルバムになるかもしれないぐらいの真剣な気持ちで作ります。いま自分が出したいものをすべて出し尽くすつもり。もちろん、いままでもそういう気持ちのつもりだったけれど、当たり前の言葉の悔いが残らないように」（※）

年末には日本を訪れて、いくつかの仕事をこなしたほかクリスマス・イブの十二月二十四日には母校の東京藝術大学で特別講義を行なっている。

その代わりに少人数で病気が治ったら絶対に行くと決めていたレストランに行ったが、ガンの治療中に体質改善のために当時は肉類を断っていたので、カツカレーは食べられなかったことが無念となった。

二〇一六

年の始まりに坂本龍一はこう語っている。

「今年は飛び込みでイニャリトゥ的なすごい依頼が突然入ってこなければ、ソロ・アルバムを作り、ライヴもしない年にする。そして二〇一七年に新しいアルバムを持ってライヴ活動も再開しようかな、と。ツアーのような長いものはできないけれど、日本とヨーロッパの都市をいくつか。ヨーロッパからはライヴをやってくれというオファーがコンスタントにあるので。これがいまのところの大まかな計画」

この年、山田洋次監督の『母と暮せば』、そしてアレハンドロ・ゴンサレス・イニャリトゥ監督の『レヴェナント：蘇えりし者』というふたつの映画音楽で復帰を果たした坂本龍一は、いよいよ人前にも登場する。二月にはロスアンジェルスで行われたゴールデン・グローブ賞の授賞式にも出席した。音楽賞にノミネートされていた『レヴェナント：蘇えりし者』は惜しくも受賞を逃した（アカデミー賞には、オリジナル・スコアの分量が明示されていなければならないとの規定があり、オリジナル楽曲とライセンス楽曲が混ざり合う場所もあったことから『レヴェナント：蘇えりし者』は音楽賞にノミネートされなかった）が、『レヴェナント：蘇えりし者』はゴールデン・グローブ賞でもアカデミー賞でも多くの賞を受賞し、坂本龍一とアルヴァ・ノトの音楽も大きな注目を集めた。

日本では四月に恵比寿ガーデンプレイスでcommmons十周年のお祝いでもあるイベント『健康音楽』が開かれた。

この不思議な名称のイベントは、もともとは坂本龍一が設立した音楽レーベル兼共有地をめざしたcommmonsの設立十周年ということがきっかけとなったが、レーベルの歩みをただふり返るようなものではなく、「健康と音楽のことを考える」という切り口でのものとなった。「食」や「身体」、そして「音楽」や「映画」や「笑い」など健康と文化がゆるく結びついた楽しいイベントになった。

人間が生きるという上では、「音楽」は「音楽」、「食」は「食」というようにきれいに物事として分類されるのではなく、分かちがたいものになっている。ガンの治療中にあらためてそう実感した坂本龍一の諸々が精神と身体の健康につながっているのだというメッセージだった。

実際、坂本龍一自身、病気からの回復後にはライフ・スタイルは大きく変えている。


この年はもう一本、映画音楽を手掛けた。吉田修一の複雑な構成の原作小説を見事に映像化した李相日（リ・サンイル）監督による、鬼気迫る迫力の映画『怒り』は、複数のストーリーが同時進行しながら有機的に絡み合う構成。

渡辺謙ら名優による迫真の演技で、要所での「怒り」のような剝き出しの感情があふれでるシーンが観客の胸を打つが、坂本龍一による音楽も、複雑なシナリオと演出を踏まえた多重的なもの。静かにミニマルに進行する音楽が、感情が爆発するようなシーンでは、音符も爆発するかのようなエモーショナルな響きを聴かせた。

このサウンドトラック作品の前作に当たる『レヴェナント：蘇えりし者』で切り開いた、オーケストレーションと電子音響の有機的な複合という境地を、さらに一歩進めた。

『健康音楽』での大貫妙子とのセッションなど、いくつかのステージには立ったが、本格的なライヴへの復帰はこの年の九月に米コネチカット州にある名建築家フィリップ・ジョンソン作の「Glass house（ガラスの家）」で、長年のコラボレーターであるアルヴァ・ノトと行なった即興演奏のステージだった。これは同所で開催された草間彌生の展覧会「ドッツ・オブセッション・アライヴ、シーキング、フォー・エターナル・ホープ」のオープニングとして行なわれたもので、二〇一八年にライヴ盤『Glass』として国内外で発売された。

ガラスの家を音を出す道具とした坂本龍一のここでの演奏は、この後のアルバム『async』でのコンサートでガラスの板を演奏する坂本龍一の姿につながっている。


そしていよいよニュー・アルバムの制作が佳境になり、それとともにその姿をカメラで追うスティーヴン・ノムラ・シブル監督のドキュメンタリー映画も完成に向かっていく。

また、この年には映画音楽の功労者に贈られる『ワールド・サウンドトラック・アワード』生涯功労賞を受賞。受賞記念としてディルク・ブロッセ指揮のブリュッセル・フィルハーモニック・オーケストラとともに演奏を行なったが、「映画音楽の作成プロセスは、映画の制作の最後に行なわれます。つまり、時間がなく、わずかな予算しかありません。これはどうあるべきでしょう？　作曲家に、より多くの時間、創造性のためのより多くのスペース、そしてもっとお金を与えてください！」というユーモア混じりのスピーチは喝采を浴びた。

二〇一七

この年、アルバム『async』完成。四月二十五、二十六日にはニューヨークのパーク・アヴェニュー・アーモリーで『async』をお披露目するコンサートを開催し、ビョーク、故ヨハン・ヨハンソン、ＯＰＮで知られるダニエル・ロパティン、マリーナ・アブラモビッチら多くのアーティストも観客として訪れた。そしてこのコンサートはシブル監督によって撮影され、映画『PERFORMANCE IN NEW YORK:async』として公開されることになる。

アルバム『async』は三月に日本で先行して発売され（世界各国では五月）たが、その発売日に行なわれたのが天王洲《てんのうず》アイルの寺田倉庫で開催されていたデヴィッド・ボウイの大回顧展『デヴィッド・ボウイ・イズ』のスペシャル・イベント。前年に逝去したボウイに捧げた「デヴィッド・ボウイ・スペシャル・ナイト　坂本龍一　トーク＆ライヴ」だ。このトークとライヴのイベントで、坂本龍一はラロトンガ島でのボウイとの濃密な思い出を語り、ボウイに捧げた特別な選曲のライヴ演奏を行った。

この日に発売のニュー・アルバム『async』冒頭曲の「andata」から始まったライヴは、映画『レヴェナント：蘇えりし者』のサウンドトラック曲や「Tamago 2004」など自身の作品に加え、バッハ、ショパン、モンポウ、ジョビンなどの、「ボウイに捧げるためのしっとりした曲」群も。

そしてコンサート本編の終わりは、一九八八年以来の演奏となる、『戦場のメリークリスマス』挿入曲の「Ride, Ride, Ride」、『戦場のメリークリスマス』のテーマ曲に続いていった。

さらに日本では四月四日から『async』にちなんだ坂本龍一の個展『設置音楽展』が青山のワタリウム美術館で開催された。

この展覧会では『async』の5・1チャンネル・サラウンドに高谷史郎が映像をつけたインスタレーション、タイの映画監督、アーティストのアピチャッポン・ウィラセタクンらによる『async』収録曲をモチーフにした映像作品、Zakkubalanの『async』制作現場を題にした映像作品などとともに、『async』のイメージのもととなった書籍や資料も展示された。

また、会場では来場者が坂本龍一への質問や展示の感想などをポストイットに書き込んで貼り付けていくコーナーも設置され、それらには後日、特設サイト上で坂本龍一が回答をするという試みも行なわれた。

ニューヨークに戻った坂本龍一は四月二十五日にトライベッカ映画祭に出席。

そこではいよいよ完成したドキュメンタリー映画『Ryuichi Sakamoto : CODA』（以下CODA）の全米初のプレミア公開が行なわれた。映画祭の会場となるマンハッタンのダウンタウンの各上映会場の中でも大会場となる映画館での上映だった。スティーヴン・ノムラ・シブル監督とのトーク・ショーも行なわれた。

「ぼくが、〝映画音楽家はいつも映画に合わせて音楽を作っている。しかし監督は、この『CODA』でぼくの音楽に合わせて映画を作ってくれた。これは生まれて初めての経験で喜ばしい〟と言ったら受けてました（笑）」（※※※）

映画は五月に日本でも公開され、以降世界各国で公開されていくことになる。映画を観た坂本龍一自身の感想はこうだ。

「最初は自分の映画だなんて照れ臭いし、いやだなあなんて思いながら試写で見たんだけど、けっこう引き込まれました。内容が濃い、詰まっているなと思った。ドキュメンタリー映画は往々にして長くて、そのぶん薄くてどんなによい題材でも2時間3時間あると退屈してしまう。シブル監督には、

だからできるだけ短くしてよと頼んでいたのですが、それを聞き入れてくれたのか簡潔で濃い内容になっていました」(※※)

たださすがに『CODA＝終章』というタイトルには最初は反対した。

「かなり抵抗した。終章だなんて、なに？　ぼくの人生はもう終わりなの？　って。でも、あの短い言葉で意味が深くて音楽用語でもあり、覚えやすいということで、まあ、それに替わるいいタイトルはないのかもと受け入れました。小説家が生きているうちに全集を出して完結させるみたいな感じですよね。終章の始まり、これからまた始まるんだという気持ちで。この後、作品が出品されるヴェネツィア国際映画祭に行きます。どう反応されるか恥ずかしい…」(※※)

坂本龍一も出席した第七十四回ヴェネツィア国際映画祭をはじめとして複数の映画祭に招待されたほか、映画界への貢献に対して東京国際映画祭SAMURAI賞も受賞。

四月には二十七日に、ブルックリンにあるライヴ・スペース『ナショナル・ソーダスト』での記念コンサートにも参加した。

この時期に取り組んでいた映画『天命の城』は初めての韓国映画の音楽作りだった。すでに韓国映画、ドラマのファンだった坂本龍一は大いに張り切って韓国～朝鮮の音楽や楽器を勉強して作曲、録音に臨んでいる。映画自体も音楽も意欲的な作品となった。

こうした中、坂本龍一は新しいオペラの構想を始めていた。

「病気をして治療が終わって回復し、身体と同時に頭のほうも本来の調子に戻ってきて、新しい知的好奇心もどんどんもたげてくる。そういう中で生まれた構想で、『LIFE』からそろそろ二十年ということもあり、『LIFE 2.0』というものになるのかな。まだまだ形にはなっていませんが、高谷史郎さんと組んで作ります。ちょっと構想を漏らしたらヨーロッパのいくつかのオペラ劇場から上演したいという声も挙がってきている。こうなった以上、実現させるしかないかな、と。そう、だからまだまだ終章じゃないんですよ（笑）。『LIFE』から二十年の二〇一九年に向けて新しいオペラを作ります。内容は、具体的な形にはまだなっていませんが、能楽の影響はかなり大きい。能をそのままやるのではないけれど、西洋と東洋を合体させた形のものになるはず。能楽師にも参加してもらいつつ、メディア・アート的でもあり、パフォーマンスやインスタレーションの要素も当然入る。フラットなスペースでもできれば、ステージの上に載せてもできる、フレキシブルな舞台になるんじゃないかな。今回は脚本も自分で書こうと思って、書きだしてもいます。生まれて初めての脚本の執筆なので勝手がわからず、もう大変です」（※※）

結果的にこのオペラは二〇二一年に初演されることになる。

この年の最後のイベントは十二月十三日から十七日まで、赤坂の草月会館、そのすぐ近くのカナダ大使館を会場として行なわれた『グレン・グールド・ギャザリング(GGG)』だった。

この二〇一七年はカナダが生んだ伝説的ピアニストのグレン・グールドの生誕八十五年と、その故国カナダ建国百五十年の年。これを記念して行なわれたのがGGGだ。

イベントのキュレーターは小学生の頃より熱狂的なグールドのファンであり、演奏スタイルなどにも大きな影響を受けた坂本龍一が選ばれた。小学生のときからのファンであるだけでなく、これまでグールドの名演を集めたコンピレーションCDを編纂したり、トロントのグールドのスタジオでレコーディングを行なったこともある。GGGというタイトルも自身で考案した。

「世界各国で研究されつくしているグールドに関して、新機軸での紹介というのは難しい。それよりもグールドの演奏や音楽に対して別の面から光を当ててみたい」(※※※)

そのために考案したイベントの柱が、三日間草月ホールで行なわれたコンサート。坂本龍一自身をはじめ、映画『レヴェナント:蘇えりし者』の音楽も一緒に作った長年のコラボレーター、友人のアルヴァ・ノト、同じく長年のコラボレーターのオーストリアのクリスチャン・フェネス、そしてクラシック界のみにとどまらず多方面で活躍するルクセンブルク出身のピアニスト、フランチェスコ・トリスターノの四者が、それぞれグールドの音楽を〝リモデル／リワーク〟するものだ。〝リモデル／リワーク〟とは、対象の音楽を再構築して新しい魅力を発見するという行為。四者ともこれまで自身の活動の中でエレクトロニクスを駆使した〝リモデル／リワーク〟作品を多く発表しており、このGGでの豪華なコラボレート・ライヴはグールド・ファンのみならず、電子音楽、現代音楽ファンも必見のものとなった。

二〇一八

二月九日から十八日にかけて原宿の表参道ヒルズスペースオー、ラフォーレミュージアム原宿で開催されたデジタル・テクノロジーで表現される現代美術のインスタレーション作品を集めた展覧会『MeCa』で、かつて2013年に山口情報芸術センターで披露された高谷史郎とのコラボレーション作品『Water State 1』が展示され、多くの人を集めた。

また、前年十二月から初台のICCで開催された坂本龍一と高谷史郎による津波ピアノをセンター・ピースにした新作インスタレーション『坂本龍一 with 高谷史郎—設置音楽2 IS YOUR TIME』展の会場内では『async』と親和性の高いライヴ・パフォーマンスが定期的に開催されたほか、『async』発表時に公募された同作収録曲の映像作品コンテストの「async短編映画コンペティション」入賞作品の上映も行なわれた。

年一回編纂されている年鑑シリーズの最新刊『Year Book 1985-1989』のリリースも二月二十八日に発売されたが、このとき、坂本龍一はベルリン国際映画祭審査員のためのドイツ滞在からフランスへ向けての旅をしていた。三月初旬にフランスでミニ・ツアーを行なうためだ。メス、パリ、ナントの三都市で計六回のコンサートを行なったのだが、これは『async』発表時にニューヨークで行なった「async - Live at Park Avenue Armory」を発展させたサウンド・インスタレーションとライヴ・パフォーマンスを共存させた新しい形態のもの。ここでの試みは後のオペラ（後に「シアター・ピース」と呼称を変える）の『TIME』へも繋がっていく。そしてアルヴァ・ノトとのツアーを除くとこれが現在のところソロとしては最後のツアーになっている。それが終わると今度は即座に日本へ移動。

日本での公の場での最初の仕事は、銀座のアップル・ストアで行なわれた映画『CODA』のDVD、ブルーレイ、配信での発売決定記念の対談トークイベントだった。

対談相手はもちろん『CODA』の監督であるスティーヴン・ノムラ・シブル。これまで東京やベネチア、前月のベルリンなど各地の国際映画祭でも話をしているだけにぴったりと息が合ったトークが披露された。

映画の根幹にかかわる津波ピアノやガン療養の話、そしてアルバム『async』制作の舞台裏など、貴重な話も多く話されたが、前年九月にベネチア映画祭で、坂本龍一自身にもアルバム『async』にも大きな影響を与えたソビエトの映画監督タルコフスキーの子息と出会い、モスクワ郊外にあるタルコフスキーが映画の撮影にも使ったコテージに招待されたというエピソードの披露も。

また、映画のDVD、ブルーレイ・ディスクに、二〇一七年の春にニューヨークで高谷史郎とともに行なったアルバム『async』をモチーフにしたライヴ・パフォーマンス『坂本龍一 PERFORMANCE IN NEW YORK : async』を同梱した限定版も発売された。

この年三月三十日には『async』が「第三十回ミュージック・ペンクラブ音楽賞」のポピュラー部門最優秀作に選出されるという慶事もあり、日本での日程を終えた坂本龍一はニューヨークへ戻っていった。それからは二本の映画の音楽と、アルバム『async』に参加した三味線奏者・本條秀慈郎《ひでじろう》に委嘱

された オリジナル三味線曲「honj I〜Ⅲ」の作曲に没頭した。

そして五月には韓国ソウルに渡る。五月二十六日から韓国ソウルに新しくオープンするアート・スペース『piknic』でオープニングを記念した大規模個展『坂本龍一・特別展 LIFE, LIFE』がスタートするのだ。

ここでは坂本龍一が二一世紀以降に力を入れてきたメディア・アート作品の代表作と、新アルバム『async』に関連した映像、インスタレーション、音響作品、そして一九八〇年代から今日までの坂本龍一の歩みや表現を包括するような写真展や活動歴の紹介と多岐に渡る構成になった。

この大規模な展示を企画したのは韓国のGLINTという会社で、ソウルの会賢洞(フェヒョンドン)にある古い建物をリノベーションしてオープンさせた『piknic』という新しいギャラリー〜アート・スペースのオープニング・イベントとして『LIFE, LIF E』が行なわれることになったというのが経緯。

『piknic』は地下一階、地上三階の大きな建物で、屋上のラウンジを含めた建物全体がエキシビションの会場で、ここに展示された主な作品は次のようなものだ。まずは長年のコラボレーターである高谷史郎と共同制作したメディア・アート作品。

『LIFE - fluid, invisible, inaudible...』(二〇〇九:高谷史郎とのコラボレーション)

『Water State 1』（二〇一三：高谷史郎とのコラボレーション）

そして前年にワタリウム美術館で行なわれた『設置音楽展』で公開されたアルバム『async』に関した三アーティストの映像、インスタレーション作品。

『async - surround』（二〇一七：高谷史郎）

『async - volume』（二〇一七：Zakkubalan）

『async - first light』（二〇一七：アピチャッポン・ウィーラセタークン）

さらに、開催地である韓国にゆかりの展示も行なわれた。

『電子の拓本　All Star Video』（一九八四：ナム・ジュン・パイク他）

『三つの流れの交わるところ　Where the three flows intersect』（二〇一八：Yoo Sung Jun）

前者は韓国が生んだ現代美術、メディア・アートのスーパースターであるナム・ジュン・パイクと坂本龍一らが組んだ日本におけるヴィデオ・アートの先駆的作品。後者は現代韓国のアーティストであるYoo Sung Junによる坂本龍一がかかわった映画作品などの映像をミックスしたオリジナル作品で、作品名は坂本龍一の自伝（韓国語版も出版されている）の一章のタイトルからというオマージュ的な一品だ。

そしてこの六月にヨーロッパでツアーを行なった、アルヴァ・ノトとの二〇〇五年のコラボレーション・ライヴの映像作品『insen』の上映や、坂本龍一がこれまで音楽を手がけてきた映画の紹介、さらにはドキュメンタリー映画『CODA』のダイジェスト版なども。

特筆すべきは、こうした坂本龍一のこれまでの音楽、アート方面の経歴を包括しているだけでなく、このエキシビションではもうひとつ、エコロジーなど坂本龍一の社会的な活動の面にも光を当てていたことだ。

このような大規模なエキシビションの場合、準備や企画に数年間の時間がかけられることも多い中、映画にこめられた熱が主催者を動かし、坂本龍一との数々のコラボレートを行なってきた日本の山口情報芸術センター（YCAM）が協力してこの異例の早さの開催が実現した。

尋常ではない早さでの開催のためこの『LIFE, LIFE』展の会場設営は五月二十四日の内覧会の当日まで細かい工事や施工が続くなど綱渡り気味ではあったものの、無事に完成した。

二十四日にはマスコミ、関係者向けの内覧会とパーティーにおけるあいさつで、まず主催者のキム・ブンサンがこの『LIFE, LIFE』を企画した思いについてこう語った。

「韓国人にとって、日本は近くて遠い国です。しかし私は学生時代に、日本に坂本龍一というアーティストがいることを知り、以来ずっとその活動を見つめてきました。坂本龍一の作り出すアートの力で、日本と韓国、そしてアジアの連帯と友情、そして平和が育まれていくことを望んでいます」

これに対し、坂本龍一も一九八一年に初めて韓国を訪れて以来、この国に親近感を持っていたこと、古くはナム・ジュン・パイクとの親交とコラボレーション、最近は韓国映画『天命の城』での韓国人クリエイターたちとの共同作業などに触れた上で、この韓国で開催される特別なエキシビションについての感慨も述べた。

「これまで日本での『設置音楽展』のような作品単体、あるいは限られた少数作品での展覧会はありましたが、今回のような大規模な総合展が行なわれるのは初めてです。それが親しみを感じるこの韓国において実現するということが本当にうれしい。しかし、今回の企画を初めて聞いたのは去年の十二月。しかも半年後の六月に開催ということで、それは絶対に無理だと思いましたが（笑）、主催者の熱意がすごくて本当にこうして開催されることになった。日本のＹＣＡＭにも協力してもらい、韓日のチームがひとつになって奇跡を起こしてくれました」

さらに展示作品のコラボレーターである高谷史郎、Zakkubalanのあいさつもありパーティーは内覧会、そして開催を記念するミニ・ピアノ・コンサートと続いていった。

この日の最後をしめくくったミニ・コンサートはひさしぶりのピアノ・ソロ形式のものだ。

当初は三曲の予定だったが会場の熱気に押されて新曲を含む五曲の演奏が披露された。演奏曲は

「水の中のバガテル」「andata」「天命の城」「piknic」「Merry Christmas Mr. Lawrence」。新曲の「piknic」はこの日、リハーサルをしていたときに浮かんだ曲で、会場名をそのままタイトルにしたという小品。

また、この日は楽屋に『天命の城』の音楽が韓国の映画賞を授賞してそのトロフィーが届けられたほか、ファン・ドンヒョク監督、プロデューサーであるキム・ジョン氏も表敬訪問。できたばかりの韓国盤DVDも贈呈された。

明けて翌五月二十五日には招待されたファンを対象にした高谷史郎とのアーティスト・トークが開催された。

坂本龍一は高谷史郎との出会いから、一九九九年のオペラ『LIFE』以降の長年に渡るコラボレーションの道のりを紹介。自分にとって高谷史郎という存在が、メディア・アートに携わる上で必要不可欠であると同時に、近年ますます濃密なコラボレーションとなっていることをユーモアをまじえて聴衆に語った。

その他、カールステン・ニコライとの仕事、映画音楽、最新アルバム『async』についてなど、トークの題材は多方面に及び、最後は客席からのQ&Aだった。

このQ&Aでは質問を募った瞬間に約百名の観衆のうち半数近くが手を挙げるという熱のこもった展開に。時間の関係でごく限られた質問にしか答えることができなかったが、その中には「コンプレックスはありますか?」という質問も。

これに対しては「コンプレックスはいっぱいあります。なにより英語の発音がいつまでたっても上手にならない。ハングルも勉強しているのに上達しない。容姿に関してもコンプレックスがあり、身長がもっとほしいし、鼻の形も気に入っていません。高谷さんのようにハンサムになりたかった」と横の高谷史郎を慌てさせるやりとりも行なわれた。小学生のときの容貌コンプレックスを未だ抱えていたことになる。

ちなみにハングルを勉強中というのは本当で、ようやく「坂本龍一」という自分の名前をハングルで書けるようにはなった。しかしこの日会場近くの飲食店で色紙にサインを求められた際にはハングルでサインをしようとしたものの、まちがっていたら恥ずかしいと、やはり日本語とローマ字でのサインにしてしまったというのは余談。

『piknic』でのアーティスト・トークのあとは、龍山(ヨンサン)にあるシネマ・コンプレックスCGVでの映画『CODA』のプレミア上映とトーク・ショーへの参加のため急いで移動する。

韓国で初の上映となった『CODA』はシネコン内の最大のスクリーンで行なわれ、ここも超満員。『piknic』でのコンサートやアーティスト・トークもそうだったが、こちらも観客が若い。中心は二十代から三十代前半というところ。十代とおぼしきファンも多い。これは韓国が一九九〇年代終わりまで国策として日本文化の流入を制限していたため、それ以降に坂本龍一やその音楽が広く知られていった影響があるのかもしれない。サインを求める人の中に、CDやLPではなく韓国語版の自伝『音楽は自由にする』を手にしている人が多いのも特徴。

上映後のトークでは、映画音楽に関する話がメインで、映画の上映中に大きな笑いが起こったベルトルッチ監督に関するエピソードをさらに紹介。『ラストエンペラー』で何千人という臣下が故宮（紫禁城）でひざまずく戴冠式のシーンで、ここぞとばかりテーマが朗々と響く音楽を作ったのに、試写会で観てみると、その一生懸命に作った音楽がすべてカットされていた話を披露。「試写会でそこの音楽が使われていないことを初めて知り、大きなショックを受けました。そのショックのせいであっという間に髪が白くなってしまい、いまもそのままです」というジョークで会場を湧かせていたが、今から考えるとあのシーンの音楽をカットしたのは正解だと思える、とも。

また質疑応答はこちらも活発だった。やはり質問希望者が多すぎて限られた数のみの答えとなってしまったが、よく考えられた熱心な質問の中で、いちばん答えを熟考したのがこのやりとりだった。

Q「武満徹さんを尊敬していると聞いています。いま武満徹さんに一曲だけ自分の音楽を聴かせるとしたらどの曲になるでしょう?」

すべての楽曲は自分の子供のようなもので優劣はないとしながらも、坂本龍一はこう答えた。

「あえて選ぶならば『walker』(アルバム『async』収録)。この曲は自然の音と音楽が五十:五十のとてもいい比率で成り立っています。武満さんに聴いてもらって、感想を伺ってみたい気がします」

また、これと関連して「自然の音にとても憧れています。究極の自然の音とはなにかを考えると、百五十億年前の宇宙のビッグバンのときの振動が音として聴こえたはずという宇宙物理学の説があります。本当にビッグバンが音として聴こえるなら、それはとても詩的なことだと思います」という発言もあった。


展示の準備を入れると一週間弱の韓国・ソウル滞在中、数多くのメディア対応も含め多忙な坂本龍一だったが、その甲斐《かい》あって、エキシビションは初日から大盛況。

映画『CODA』の一般上映も、公開週の韓国興収ランキングで『アベンジャーズ/インフィニティ・

ウォー』に続く二位を記録するなど好調だった。

六月になると今度はロンドンでキュレーションしたアート～音楽イベント『MODE 2018』が行なわれた。これはロンドンを拠点とした音楽、視覚、美術の集団でアナログ・レコード専門のレーベルも持つ「33-33」(サーティースリー・サーティスリー)の依頼によるもの。「自由に音楽とアートの企画を出してくれと頼まれて、こちらも気楽に毛利悠子の展示がいい、空間現代のライヴもおもしろいと、いろいろ挙げていったらそれらがみな実現することになった」(※※※)

坂本龍一はロンドン各地(一部ブリストルやマンチェスターなど他都市も含む)で行なわれる同イベントに、日本の空間現代やgoat、イギリスのCurlなど海外のミュージシャン、バンドのほか、現代美術家の毛利悠子のインスタレーションやパフォーマンスも推薦し、ほぼ希望通りの形で実現することになったが、この『MODE 2018』にはできればバービカン・センターで坂本龍一名義のライヴも行なって欲しいという要請も来ていた。

そしてこれとはもともとは別の話として、アルヴァ・ノトことカールステン・ニコライからベルリンにあるユニークなパフォーマンス・スペースであるフンクハウスが六月に自由に使えるので、そこでふたりでライヴをやろうという計画が持ち込まれていた。

「そうしたら、ほぼ同じ時期にバルセロナのソナー・フェスティヴァルからメイン・アクトで出てくれと。十三日がベルリン、十七日がバルセロナ、そうしたらロンドンでもやってくれと。それで20日にバービカン・センターでのライヴを入れました。するとバービカンのほうがこの時期に33-33のイベントをキュレートするのなら、ロンドンのコンサートをその『MODE 2018』の一環にしてくれていいよと言ってくれて、ぼくとカールステンとのライヴもイベントの一部となったのですが、さらに偶然に同じ時期に細野さんにイギリスでのライヴの話があるということで、だったらそれも『MODE 2018』の一環でということになりました」（※※※）

この言葉どおり坂本龍一の六月は、まずアルヴァ・ノトとのコンサート『TWO』から始まった。ベルリン、ソナー・フェスティヴァルを終え、いよいよロンドン公演がやってきた。会場となるバービカン・センターは一九八二年に開設されたコンサート・ホール、劇場、映画館、ギャラリー、図書館などを内包した巨大複合施設で、コンサート・ホールはロンドン交響楽団、BBC交響楽団の本拠地ともなっている約二千名収容の大ホールでもある。

一方、この年バービカン・センターは独自で『ジャパニーズ・イノヴェイターズ　音楽を変えた革新者たち』という先駆的な日本人アーティストのコンサート・シリーズを企画しており、すでに清水靖晃、池田亮司のプログラムが組まれていた。

こうしてバービカン・センターでは、この『ジャパニーズ・イノヴェイターズ～』と『MODE 2018』の共同企画という形で坂本龍一＋アルヴァ・ノトのコンサートの開催が決まったのだが、さらには、アメリカのインディ・レコード・レーベル「ライト・イン・ジ・アティック」が企画していた細野晴臣のロンドン公演も『ジャパニーズ・イノヴェイターズ～』と「ライト・イン・ジ・アティック」レコード、『MODE 2018』の三者共同主催として六月二十三日に組み入れられた。

坂本龍一＋アルヴァ・ノトのパフォーマンス『TWO』のヨーロッパ最終公演となったバービカン・センターでのコンサートは大盛況。チケットは発売早々に完売し、当日はキャンセル待ちの当日券を求める長い列が発生していた。

終演後には『TWO』のミニ・ツアーの打ちあげもかねてということで、バック・ステージのパーティー・ルームにはふたりの知己のロンドン在住のたくさんのミュージシャンやクリエイターも集い賑《にぎ》やかな時間となった。

二十二日はロンドン中心部のテムズ川北岸、サウスバンクにある『BFI（British Film Institute）』という会場で『CODA』のプレミア試写会とスティーブン・ノムラ・シブル監督とのトーク・セッションが開催された。こちらもチケットは完売。上映後のトーク・セッションでの冒頭、司会のジャスティン・ジョンソンによる「それではこの映画の主題（サブジェクト）である坂本龍一氏に登場してもらいましょう」という紹介を受け、万雷の拍手の中登場した坂本龍一はマイクを手にして開口一番こう言った。

「こんばんは、ミスター・サブジェクトです」

このつかみのギャグが大受けだったために、この後のトークは実にリラックスかつなごやかな雰囲気に終始した。

もちろん、映画で描かれる東日本大震災や原発事故、闘病やアメリカ同時多発テロなど、シリアスなテーマにも話は及び、そこでは慎重に言葉を選び（英国人観客を前にしてのものなので、当然英語での応答）つつも、ところどころにユーモアをはさみ、場の空気は明るい。

シブル監督とは五年間の撮影期間中のみならず、映画の完成後多くのトーク・セッションを共にしているだけに当意即妙の間だ。こんなやりとりもあった。司会者が、映画撮影の進行中に坂本龍一の病気が発覚したときの気持ちについて両者に訊ねたときだ。

「もしぼくが病気であのまま死んでいたらどんな映画にするつもりだった？（笑）」

「やめてくださいよ、そんなこと一ミリも考えてなかったですよ、絶対よくなるって信じていましたよ！」

ときにシリアスな対話者として、ときに漫才コンビのように、観客の反応に応じて硬軟の会話を即興的にできるのが両者だ。

「もし死んでいればすごくドラマチックな映画になるなって考えなかった？（笑）」

「だから考えてないですって！」

観客とのQ&Aでは、映画中で描写された北極圏やニューヨークでの自然音、現実音の採集についての質問が目立った。

この自然音の採集は、ハンティング（狩猟）でありフィッシング（釣り）であり、同時にコレクティング（収集）でもあるということを話し、二〇〇八年の北極圏での採集の頃はまだ立ち上げに時間がかかるプロ用のレコーダーしかなくて大変だったが、いまは興味深い音があればiPhoneで即座に録れる。「ありがとうスティーヴ・ジョブス」と観客の笑いを誘った。

この他、タルコフスキー作品と最新アルバム『async』の関係、ニューヨークに住むことの音楽的利点など興味深い質疑応答（後者は、一般的にはニューヨークはミュージカルとジャズの街と思われがちだが、実際には世界各地からやってきている民族音楽の演奏の名手がマンハッタンという島の中に大勢いる、街角の店のおじさんが朝鮮半島の民族楽器であるカヤグムの名人だったり、配達の若者がアフリカのギターの名手だったりする、など）が続いた。

中には、YMO時代から現在までのお気に入りのシンセサイザーについて教えて欲しいという、日本でのファン・イベントでありそうな質問も（やはり特別な存在はアープ・オデッセイやプロフェット5、そしてEMSとのこと）。

YMOだけでなく、一九九〇年代、二千年代にも数多くソロ・コンサートを開いているイギリスだけに、どこか日本と似たような雰囲気でなごやかに映画『CODA』のプレミア上映＆Q＆Aは終了した。

そして二十三日はバービカン・センターで細野晴臣のコンサート。坂本龍一はコンサートと同時刻にロンドンの伝統的な現代美術館であるICA（Institute of Contemporary Art）での『CODA』のプレミア試写会とシブル監督とのトーク・セッションの予定が入っていたが上映後のトーク・セッションをシブル監督ひとりにまかせることで予定を調整し、アンコールでは細野晴臣、高橋幸宏らと共演した。

「最初は本当に演奏に参加するつもりはまったくなかった。準備もしていないし、細野さんにもそう言っていたんです。なのでICAから到着して客席のいちばん後ろで観ていたらステージから呼ばれちゃって。ああなるともう行かないわけにはいかないでしょう（笑）」

最後部のPA席の脇にいたので、ステージに辿り着くまで時間がかかってしまっただけで、途中からの参加は決して演出ではなかった。

そして明けて二十四日は『MODE 2018』のメインのイベントで、坂本龍一もデヴィッド・トゥープとの共演で出演した。

坂本龍一がブッキングしたイギリスのCurl、イタリアのトリノを拠点とするアメリカ人ソウル・シンガー、ショーン・L・ボウイによるユニットYves Turmorなどの演奏が続き、ようやく太陽が沈みかけはじめた二十時、この日のヘッドライナーとなる坂本龍一&デヴィッド・トゥープの演奏が始まった。坂本龍一は内部奏法を含むピアノ、シンセサイザー、エレキ・ギター。対するデヴィッド・トゥープは各種エレクトロニクスに時折、巨大な紙製のホーンを鳴らす打ち合わせなしの即興演奏コンサート。

坂本龍一のロンドンでのとりあえずの予定は終了し翌日にいくつかの取材や打ち合わせをすませてニューヨークへの帰途についた。

ロンドンでの充実したイベントの終了後は、自宅とスタジオのあるニューヨークでしばらく各種映画音楽の作曲と、二〇二〇年上演予定の新たなオペラの構想に没頭していた。ほんのしばらくは静かな仕事に集中できる時間が続いた。

激動となったのは十月だ。まずまた韓国に飛んだ。十月四日から十三日にかけて開催された釜山国際映画祭で、音楽を手がけた映画『さよなら、ティラノ』（静野孔文監督）、『あなたの顔（Your Face）』（蔡明亮監督）のプレミア上映に立ち合うほか、坂本龍一は「今年のアジア映画人賞」の受賞もあり、それを記念したスピーチと演奏も行なうなど、この映画祭の主役のひとりにもなっていた。会期中、釜山には大型台風が上陸してスペクタクルな状況にもなったのだが、それでも坂本龍一はこの映画祭を楽しんだとのこと。

釜山映画祭の一連の行事が終わると、今度は東京に短期滞在。懇意の生物学者、福岡伸一氏とともに青山学院大学でシンポジウムを行ない、好評を博した。東京からはまた韓国にとんぼ返りする。今度はソウルだ。ソウルでは大規模展示『LIFE, L I F E』のクロージングに立ち合った。五月二十六日から十月十四日までという、ほぼ五か月の長期のエキシビションもいよいよ大団円だった。

「会期中は六万二千人という本当に大勢の方が訪れてくれたそうです。五か月の展示だからひと月一万五千人以上。最初はこんなに長期間で大丈夫なのか、スタートのときは人が来てくれても最後はガラガラになるんじゃないかと心配していたのですが、最後まで途切れなくお客さんが来てくれたようでホッとしました」（※※※）

クロージングを記念して抽選で選ばれた少数の観客に展示作品の解説を坂本龍一自身が行なうギャラリー・ツアーも開催された。

そして今度はオーストラリアだ。アルヴァ・ノトとのコラボレーション・コンサート『TWO』のオーストラリア公演のため。六月にベルリン、バルセロナ、ロンドンで行なってきたこのコンサートの最新形がメルボルンとシドニーで十月十九、二十一日に上演された。

メルボルン公演はアーツ・センター・メルボルンのハマー・ホールで、そしてシドニー公演は世界遺産であるシドニー・オペラハウスでそれぞれ行なわれた。

このコンサートは坂本龍一にとっても、アルヴァ・ノトにとっても非常に満足がいく内容で、ふたりのコラボレーションの新しい扉を開くような記念碑的なものだったという。

「メルボルンもシドニーも、何千人も入る規模の会場がそれぞれ満員で、こんな遠い地の人たちもぼくたちの音楽を聴きに来てくれるんだなあという感慨がありました。みんなすごく熱心に聴いてくれて反応もよかった。シドニーの会場のオペラハウスは、演奏するのは初めての会場でしたが、とてもいいホールでした。建築自体も間近で見ると本当にすばらしいもの。メルボルンもシドニーも街自体は作りも文化も欧米そのままで、ちょっと不思議な感じもしたのですが、それでも専門家を紹介してもらって先住民であるアボリジニの文化に触れることができました。アボリジニのすばらしい文化についていろいろ話をするうちに、それを生かした作品を作ってくれという話にもなった。それが音楽なのかインスタレーションなのかはまだわかりませんが、実現の暁となれば、またオーストラリアを再訪して調査や勉強をしないと。いつになるだろう」(※※※)

こうして怒濤のアジア、オセアニアの日程を終えた坂本龍一はニューヨークに帰り、各種映画音楽の仕上げと、オペラの構築の日々が続いたが、十一月二十六日にベルナルド・ベルトルッチ監督の訃報に接し、しばし呆然となる。近年はなかなか会う機会がなかったが、ヨーロッパに滞在しているときなどにたまに電話で話した。そのときはいつも、そんな用事なんかほったらかして、いますぐローマに会いに来いと発破をかけられた。病気を患ったときには、お前と同じガンになった。これで私がお前をどれだけ愛しているかわかっただろうと笑ったことも忘れられない思い出だった。

坂本龍一はベルナルド・ベルトルッチの頭文字を取った「BB」という追悼曲を作り、遺族のもとへ送った。

そして暮れにはまたアジアに向かう。まず北京。これは、ソウルの『piknic』で行なわれた大規模個展の北京版をやらないかという誘いがあり、その下見だった。
北京〜中国は日本や欧米以上に独自のSNS文化が発展している。坂本龍一が北京に滞在しているということは、関係者の投稿によってあっという間に拡散され、訪問場所や滞在先にはファンや仕事関係者が殺到して大変な状況になったようだ。
「誰でも名前を知っているような映画監督から会いたいというメッセージをもらったり、美術や音楽の関係者にも会い、知り合いのミュージシャンとも会いました。彼は仲間を集めて歓迎のコンサートも開いてくれたりして、忙しいけれど楽しい訪問でした」（※※※）
日本に戻るといくつか仕事をこなした後は、年末は恒例の温泉宿への滞在だ。
「たった三泊ですけれど、一年の癒しとなる時間でした。温泉街の一画にある旅館ですが、観光客も多い温泉街から一歩外れると何もない田舎の風景が拡がっていて、そこをのんびりと歩くのが好きなんです。毎年の恒例ですね。その道の先がどこに続いているのかなども意識せず、風の音と沢の水音だけが流れる中を歩いていく。ときどき、風の音を録音したりしながら」（※※※）
温泉の帰途には、鎌倉に寄った。尊敬する美術家の李禹煥（リー・ウーファン）宅への訪問だ。
「実は二月の末にフランスのメッスのポンピドゥー・センターで李先生の大規模な個展が行なわれるのですが、その会場で流すための音楽を作りました。憧れの存在である李先生から〝坂本くん、ちょっと音をつけてくれないか〟と直々に依頼されたんです。緊張しましたが、その音楽はさいわいとても気にいっていただきました」（※※※）

〝もの派〟の主導者である李禹煥展の音楽だけに、サウンド、ノイズと音楽の比率が九対一ぐらいの曲になった。

「作ってはみたものの、ちょっと心配になり（笑）、もうすこし音楽的にしましょうか？　なんてうかがったのですが、いや、充分に音楽的ですと言ってもらえてよかった」（※※※）

その縁もあり、年末の自宅訪問となったが、その庭には鉄や石でできた多数の作品が無造作に放置されていて驚いたという。

「のざらしの状態で置いてあるわけだから、鉄の作品などは赤く錆びついてしまっているものある。びっくりして訊ねると、それらは実験のために作ったミニチュアの試作品だそうで、捨てられないからそこに置いてあるだけだと。錆びていつかは自然に還っていく。まさに『async』の世界観でカッコよかったな」

二〇一九

坂本龍一のこの年の対外的な活動はまず二月末のフランス・メッスの李禹煥展の会場に短期で赴き、音楽の調整などを行なうことから始まった。それが終わると三月には日本に行き、こちらも恒例の、主宰している脱原発のための音楽フェス『NO NUKES 2019』、そして東北ユースオーケストラの岩手、東京の二公演に参加という予定だった。

『NO NUKES』は二〇一二年から続くイベントだが、前年は開催されなかったのでこの『NO NUKES 2019』は二年ぶり。

原発がなくなれば開催の必要がなくなるイベントなので、開催されるということ自体にジレンマがあるが、ともあれ初日はチケット完売。楽日もそれに近い超満員の観客が集まった。

この二日間のイベントで、坂本龍一は初日にまず、後藤正文とともに「ヒバクシャ国際署名キャンペーン」のリーダーである林田光弘とのトーク・セッションに参加。司会はいとうせいこうだ。

この初日は、トーク・セッション以外に出演の予定はなかったが、この日のトリのthe HIATUSのアンコールが終わるや、無理矢理ステージに呼び出され、苦笑しつつもぶっつけ本番で彼らのキーボードで「Merry Christmas Mr. Lawrence」を演奏することに。

思わぬサプライズに大歓声が沸き起こった。

翌日は大友良英との即興セッションが行なわれている。

三月三十、三十一日は岩手県盛岡、東京初台で東北ユースオーケストラのコンサートが行なわれた。盛岡では女優ののん、東京では吉永小百合がゲストとなり、両会場とも満員の観客で埋まった。

この東京公演中に発表されたのが、来年の計画で、司会の渡辺真理とのやりとりの中で、坂本龍一はずっと懸案だった東北ユースオーケストラのためのオリジナル曲を来年には完成させて演奏すること、そして来年の三月末の定期演奏会は東京とあわせて福島で行なうということが明かされた。

そして五月の前半、坂本龍一はひとり京都に滞在していた。
それは合宿。かつて小津安二郎が脚本家の野田高梧と信州の温泉宿にこもって酒盛りをしながら『東京物語』などの映画の脚本を練っていったというエピソードにならって京都でオペラのために合宿することを決めたそうだ。
「はい。ただしお酒ではなく、お茶を飲みながらですが（笑）。かねてから構想を練っていたオペラのための合宿です。オペラのパートナーとなる高谷史郎さんと、彼のDumb Typeの京都のオフィスで合宿して作業を行なっていました」（※※※）
高谷史郎とは、実は前回のオペラとなる『LIFE』（一九九九）のときもDumb Typeオフィスで一緒に作業を行なった。

「ただ、あのときは会議で、今回は合宿。会議は半日とか一日で終わってしまいますが、合宿は数日から一週間に渡って続くもの。今回は五月の六日から十七日まで、十日以上に渡って続けました」（※※※）

最新のオペラの作業がいよいよ具体的なものになってきた。足掛け二年に渡って構想が練られてきたオペラが、断片的なアイデアから全体の骨格を組み立てられるまでになってきたのだ。

「この二年間、高谷さんとぼくで、いろんなアイデアをランダムに出し合ってきました。これ以上断片的なものは必要ない。ここまで出してきた要素を、いわばパズルのピースとして枠にはめ込んでいく作業を合宿ですることにしました」（※※※）

それらパズルのピースは、音楽はもちろん、映像、テキスト、哲学的なアイデア、舞台装置、光のアイデアなど多岐に渡っていた。

「ただ、そういった断片的なピースを、ただ並べていってもおもしろくない。今回のオペラは、ぼくにとっては、ぼくが十代のときに感銘を受けた、一九六〇年代のアートの精神を引き継いだものになると思います。あの頃の、いろいろなジャンルの芸術を解体した前衛的なアートの運動。これは実は最新アルバムの『async』もそうで、オペラは『async』の発展系でもある。音楽作品の『async』がワタリウムとICCでやった『設置音楽展』というふたつの展示で空間的な体験となり、それがさらに発展するものが今回のオペラになります」(※※※)

タイトルは「TIME」となった。音楽と映像、演者によるパフォーマンス、テキストや言葉、自然の要素、それらが渾然一体となったオペラ。いよいよ初演の時期や場所も固まってきていた。

この京都合宿が無事に終わると、坂本龍一はシンガポールに飛んだ。五月から六月にかけて行なわれるシンガポール国際芸術祭2019(SIFA 2019)でこの年最初で最後となる予定のソロ・コンサート『Fragments (with Shiro Takatani)』のためだ。同じくSIFA 2019には坂本龍一が音楽を提供した高谷史郎によるパフォーマンス、映像、舞踏の舞台『ST/LL』が上演され、その舞台装置を使っての特別なコンサートだった。

パフォーマンス~インスタレーションのマルチメディア・ステージである『ST/LL』の舞台セットをそのまま使い、観客はステージ上で演者の坂本龍一を囲んで観覧するという趣向のため、二百五十のみ椅子が設置でき、限られた観客数となった。

そんな『ST/LL』の舞台セットの特徴は一面に水が張られた床。演者が動くたびにそれは水鏡となって人物や照明の鏡像を映し出し、あるいは美しい波紋を生じて非現実的な視覚効果をもたらす。

五月二十八日のコンサートはアルバム『async』冒頭曲の「andata」から始まった。映像作品にもなっている二〇一七年にニューヨークで行なわれた『async』のコンサートと、基本的には同一軸上にあるが、即興部分が多いために、ニューヨークから始まってフランスの各公演、そしてこのシンガポールでの『Fragments』まで、そのときどきでの表現の差異は大きい。

楽曲ごとに、使用する楽器の場所へと移動するというのはこれまでの『async』コンサートと同様だが、ニューヨークやフランスでの会場と大きくちがうのは楽器がそれぞれ水の上に設置してあること。楽器間の距離もこれまでとくらべて多少離れている。移動のたびに、足音、水音が会場内に反響し、水面に映る照明は揺らぎ下から演者を照らす。

公演中、ひとつのハイライトともなったのが巨大な二枚のガラス板の演奏だ。プールの水にガラスが反射する光が映り、波紋とともに揺れる様は美しかった。

このガラス板のうち一枚は、いわばガラスでできたテルミンとも呼べるオリジナル楽器で、「async - Live at Park Avenue Armory」のときに開発したもの。水の波紋と同じようにガラスを演奏する手の動きをカメラが捉え、その動きのデータによりEMSというシンセサイザーが音を出す。ガラスが擦られる場所と手の動きによって音程や音の持続音などを変化させるというもの。もう一枚のガラスのパネルは純粋にガラスの楽器で、叩いたり擦ったりする音をコンタクト・マイクで拾って増幅しているという。

アルバムでは森を歩く足音が印象的だった楽曲「walker」は、もちろん水の音になる。また「solari」というタルコフスキーがモチーフの楽曲、フィリップ・K・ディックの影響がある「ubi」という楽曲はどちらも深淵なSF的世界からインスパイアされている作品だけに、この『ST/LL』の不思議な空間で奏でられることによってさらにムードは盛り上がった。

予告の一時間十五分をほんの少しオーヴァーして、コンサートは終了した。圧倒された観客から大きな拍手が湧いたことはもちろん、パフォーマンスに感動した国際芸術祭のディレクターが、感激のあまり花束を抱えてふつうの革靴のままプールに入り、気にせず坂本龍一をハグして花束を贈呈した瞬間も、このコンサートの成功を見事に体現した瞬間として記憶されるだろう。

コンサート終了後の楽屋では、関係者全員にシャンパンが振る舞われた。そこにはこの芸術祭の関係者のみならず、この年の『ST/LL』の上演や翌年の坂本龍一公演の開催を予定している香港からのプロデューサーの姿などもあった。

ここにいた誰もが、翌年以降のスケジュールを自然に話し、それが不可能になる可能性を予感している者は当然皆無だった。

シンガポールの後は台湾に向かった。この五月末から六月上旬までのその台湾滞在は、主に自身のかかわった三本の映画のプロモーションが目的だ。

まずシブル監督のドキュメンタリー映画『CODA』、音楽を担当した半野善弘監督の『パラダイス・ネクスト』、蔡明亮（ツァイ・ミンリャン）監督の『あなたの顔』。全編の音楽を手がけたこの『あなたの顔』はその後の七月半ばに発表された第二十一回台北映画賞で、最優秀監督賞、最優秀ドキュメンタリー賞、最優秀音楽賞を受賞した。

「このツァイ監督の作品はかなり抽象的、アヴァンギャルドな映画で、十二人のお年寄りの顔のアップが順番に映され、それぞれ五〜六分ずつひとり語りをしていくというもの。みな市井のふつうの人びとで、身の上話をする人、ハーモニカを吹きだす人、中には途中で眠っちゃうおじいちゃんもいて（笑）。ぼくの書いた音楽も、お年寄りひとりにつき一曲を想定して十二の断片的なサウンドを録音し、順に使ってくれても、バラバラにしても、全部使わなくてもいい、好きに使ってくださいというもの。メロディもないし、音楽の彫刻とまではいかないけれど、曲というよりもサウンドに近いもの。こんなの映画音楽じゃないという批判もあるだろうし、この映画自体からして、これは映画とは言えないと主張する人がけっこういたそう。そんな映画がドキュメンタリー賞、監督賞、それに音楽賞の三つを獲った。すごいことだと思いました」（※※※）

そうした映画のプロモーションの合間に、ヴェネツィア国際映画祭グランプリの『非情城市』(一九八九)などで知られる台湾映画界の巨匠侯孝賢(ホウ・シャオシェン)監督と会食も行なった。監督の映画の音楽も手がけている音楽家の林強(リン・チャン)、脚本家の朱天文(チュー・ティエンウェン)も同席。

尊敬するホウ監督との会話も弾んだが、監督たちとの会食をアレンジしてくれたリン・チャンとは、いずれふたりで行なうコラボレーションの話もした。

また、台湾島の太平洋側にある花蓮県の玉里も訪問した。

「花蓮は台北の東に位置する県で、少数民族の人たちがたくさんいます。現在、公式に認められているだけで十六の少数民族がいますが、その多くがこの東側に住んでいます。日本の統治時代は、それらの部族をまとめて高砂族と呼んでいましたが、みんなそれぞれちがう民族。昔は部族同士で戦争をしていたくらい。ぼくは今回、ブヌン族の人たちが住んでいる地域に行きました。半日ほど滞在して、彼らの民族音楽の演奏を聴いたらとてもユニークで衝撃を受けました」(※※※)

ネットフリックスのテレビ・ドラマ「ブラック・ミラー」シリーズ「スミザリーンズ:待つ男」のサン

トラ盤も発売された。

六月中旬にアメリカに戻った坂本龍一は、イタリアの映画監督フェルディナンド・チト・フィロマリノの新作の音楽作りに励んだほか、ロスアンジェルスでフライング・ロータスから一緒に音を出したいと乞われてセッション。このセッションはとくに発表の予定があってのものではなく、将来的にリリースされるかも未定の趣味的なセッションだった。

夏には日本に戻り、岩手の陸前高田市で八月七日に行なわれた「三陸防災復興プロジェクト2019クロージングセレモニー」に、東北ユースオーケストラの団員から編成された弦楽四重奏楽団とともに出演し、ストリングス+ピアノの小コンサートを行なった。曲目は「Kizuna World」「Aqua」「美貌の青空」「Rain」「Behind the Mask」「The Last Emperor」「Merry Christmas Mr. Lawrence」の七曲。

陸前高田市は坂本龍一にとって縁のある町で二〇一一年の大震災直後にモア・トゥリーズが協力して百棟の木造の仮設住宅を建設。その仮設住宅にはこのときまだ十一家族が残っていた。「二〇一一年に行ったときの陸前高田は、あちこちに瓦礫の山がそびえていて震災の傷跡が生々しかったのですが、いまではずいぶん整備され、巨大な防潮堤も完成していた。防潮堤や新しい再建の街造りについては当時からどういうものにするのかという議論はあったし、地元にはいろいろな夢や希望があった。しかしその後、国が方針に意見を強く出してきて、するとどうしても地元の希望とはズレも生まれます。復興は喜ばしいのですが、巨大な防潮堤を眺めると複雑な思いもしました」（※※※）

多忙は続く。河口湖の施設で八月八日から四泊五日で行なわれた東北ユースオーケストラの夏合宿に九日から参加。この合宿は翌年三月の東北ユースオーケストラの演奏会のための練習を目的にして行なわれた。

二〇二〇年の定期演奏会は、熊本や広島、北海道など3・11以降の自然災害の被災道府県から合唱への参加を募集し、ベートーヴェンの第九交響曲を演奏するほか、東北ユースオーケストラのために初めて坂本龍一が書き下ろす新作も披露されるというスケールの大きな公演になる予定だった。

その新曲のための練習も行なわれた。まだ曲全体は完成していなかったので、部分的要素の練習となったが。

「できている部分を、こういうパートが出てくるよと披露して、そこの練習もしました。なにしろぼくの曲なので、ふつうのクラシック曲とはちがう手法で書かれている難しい部分もある。はやめに練習してもらおうと。ただ、意外にもみんなすぐ弾けるようになったので驚きました。すごく複雑なリズムを使ったりしているのだけど、よく考えたら、みんなこれまで藤倉大くんの曲とか、ぼくの『still life』(アルバム『out of noise』収録曲)などああいう変わった曲もやっているので飲み込みが早い」(※※※)

そして九月は、稀《まれ》に見る忙しさとなった。映画音楽の制作が大変なことになったのだ。その映画とはイタリアの若手映画監督フェルディナンド・チト・フィロマリノの作品『Born To Be Murdered』。フィロマリノ監督は坂本龍一の音楽を効果的に使った『君の名前で僕を呼んで』(二〇一七年・ルカ・グァダニーノ監督)の助監督でもある。

「日本に行く前の七月にこの映画音楽の作業をしていて、その成果を監督に投げてみたら、求めていたものとちがっていたらしい。監督が考えていた方向性とちがう、と。それまで十分に打ち合わせをして音楽作りに入ったつもりだったけれど、監督とぼくとで、同じことを言いながらそれぞれ音楽的な意味合いがちがっていたということらしいです」(※※※)

「監督はまだ若いのだけど、ぼくの過去の音楽のことはよく知っていて、どうも想定していたのは、ぼくが昔作った映画音楽の要素が強いものみたい。しかし、ぼくは過去にやったことを繰り返すタイプではないので、今度の映画でもまったく新しいことをやろうとしていた」（※※※）

ニューヨークに戻った八月末に、あらためて監督との話し合いの場を持ち、七月までに作った音楽のデモ録音をすべて捨て、新たにいちから音楽制作に取りかかることになった。

「いままでいろいろな映画の音楽の仕事をしてきた中でも最悪のケースです。通常、一本の映画の音楽を手がけるときは二か月ぐらいの時間を取っているのですけど、最初のひと月の作業がなしになってしまったので、実質一か月で作らなければならなくなりました」（※※※）

そしてそれが終わると休む間もなく次の映画音楽の作業に入った。熊本県水俣《みなまた》市の公害問題を取材したアメリカ人写真家、ユージン・スミスを主人公としたアンドリュー・レヴィタス監督の『MINAMATA』だ。

坂本龍一にとっても非常に大事なテーマの映画であり、監督とも何度もミーティングして音楽制作に入った。

「重要なテーマ、内容の映画だから、依頼されたときはこれはやらなければならないという気持ちで

引き受けました。ぼくがやるべき映画だ、と」（※※※）

十月十八日にはロスアンジェルスのジ・エース・ホテルのシアターで行なわれたホテル二十周年のイベントに参加し、ひさしぶりのピアノ・ソロ・コンサートを行なった。

ジ・エース・ホテルは一九九九年にシアトルで創業されたホテル・チェーンで、現在はアメリカ国内各地と日本の京都にも拠点を持つ、アメリカのヒップ・スター文化を牽引したブティック・ホテルのチェーンだ。

「このエースの創業者が、もう亡くなってしまったアレックス・カルダーウッド。もともとはクラブDJをやったり、音楽のプロモーターをしていたり、カルチャーを作る現場で活躍していた人。生前に、ぼくも二回ぐらい会ったことがあって、二〇〇二年にはシアトルでジ・エース・ホテル主催のピアノのコンサートをやったこともあります。彼はぼくのファンで、いつかホテルにシアターを作るので、完成の暁にはそこでぼくのコンサートを開きたいというのが夢だったそうです。彼の生前にはそれは実現しなかったのだけれど、創業二十周年を機に今年ぜひ実現させようと彼の周りにいた人たちが考えた。そうした人のひとりが、ここ数年、ぼくと親しいジョン・C・ジェイという中国系アメリカ人（現ファーストリテイリング・クリエイティブ統括）。彼からアレックスの夢をかなえてほしいと頼まれた

のでやることにしました」(※※※※)

ひさしぶりとなったソロ・ピアノ・コンサートで演奏されたのは全十曲。定番とも言える「The Last Emperor」や「Merry Christmas Mr. Lawrence」、最新アルバムの『async』収録曲の「andata」、「水の中のバガテル」や「青猫のトルソ」など懐かしい曲も並ぶ。

そんな中に「BB」と「20180219」という二曲もあった。

「まず『BB』は、頭文字どおりベルナルド・ベルトルッチのこと。去年の暮れにベルトルッチが亡くなって、追悼で作った曲です。今年のシンガポールで初めて人前で弾いて、今回が二回目の演奏でした」(※※※※)

「20180219」は日付が曲名となっている。

「二〇一八年の二月にフランスで計六回のコンサート・ツアーをやっていた頃にぽろっとできた曲で、それ以来弾いています。こちらもアルヴァ・ノトとやるときや今年のシンガポール公演で演奏しました」(※※※※)

アメリカ西海岸では本当にひさしぶりのコンサートということで、サンダーキャットら友人達も大勢集まった。

「サンダーキャットはぼくの曲をカヴァーしてくれたりするのですが、とても可愛いというか(笑)、すごい好青年なんですよ。キャットだけに猫のようにかわいい（笑）。日本も大好きで、音楽性も高い。演奏もうまい。彼もフライローも本当に音楽一筋という感じで、まじめな子たち。頭が下ります。彼らと一緒だととてもいい時間を過ごせる」（※※※）

怒濤の映画音楽制作の合間に、心を許せる友人達とのいい息抜きの時間になったのかもしれない。

また、シアトルにあるMOR（Music of Remembrance）というNPO法人が十一月に主催するコンサートのために新曲「Passage for MOR」を提供した。MORはもともと音楽を通してホロコーストの追悼をするという趣旨で設立された団体だが、現在では宗教、民族、セクシャリティなどの問題で迫害を受けている世界中の人びとの支援を行なっている。

「もともと、映画音楽のレコーディングの仕事でよくシアトルに行くことがあって、MORの人と知り合ったんです。去年その人たちに年一回のコンサートをやっているので曲を提供してくれないかと頼まれた。すぐに引き受けて、この〝パッセージ〟という曲を提供し、彼らも非常に気に入ってくれました。ただ、もうすぐに迫っていた二〇一八年のコンサートに急いで間に合わせるのではなく、一年かけてじっくり取り組みたいと今年の初演とすることになったんです」（※※※）

ここに提供したのは、友人である難民の詩に弦楽四重奏を加えた作品だ。

「彼は二〜三年前にフェイスブックを通じて知りあった難民の若者。音楽とヴィジュアル・アートをやっているおもしろい人なんですが、政府の弾圧から逃れてヨーロッパに渡ってきたそうなんです。MORから曲を委嘱されたときに、まずまっさきに彼のことが思い浮かんで、君の体験を詩にしてくれと頼みました。文学的な表現はいらないから、君が体験した事実を簡潔に書き記してほしいと。それを英訳して、ぼくが仮で朗読してバックに弦楽四重奏を乗せたデモをまず作りました。MORのコンサートでは新たに朗読者を立てて演奏されます。本当は彼が自分で朗読してくれるのが理想ですけど、難民状態なのでアメリカに入国するのが不可能なんです」（※※※）

そして十一月後半、新たな旅がシンガポールから再開された。まずはニューヨークから羽田空港経由でシンガポールに飛び、『シンガポール・ビエンナーレ』という芸術祭に。ここには二〇一七年の『設置音楽展』で公開されたZakkubalanとの共同制作であるインスタレーション作品『async – volume』が出展されるので、彼らとその設置を行ない、メディア向けのオープニングでプレゼンテーションを行なった。

シンガポール滞在を終えると、フランクフルト経由で今度はローマに。アルヴァ・ノトと昨年から行なっている『TWO』のライヴのためだ。ローマ公演は「Romeeurope」という芸術祭のクロージングの催しでもある。

「ローマに着いてまずベルナルド・ベルトルッチ監督の家にお邪魔して、遺灰と対面しました。まだお墓には入っていなくて、将来的には生まれ故郷のパルマのお墓に入り、記念館もそこに作られるそうです。監督の未亡人や友人たちといろいろお話して、二時間ぐらいは過ごしたのかな。最後の一年間の様子を聞くと、夏ぐらいまで調子がよくて、新しい映画の脚本まで完成させたらしいんです。その後容体が急変してお亡くなりになってしまった」（※※※）

会おう会おうといつも誘われていたが近年タイミングが合わず、ひさしぶりの再会は悲しい対面になってしまった。それでも未亡人や友人たちとは話が弾み、監督の思い出やエピソードで笑いが絶えない時間だったという。

監督の死を悼んで書いたオリジナル曲「BB（ベルナルド・ベルトルッチ）」も、もちろんローマで演奏された。

「とくにアナウンスなどはしなかったのですけど、コンサートに来てくれたベルトルッチの近親者からはあの曲だとわかったよと終演後に言われました」（※※※）

オーディトリウム・パルコ・デラ・ムジカで行なわれたこのローマ公演が終わると翌日には列車で次の公演地レッジョ・エミリアへ。

そして年末、日本に戻ってきて、最初に人前に出たのは、十二月十八日に二子玉川髙島屋ショッピング・センターで行なわれたモア・トゥリーズのクリスマス・イベント。『ラヴ・アンド・トゥリーズ』と題されたこのイベントでは、モア・トゥリーズ事務局長の水谷伸吉とのトーク・セッション、東北ユースオーケストラのメンバーによるミニ・コンサートが行なわれた。

二十一日には東京都現代美術館で開催中の『ダムタイプ|アクション+リフレクション』展の関連プログラムである「スペシャル・トーク　浅田彰×坂本龍一×高谷史郎（ダムタイプ）」に出演。

一日おいて二十三日は新宿文化センター大ホールで行なわれた『山下洋輔トリオ結成五十周年記念コンサート　爆裂半世紀!』に予告なしのサプライズ・ゲストとして登場しピアノの連弾を行なった。山下洋輔はもちろん、坂田明、中村誠一、三上寛、タモリなど一九七〇年代から交流があった年上の出演者が多く、近年ではめずらしく楽屋では年少組。七〇年代のあだ名の「アブ」と呼ばれもしたという。

そして25日には熊本県、熊本城ホールで『Ryuichi Sakamoto presents: reconnect -熊本と東北をつなぐ-』に。このコンサートは熊本城ホール開業記念行事の一環で、熊本地震からの復興を祈念して行なわれたものだ。

タイトルにあるとおり、同じく大災害からの復興の途上にある東北地方との〝reconnect＝連携〟を目指し、東北ユースオーケストラの団員と熊本県内の小学生から二十代の若者によって結成された「熊本ユースシンフォニーオーケストラ」が共演。被災経験のあるふたつの地域のオーケストラの演奏となった。さらに、ここに吉永小百合も加わり、平和詩の朗読を行なった。暮れは恒例の温泉に。二〇一九年も慌ただしさの中で終わろうとしていた。来年もまたきっと忙しくなるだろう。本人も周囲もそれを疑わなかった。

しかしこの十二月、中国湖北省の省都武漢では謎のウイルスによる感染患者が発生していた。暮れの三十日には中国の研究グループがウィルスは新型のコロナ・ウィルスであることを発表し、三十一日には世界保健機構（ＷＨＯ）に正式に報告された。

※第十章で引用された坂本龍一のコメントは、二〇一五年の『ミュージック・マガジン』誌のためのインタビュー取材（※）、二〇一七年の『SixI』誌のためのインタビュー取材（※※）、二〇一八〜二〇二〇年の連載『教授動静』のためのインタビュー取材（※※※）、二〇一八年の『Glenn Guld Gathering』ハンドアウトのためのインタビュー取材（※※※※）から抜粋。

第十一章

パンデミックの世界で、そして……

二〇二〇～二〇二三

二〇二〇

「今年は珍しく抱負を持ちました。プロジェクトとプロジェクトの合間に一日、できたら三日間のオフを作るというものです。これはぼくにとって大きな抱負なんです（笑）。というのも、これまでの人生では、プロジェクトの合間にまったく切れ目がなく、それどころかいくつものプロジェクトが同時進行していた、いや、いまでもしているんですけど、今年はそういう状況を変え、ひとつのプロジェクトが終わったらちゃんとオフを取り、その後に次のプロジェクトに取りかかる。また、単純にもっと本が読みたい。読みたい本がたくさんあるのに、時間がなくて読めないというのが長年の悩み。おもしろそうな本があれば、時間を気にせず手当たり次第に読めるような環境がほしい」（※※）

これは二〇二〇年の年頭に話した「今年の抱負」だ。その後に、この年の例年どおりの多忙なスケジュールを挙げ、でも、きっと難しいだろうなと続いたのだが……。

一月三日、坂本龍一は沖縄県名護市の辺野古《へのこ》の海上にいた。同県内宜野湾《ぎのわん》市の海兵隊基地の移転を名目に埋め立てが続けられている辺野古の海。

坂本龍一はグラスボートに乗り、まず海上から埋め立て地を視察。この日は正月ということで埋め立て工事自体は行なわれていなかったが、それでも沖の立ち入り制限区域に近づくと海上保安庁のパトロール船がやってきて、退去勧告を繰り返すなど緊迫した空気もあった。

そんな海上の喧騒とは裏腹な、グラスボートの船底の窓の下に拡がる美しいサンゴ礁のたたずまいには大きな感銘を受けたという。この視察の結果、美しい辺野古の自然を破壊し、軍事基地にすることへの反対の意をさらに強めた。

翌四日は宜野湾市の沖縄コンベンションセンターで行なわれる『吉永小百合・坂本龍一　チャリティ・コンサート in 沖縄平和のために〜海とぅ詩とぅ音楽とぅ』のリハーサル。このイベントが沖縄行きの主目的だった。

ゲストには一九八〇年代からコラボレーションを続ける、Okinawa - Chans〜ネーネーズ〜うないぐみを経て現在ソロ活動中の古謝美佐子を迎えた。

定刻の一四時に始まったコンサートは、まず古謝美佐子の歌から始まり、坂本龍一は五曲目から登場した。二〇一五年に発表されたうないぐみ＋坂本龍一のコラボレーション曲「弥勒世果報《みるくゆがふ》」、さらに一九九〇年のアルバム『Beauty』でも一緒に演奏した沖縄民謡「安里屋ユンタ」。続くソロ・ピアノのコーナーでは「andata」などとともに「Gui（映画『米軍《アメリカ》が最も恐れた男　カメジロー不屈の生涯』テーマ曲)」も演奏され、最後は「戦場のメリークリスマス」。

休憩を挟んで第二部が吉永小百合の平和詩の朗読とピアノのコーナー。

朗読された詩は、すべて沖縄にちなんだもので、これらの詩の朗読に、坂本龍一は淡々とした態でピアノの響きを重ねていく。即興曲やバッハ、吉永小百合が主演した映画『母と暮せば』のテーマ曲、いくつかのソロ曲など。

重く静かな本編が終わると、間を置かず賑やかなアンコールだ。

吉永小百合+坂本龍一+古謝美佐子に沖縄の小中高生三十六名が三線と歌で登壇した「ちんさぐの花」。会場内からも合唱と指笛が加わって、踊り出す人もいる。ステージでも歌の小学生がいつの間にか踊っていた。

二月の第七十回ベルリン国際映画祭で、坂本龍一が音楽を担当したアンドリュー・レヴィタス監督の『MINAMATA』が特別招待作品として世界初公開された。主演のジョニー・デップのほか、真田広之ら日本人俳優が出演する同映画は前章で触れたとおり一九七〇年代に日本の水俣病被害を撮影・報道した写真家ユージン・スミスの活動を描いたもの。

「ぼくが学生の頃は水俣の問題は東京でも大きく取り上げられ、救済のデモも行われていました。ぼくもよくその様子を見ていましたし、ユージン・スミスは名前も功績も写真もよく知っていた。この映画の音楽を頼まれたときは、やはり内容、テーマからして、ぼくが絶対やらないといけないという気持ちで引き受けました。経済や産業のためにひとつの地方が犠牲になって、人的にも環境にも大きな被害が出た。そのことを政府も科学者もグルになって何十年も被害を隠蔽する、国も企業も責任を認めない。似たようなことがいまでも世界中で起きています」（※）

軽いテーマの映画ではないだけに、監督や制作者たちとじっくりとミーティングをした。

「水俣病の被害者にはいまだ存命の人も多いし、遺族もいっぱいいる。そして被害は次の世代にも引き継がれています。そういう人たちの気持ちに反する映画になったら困ります。なので音楽の依頼を引き受ける前に、監督にはどれくらい現地で調査をして、どれくらい水俣の人の協力を得て撮影したのかなど、根掘り葉掘り聞きました。その上で納得して音楽を作りました」（※）

二月三日にはニューヨークの『Joe's Pub』で開催された旧知のアーティスト、ローリー・アンダーソンのトリビュート・イベントに出演。この出演に先だって、インターネット上で世界中の人に〝Ｈａ〟という音を連続して十五秒録音して、そのファイルを送ってくださいという公募も行なった。この世界中から集まった〝Ｈａ〟のファイルを編集、再生し、そこに即興の演奏を重ねるという趣旨だ。当日、坂本龍一は〝Ｈａ〟に合わせて鍵盤ハーモニカで即興演奏。多くの人がこのユニークな試みを楽しんだ。これまで多くのユニークなパフォーマンスを行ない、音楽作品も発表してきたローリー・アンダーソンへのトリビュートにふさわしいパフォーマンスとなった。

また、二月二十二日には新型コロナ・ウィルスの蔓延《まんえん》に苦しむ中国の人びとに向けた「Aqua」などを自宅のピアノで演奏して応援の意を送った。この頃はまだ新型コロナ・ウィルスの被害は遠い中国の出来事だという認識が世界中にまだ残っていた。この動画の最後には武漢などで学校が閉鎖されて自宅待機を余儀なくされているこどもたちに向けて「外で遊べないのは嫌だよね、でも学校に行かなくていいのだから、たくさん遊んでね。ゲームばっかりじゃだめだよ。本をたくさん読んで、音楽もたくさん聞いて。絵を描いたり、詩を書いたり、楽器を弾いたり、映画を観るのもいいね。家でできる体操もやってね。がんばって乗り切ろう！」というメッセージも表示された。

そして二十九日には、北京現代美術センター（ＵＣＣＡ）が主催するオンライン・コンサート「ソニック・キュア 良楽」に出演。同センターで開催されている「ヴォランタリー・ガーデン」というプロジェクトの一環で、ニューヨークのスタジオで演奏する坂本龍一のほか、八人の中国のアーティストが参加し、リレー形式で即興演奏を行なうというもの。

「演奏の途中、音を鳴らしているシンバルがアップになります。演奏しながら、〝ほら、ここ、ここ〟と合図を送ってアップにしてもらった。というのも、あれは武漢製でMade in Wuhan（武漢）という表記がシンバルに刻印されているんです。それを観た中国の人たちが、サカモトが武漢を応援してくれたって盛り上がって、翌日から中国のメディアから取材依頼もいっぱい来ちゃった。もちろん武漢を応援する気持ちはありますが、そのために用意したシンバルではなく、以前から愛用していたものなんですよ。武漢ってシンバルなど楽器製造ではもともと知られていた街で、武漢製の楽器は音楽界では日常的にそこにあるもの。ふつうに使っているものなんですが……」（※）

しかし、三月に入ると日本でも欧米諸国でもコロナ・ウィルス感染者の拡大が顕著になり、当初の中国などアジアの限られた地域での疾病ではなく、世界的な感染拡大＝パンデミックであることが明らかになっていった。

約一か月で、日本も世界もそのあり様が大きく変わってしまった。当然、坂本龍一の予定も大幅に変更された。もともと、三月の初旬に来日して、主宰するモア・トゥリーズのイベントに出演するほか、ぴあフィルム・フェスティバルがこの年創設し、審査委員長を務める映画賞『大島渚賞』の記念行事への出席、そしてライフ・ワークでもある東北ユースオーケストラの定期演奏会を行なうはずだった。そして離日して四月の初めに香港でのソロ・コンサートというのがこの春の当初の予定。迷いながらも来日した三月初旬、東北ユースオーケストラの二〇二〇年の定期演奏会は中止となった。新曲「いま時間が傾いて」の初演も翌年に延期と発表された。

「練習を重ねてきた子供たちの心中を察すると余りありますが、しかたがない。ただ、今年度でオーケストラを卒業してしまう子は、来年も特例で参加できるようにしてあげたいなと思っています」（※）

その後は東京に移り、いくつかの取材を受けたほかは三月二十日の〝大島渚賞〟を受賞した小田香監督の上映会とトーク・イベント『第一回大島渚賞　記念上映会』に同賞の審査委員である黒沢清監督とともに参加。

小田監督の最新作『セノーテ』について、小田監督との出会いや、『セノーテ』の感想、自身のこれまでの映画経験や映画音楽についての体験を話した。

結果的に、この上映会とトーク・セッションへの登壇がこの年の春の来日において唯一の公開の場への露出となった。

また、この三月には二〇一九年に録音した音楽、新曲をアナログ・レコードのLP七枚、EP一枚に集めた特別なアート・ボックス・プロジェクト『Ryuichi Sakamoto 2019』をリリースした。レコードのみならず愛用している香や香立て、肖像画なども収めた特殊な仕様のこのボックスは限定二百セットで十万円という価格で販売された。すべてにエディション・ナンバーと直筆サインが入ったアート作品でもある。

「もともと音楽作品であると同時にアート作品でもあるというジャンルを越境したものを作るのは一九八〇年代からの願望だったんです。ずっとやりたかった。ただ、むかしは音楽商品を出す際の規則が厳しくて、定価もほぼ決まっていました。これはその時代からとても理不尽だと思っていて、アルバムを一枚作るのにかけたお金が百万円であっても一億円であっても同じ定価で売らなきゃいけないというのはおかしいでしょう、と。それがいまはそんな理不尽なルールもずいぶん崩れてきて、レコードもいろんなルートで置けるようになったし、いろいろな形態で出すことも可能になってきました」(※)

1970年代の東京藝術大学在籍時、所属する音楽学部より、美術学部のキャンパスに入り浸っていた頃は、ジョン・ケージやナム・ジュン・パイクなどアートと音楽を越境するアーティストがアイドルでもあった。

「ぼくは学生時代にはそういうことをずっと考えていたのに、プロのミュージシャンになったら音楽脳になっちゃって、それを忘れてた。二〇〇〇年代に音楽家でもアーティストでもあるカールステン・ニコライと一緒にコラボレーションを行なうようになってからはその影響も大きかったし、『async』以降にはさらに積極的に取り組むようになりました」（※）

一九八〇年代、YMOをきっかけにブレイクして、やりたいことができるようになった後は、『TV WAR』や『Esperanto』などで、ときたまそういう試みも行なってきた。

それでも、音楽産業の中で自分はポップなものを作ってレコードを売らなければいけないという意識も強かったそうだ。その意識はすでになくなっている。

「一九九〇年代前半まではポップなものを作ろうと努力していたんだけど、後半はもう、ポップなものを作っても売り上げは変わらないし、実験がないとつまらないからということで自分のルーツに近いクラシカルなものをやるようになった。もし九〇年代前半のポップな作品が大売れしていたら、よし、これからはヒップ・ホップっぽくいこうだなんてずっと売れ線を追求していたのかな（笑）」（※）

当初は、東北ユースオーケストラの公演を終えると日本から香港に移動する予定だったが、それも変更になった。

四月初めに香港でひさしぶりのソロ・コンサートを何回か行ない、さらに現地のミュージシャンとの即興セッション・ライヴが予定されていたが、ソロ・コンサートは九月に延期。そもそもこのコンサートは昨年に予定されていたものが会場の完成の遅れで二〇二〇年の四月に延期されていたものだ。

香港の予定がなくなり、坂本龍一はその後も日本に滞在し、香港でコンサートを行なう予定だった四月二日にはネット配信の無観客コンサートを行なった。アルバム『async』にも参加した三味線の本條秀慈郎をゲストに迎えてのもので、コンサートの前半でピアノと三味線との即興演奏を行ない、後半では「Merry Christmas Mr. Lawrence」「Aqua」「Energy Flow」などの名曲をソロ演奏するという構成だった。

無観客で必要最低限のスタッフで行なわれたこのコンサートは、四人の医療関係者の助言を得た上で、会場内を徹底的に消毒し、途中換気のための休憩も挟む形で実施。換気休憩の際にはアドバイザーとなった三者による「新型コロナ・ウィルス感染対策」の時間も設けられた。

四月の中旬にニューヨークの自宅に戻り、それからはずっと作曲と音楽制作のみの毎日となった。

「ニューヨークはいまロックダウンの最中で家からは出られませんが、ま、いつも基本的に家に籠って作曲なので変わりはない。四〜五月は家に籠って音楽を作ります。ぼくが戻ってきた四月の中旬あたりが感染拡大のピークで、間が悪いことにぼくはピークがこれからという時に帰ってきてしまっ

た」（※）

先の見えない状況の中、音楽制作を続けた。

「ニューヨークは外出禁止（ロックダウン）という強い命令で、とくに商売をしている人は苦労していると思います。それにくらべるとぼくの場合は自宅スタジオでの作曲とレコーディングというのが、仕事の九割を占めていて、外部のスタジオに出かけるという割合は一ぐらいしかない」（※）

そんな中、自宅作業で主となっていたのが映画やドラマのサントラの音楽制作。

「いまやっているのは新型コロナ・ウィルスが世界的に蔓延する前に依頼された仕事です。現在、世界的に映画やテレビ・ドラマの撮影はほぼストップしていて厳しい状況にありますが、映画もドラマも、撮影が終わったあとの編集やCGの作り込みなどに何か月も何年もかけたりする。サントラの音楽制作もそのひとつ。これらは基本的に少人数か個人で行なえるもので、そういう撮影済みの映画やドラマの作業はいまも進んでいます」（※）

また、パンデミックによる非常事態下の世界に向けたコラボレーション・プロジェクトも始めた。『incomplete』と名付けられたこのプロジェクトには、世界各国のアーティストが十名参加した。

坂本龍一としては二〇〇三年にアメリカのイラク侵攻が始まったときに行なった『chain music』

プロジェクトの再来的な気持ちがあったようだ。

「いまのこの特殊な時間をみなどう感じているかということを、音で知りたいと思った。ぼくはぼくでいま感じている音があるし、この人はどう感じているのかなということを知りたかった。それらの音をあまり音楽として料理せずに、感じているままの音を生でA＋Bでガシャンと合わせたような作り方に今回はしています」（※）

つまり、このプロジェクトは音楽というよりも、音のコラボレーションのプロジェクト。

「みんなにも音楽である必要はないと伝えていて、むしろ音楽以前のプリミティヴな音がほしい。というのも、ぼく自身がいま、きちんとした音楽は聴くのはつらいということもあります」（※）

これは、日本では二〇一一年の東日本大震災の直後に多くの人が語っていた心情でもある。非常時に、人は音楽を必要とするか？　坂本龍一自身も、映画『CODA』で描かれているよう、東北の津波で破損したピアノとの出会いをひとつのきっかけに、音楽ならざる音、あるいは音楽を形作る要素そのものである音への関心が強く深まり、その希求した先に生まれたのが次作アルバム『async』だった。

この六月に予定されていたアルヴァ・ノトとのヨーロッパ・ツアーは早い段階から中止が決まっていたが、これに限らず、夏以降のコンサートやパフォーマンスの予定もいくつか来年への延期や中止が決まった。

この年のスイスのロカルノ映画祭での、ヴィジョン・アワードの受賞が決定していた。これは長年の映画音楽に対する貢献が認められたもので、単なる功労賞とはちがう、映画音楽に新しいヴィジョンをもたらしたことに対する授賞ということだ。

ロカルノ映画祭の芸術監督リリ・ヒンステンは、「坂本龍一という音楽家はその映画音楽においてミニマリズムとエモーショナリズムという相反する要素を見事に融合させた」と授与理由を語っており、同時にひとつの作品の中にクラシカルな古典音楽と前衛音楽をも両立させたともしている。

八月のロカルノ映画祭で授賞セレモニーが予定されており、その際には小津安二郎の無声映画『東京の女』の映像にあわせた即興ピアノ演奏のほか、『戦場のメリークリスマス』『ラストエンペラー』『レヴェナント：蘇えりし者』など、音楽を手がけた作品の上映もあるはずだったが授賞式は中止に。

新型コロナの感染拡大と同時に、この年、アメリカはまた別の大きな問題に揺れた。「ブラック・ライヴズ・マター」という運動だ。この運動自体は二〇一〇年代初頭からアフリカ系アメリカ人が、警察の過剰な暴力によって命を落とす事件が頻発したことから盛り上がってきたもの。

それがこの年五月に、ミネソタ州での警官の暴力によってアフリカ系のジョージ・フロイドが命を落とした事件によって、全米中に抗議活動が拡がった。

「キング牧師の暗殺から六十年も経っているのに、アメリカでアフリカ系の置かれている状況は改善されないどころか、悪化しているように見えます。つねに警察による同じような事件はあったのですが、今回、ここまで抗議活動が拡がったのはやはりパンデミックがあったからでしょう。新型コロナのパンデミック下であり、同時に大統領選の年。そうした状況下でアフリカ系だけでなく、多くの白人も抗議に立ち上がった。これは明らかにこれまでの人権運動とはちがう。今後どうなっていくのか、ひょっとしたら本当に歴史の転換のようなことが起きるのかもしれないと注目しています。まさか、自分の人生でこれほど大きな社会の転換の可能性を目の当たりにするとは思っていなかった」（※）

このような大きな変革の体験は、坂本龍一の今後の作品制作にも影響を与えていくのかもしれない。

この頃の自宅スタジオでの作業で大きな比率を占めていたのはネットフリックス制作の新作アニメーション・シリーズ『exception』の音楽作りだ。

「エピソード八まであるシーズンの、いまエピソード一の音楽が完成したところ。この後、エピソード二から最後の八までの音楽を来年の夏ぐらいまで続けて作っていきます」（※）

しかし、この年の六月には体調に異変を感じてきており、前回の中咽頭ガンの治療を受けた病院で検査を受けたところ、直腸ガンとの診断を受けた。対外的にこのことは公表しないまま、坂本龍一は同病院でのガン治療を始めることになった。

また、新しく取り掛かったものには、田中泯《みん》のダンスのための音楽があった。坂本龍一にとっては一九八六年の『Esperanto』以来のダンス作品。

「田中泯さんの動きを想像しながら作った曲。動きと、あとは感情。田中泯さんの動きから生まれる感情。それを想像しながら書きました。動きというのも、たんに即物的な動きのことではなくて、動きを生み出す、そして動きから生まれる感情というものを考えながら作った。その結果、いわゆるダンス音楽らしいダンス音楽ではなくなったのですが。ビート的な要素もないですね。田中泯さんのダンスはそういうダンスでもないし」（※）

『Esperanto』のように特定のステージのための音楽というよりも、田中泯が今後その音楽をひとつのレパートリーとして長く、さまざまな振り付けをして踊っていく予定だという。

「そう、そういう依頼は初めてなのでプレッシャーがあるんです。まだどういう踊りでどういう動きになるのか想像もつかないけれど、自由に作ってくれということなので、いまいろいろ考えています。ぼくの音楽のこともよく知っている方なので、まずビートの効いたリズミカルな音楽にならないというのは先方も承知しているんじゃないかな。それでもビートがまったくないわけじゃなく、ずっと静かなままの音楽になるとも限らない。音の大小のダイナミクスがある、時折ノイズも入ってくるような、そんな音楽になるんじゃないかといまは思っています」（※）

田中泯はシアター・ピース『TIME』でも主役なので、なおさら心血を注いで作ることになった。

「夏から今年後半にかけてじっくりと向き合って、なんとか年内には形をつけておこうと思っています。コロナ禍で今年の夏から秋にかけての予定も大きく変わって、家でじっくりと取り組めるというのは不幸中の幸いですが」（※）

『TIME』の作業も佳境だった。

「ぼくと高谷史郎さんの共作という形で、『async』の続編と言ったら変なんですけど、『async』的なものを発展させつつ、『async』発表以降にやってきたライヴ・パフォーマンスとインスタレーションが一緒になったものの影響が大きい。インスタレーションの中にライヴ・パフォーマンスがあり、ライヴ・パフォーマンスの中にインスタレーションがあるというような、そういう形を目指しています」（※）

この『TIME』の初演は、翌年の六月にオランダで開催される自身が共同キュレーターの芸術祭「ホランド・フェスティヴァル」になることが決まっていた。

「たぶん、初演の後は世界のいくつかの都市でも上演することになると思います。もちろん日本でもやりたいと思います」(※)

九月には本当にひさしぶりに家の外で仕事ができた。『exception』のエピソード一の音楽がひと区切りつき、そのためのストリングスの録音を外部のレコーディング・スタジオで行なったのだ。九月二十五日金曜日だ。

「ニューヨークのいつものスタジオに、ここ数年一緒にやっている演奏家たちが集まってくれた。彼らに聞くとそのほとんどがこの半年間まったく仕事がなくて、これが六か月ぶりのセッションだと感激しているんです。作曲家であるぼくは、パンデミックでも仕事はあるし、できるんです。でも彼らのような演奏家は機会も場所もなくて仕事がない。その間、収入もないので生きていくのが大変だったということは想像するまでもない」(※)

集まった演奏家たちの何人もが「きょう呼んでくれてありがとう」と言った。彼らは近年の坂本龍一の映画音楽の多くに参加している顔なじみたち。まだまだその渦中ではあるものの、この日のスタジオは過酷な半年を生き抜いたサヴァイヴァーたちの再会の場になった。

しかし同時にこの九月に行なわれるはずだった香港、台湾でのコンサートの予定も翌年に延期されてしまった（結果的に翌年も開催できず中止となった）。

翌年六月にホランド・フェスティヴァルで初演されるオペラ『TIME』の音楽も、十月末には目処《めど》がついてきた。

「いま五十％まではもってきた。だからあと数日でもう五十％を作らなきゃいけない。無理か（笑）。でも七十％まで行けば、ちょっとずつ改訂しながら完成に向かうと思います。ソロ・アルバムの制作とちがって、こういうシアター・ピースは高谷史郎さん、パフォーマー、照明、プログラマーらたくさんの人とのコラボレーションの作品です。十何人にもなるそうした人たちもなにか見取り図がないと動けないわけで、その見取り図となる音楽を一日でも早くぼくが指し示していかないといけないのです」（※）

十一月の初めまでにはこの音楽の制作を七十％までに進め、同時に長期の仕事となっているアニメーション・シリーズの音楽も進める。

そして十一月には二週間の自主隔離のため早めに日本入りし、翌月からの日本での仕事に備えた。

しかし例年とちがうのは世界がパンデミック下で国際的な移動が厳しく制限されていること。日本も例外ではない。この当時、海外からの入国者は日本人であっても十四日間の厳格な自主隔離が求められていた。

そこで都内にあるマンション・タイプの隔離施設に決め、そこに音楽制作のための機材類も手配し、隔離中も仕事ができる状態にした。

しかしその最中、コロナ禍のために、この年に引き続いて翌二〇二一年の東北ユースオーケストラの定期演奏会の中止も決まってしまった。

「まずなによりもいまの状況では練習ができない。オケの団員は東北三県にまたがっているので、合同練習するにはそれぞれ乗り物で集まらないといけないからリスクが大きいんです。そして団員たちの中にはもう卒業後の進路が決まっていて、中には看護師になる人もいる。そういう団員は、感染のリスクに対して人一倍敏感です。当初は無観客でオンライン配信でもいいから公演を行なおうという意見もあったのですが、無観客でも団員は集まらなきゃいけないから難しいですね」（※）

苦渋の決断で、団員の健康を守るために二年続けての中止となってしまった。

当然、二〇二一年こそ公演で世界初演されるはずだった書き下ろしの新曲「いま時間が傾いて」も発表がいつになるかはわからなくなった。

「もう二年越しで初演がお預けになっているので、ぼくとしては本当にもどかしい。目の前に大福があるのに食べさせてもらえないような飢えた子供のようになってる(笑)。初演されないままそのうち忘れ去られちゃうんじゃないかという不安もありますよ」(※)

この十四日間の自主隔離が明けて、坂本龍一がまず赴いたのは京都だった。翌年六月初演の『TIME』の音楽のために、京都にあるバシェ兄弟の音響彫刻の音のレコーディングを行なったのだ。

音響彫刻はフランスに生まれたベルナール、フランソワのバシェ兄弟によって考案された音の鳴るオブジェ。

一九七〇年に大阪で開催された万国博覧会では、来日したバシェ兄弟によって鉄鋼館のために十七器の音響彫刻が製作されたが、万国博覧会終了後、解体。しかし近年、それらの修復が進んでおりそのうちの五器がこの年の十一月から十二月半ばにかけて京都市立芸術大学のギャラリーで展示されていた。

「ぼくは大阪万博で音響彫刻を見て、その後はずっと忘れていたんですね。でも、アルバム『async』の制作中にその存在を思い出したんです。今回の展示のチームに知り合いがいたのでお願いしてレコーディングさせてもらいました」(※)

京都から帰って、いよいよこの年二度目となる配信のピアノ・コンサート『Ryuichi Sakamoto: Playing the Piano 12122020』が開催された。十二月十二日の夜だ。

この約一時間のピアノ・ソロ・コンサートでは全十四作品が演奏された。その選曲は一九八〇年代から二〇二〇年代までの坂本龍一のキャリアを俯瞰《ふかん》した網羅的なものとなった。さらにピアノ・ソロでの演奏は一九八三年以来となる『戦場のメリークリスマス』挿入曲の「The Seed and the Sower」など珍しい曲も演奏。

「選曲はまさにベスト盤的なものだったでしょ。最近はコンサート自体そんなに多くやっていなくて、一年に一〜二回とかぽつぽつやっている程度。日本でのコンサートとなるとさらに珍しい。そういう中でのオンライン・コンサートであるし、今回のコンサートはコンテンツとなって後世に残っていくもの。自分として残しておきたい曲ということを念頭に置きつつ、プラスで『The Seed and the Sower』みたいに長く弾いていなかった曲を今回取り上げてみようかなと思いました。『Before Long』なんかもずいぶんやっていなかった」（※）

このオンライン・コンサートが後世に残るというのは、実はこのコンサートはMR（ミクスト・リアリティ）というヴァーチャル・リアリティの先を行く技術で今後ソフト化されるプロジェクトの前哨戦だった。コンサートではZakkubalanによる演奏の実写と真鍋大度とライゾマティクスによるグラフィック、特殊な映像効果がミックスされて、一曲ごとに曲に合ったヴァーチャルな映像をライブで作り上げた。

配信を観たファンからはそのまま映像ソフトとして発売してほしいという声も多かったが、意外や坂本龍一の自己評価は厳しいものだった。

「よかったという声は届いています。オンライン・コンサートとしての出来は、受け取る人の見方次第でしょうし、演奏自体はまあまあだったのかなとは思うんですが、ただ映像面ではCGのプロが観ると頭を抱えるようなところも多く、そこはかなりの反省点です。高いお金を取って観せているものなので、申し訳ないと思う点がありました」（※）

さらにコンサートの翌日からMRの技術を駆使した作品であるためにスタジオで三日に渡って演奏のモーション・キャプチャーを行なったそうだ。

「十二日のオンライン・コンサートでもそうだったんですけど、三百六十度のグリーンバックに囲まれてピアノを演奏しました。目がチカチカして、頭がおかしくなるんじゃないかという感じの中で弾かなきゃいけなくて、なかなか厳しかった……」（※）

このモーション・キャプチャーのデータから、作品のための映像の組み立てが行なわれていく。

「このデータから映像を作っていくというのはものすごい手間のかかる作業のようです。たとえば演奏中は、レンズが光を反射してしまうということで、メガネを外してキャプチャしたんです。だから、メガネはあとから手作業で合成します。あと髪の毛も、ふつうの髪型だとうまくいかないので、べったりと撫で付けた。映像化のさいにふつうの髪型を動きに合わせて合成する。服の皺や肌の色も自然に見えるようにいちいち修正していくから気が遠くなるような作業ですね」(※)

そのため作品の完成とお披露目の時期もこの時点ではまったく未定だったが、二〇二三年に公開の予定が立っているという。また翌二〇二二年にはCDとLPレコードでこのコンサートのライヴ・アルバム『Playing the Piano 12122020』が発売されている。

この収録の後、いくつかの取材やオンライン対談イベントをこなし、そして長年の盟友、大貫妙子のコンサートへの客演があった。

大貫妙子との共演は四年ぶり。場所は世田谷区にある昭和女子大学人見記念講堂で、十年前に大貫妙子との共演アルバム『UTAU』を発表し、それに伴うツアーの東京での初公演地となったのがこの会場だった。

コンサート中盤にゲストで登場した坂本龍一がピアノに向かって弾いたのは「Tango」。もともとは一九九五年のアルバム『Smoochy』に収録されたふたりの共作曲で、『UTAU』でも再演されていた。長年のつきあいだけに呼吸はぴったりで演奏していて楽しかったとのことだが、それよりもこのコロナ禍での公演ということであらためて気づいたこともあったという。

「大貫さんにとって歌うのは本当にひさびさで、歌って喉の筋肉の仕事だから、コロナ禍の生活が数か月続く中、体が変化しちゃうんですよね。人間の身体っておもしろくて、未来のある時点で歌うという予定があれば身体が自然と準備して調整をする。でもこのコロナの状況の中で、予定がたたない状態がずっと続いた。こんなことは身体として経験がないので調整するのは大変だったみたいですね」（※）

坂本龍一はアンコールでも登場し、そこでは「色彩都市」を演奏した。この曲は一九八二年の大貫妙子のアルバム『クリシェ』の収録曲で、当時編曲を手掛けた大貫妙子の代表曲のひとつだった。

この後は年始のラジオ番組のための収録や取材などの仕事をこなし、ようやく落ち着いたのが十二月二十九日。年末年始恒例の温泉での骨休めとなったが、先述のとおりこの年の半ばには重大な事態が発覚していた。

直腸ガンの罹患だ。その治療が一段落してやや安心していたのだが、十二月初旬の隔離明けに日本であらためて人間ドックを受診したところ、ガンの転移が発見されることになった。宣告されたのはオンライン・コンサートの前日の十二月十一日。年明けの二〇二一年一月、直腸ガンの手術が決まっていた。

二〇二一

一月、直腸ガンの手術が都内の病院で行なわれた。二〇時間を超える大手術だった。後に合併症もあり、コロナ禍による面会謝絶の状態での入院が二か月に及んだ。体重も大きく落ち、精神的にも落ち込んだ。

入院中の一月二十一日にはガンの罹患と手術は無事に終わったこと(これは必ずしも事実とは言えなかったが)、そして長期間の休養に入ることが事務所より発表されていた。

闘病とリハビリテーションの日々が続いたが、それでも坂本龍一は音楽を続けていた。

入院中の三月には前年に引き続きアート・ボックス『2020S』も発売。そこに収録された短編映画

『The Staggering Girl』のサントラは海外で単独リリースもされた。四月には映画『約束の宇宙《そら》』のサントラも発売。

そして退院直後からはできる範囲で仕事を再開した。ネットフリックスの『exception』の音楽制作、三月から八月まで開催される北京での大規模個展『観音聴時』の詰め、そしてなにより六月のホランド・フェスティヴァルが間近に迫り、オペラ『TIME』の仕上げが必要だった。

本来であれば現地で仕上げの陣頭指揮を取るはずだったが、それは無論かなわない。北京もオランダも現地入りした高谷史郎と緊密に連絡を取った。とくに『TIME』の場合はネットをつないでリハーサルや稽古の模様をチェックして音楽や演出の修正をつぶさに行なった。時差もある中の、高谷史郎ら現地スタッフが心配するほどの集中だった。

周囲は心配しつつもそこに希望を見出し、近い将来の復活を願っていた。

事実、年の後半になると療養前、あるいは療養中に手掛けていた音楽の仕事がぽつぽつと世に出るようになる。ネットフリックスのテレビ・ドラマ、『ベケット』のサントラ、ファッション・デザイナーのJUNYA WATANABEに依頼された彼のショーのために再録音したYMO時代の名曲「東風」のシングルでのリリースやCM曲の発表、モンド・グロッソの新曲に演奏での参加の発表など。

そして年末、一九八〇年代以来ずっと考え続けてきた、音楽という著作物と著作権の関係について新しい実験としてNFT（Non-Fungible Token）に参加した。NFTは非代替性トークンと和訳されることが多い、ネット上の非代替性のトークンにひとつひとつのIDを割り振ることで世界にひとつしかないデジタル・データを生み出すことができるというもの。

坂本龍一は自身の代表作のひとつである「Merry Christmas Mr. Lawrence」のメロディを五百九十五音に分割し、それを一音ずつNFTとして販売するという手法を取った。メロディを分割するためにこの年唯一、レコーディング・スタジオに入って「Merry Christmas Mr. Lawrence」のピアノ演奏も行っている。

二〇二二

一月十七日、坂本龍一は古希を迎えた。闘病は続いていたが、周囲は坂本龍一に内緒でサプライズ企画「私が好きな坂本龍一十選」をcommonsのサイトでスタートした。

これは坂本龍一と交流のある各界の人士に、それぞれメッセージと好きな坂本作品十を挙げてもらうというもの。トップ・バッターは画家の大竹伸朗で、以降、稲垣吾郎、吉本ばなな、高橋幸宏、大貫妙子、細野晴臣、福岡伸一らと続き、ひと月に一名が登場して一年間継続されるお祝いの場となった。

そしてファンが待望していた発表が年明けに行なわれた。

この年三月に東北三県と東京で行なわれる三年ぶりの東北ユースオーケストラの定期演奏会に坂本龍一も参加するとの発表だ。公の場で人前に出て、なおかつ演奏も行なうというのは二〇二〇年末の大貫妙子の公演でのゲスト参加以来だ。

そしてもちろん、お預けの大福である「いま時間が傾いて」もいよいよ初演されることになる。

その東北ユースオーケストラの初日は三月二十二日の岩手県盛岡市の市民文化ホール公演だ。

しかし。この年に入ってから猖獗《しょうけつ》を極めたコロナ・ウィルスの新型オミクロン株による感染の拡大こそ三月に入り落ち着いてきて、三年ぶりの東北ユースオーケストラの公演もいよいよ無事に開催されるだろう、そしてそこに坂本龍一も姿を現すにちがいないという期待が高まっていた最中に起きたのが東北の大地震だった。

この地震の影響で東北新幹線の一部区間は長期間の運転停止となり、さらに福島、宮城では公共の建物に多く被害が出た。

東北ユースオーケストラの演奏会場に予定されていた仙台市の東京エレクトロンホール宮城、福島市のとうほう・みんなの文化センターは、建物の安全確認や修復が終わるまで閉館となり、東北ユースオーケストラの公演も中止になってしまった。

岩手県盛岡市の盛岡市民文化ホールの公演こそ開催されたものの、坂本龍一は不参加となってしまうが、東北ユースオーケストラのために坂本龍一が書き下ろした新曲「いま時間が傾いて」も三年のときを経てついに世界初演されたのだった。

坂本龍一は盛岡公演のリハーサルのときからリモートで積極的に参加し、世界初演も聴いた。日本全国の被災地から集ったつながる合唱団が参加したベートーヴェンの交響曲第九番の演奏も、大成功だった。この大作をオーケストラの若者たちは全力でやりきり、その姿は見守っていた坂本龍一にも大きな感銘を与えたはずだ。

そして三月二十六日には当初の予定どおり坂本龍一も参加したサントリーホールでの東京公演が行なわれた。

午後二時、開演の時間。東北ユースオーケストラは最初の一音を響かせた。コロナ禍によって初演が二年もお預けになっていた坂本龍一の書き下ろし曲「いま時間が傾いて」の演奏が始まったのだ。

静かなオープニングから、曲はやがてドラマティックに盛り上がっていき、およそ二十五分の演奏の最後には鐘の音が響き、その長い残響のあいだは指揮者の柳澤寿男もオーケストラの団員も動きを止めて、時間が静止されたようだ。

やがて、場内から拍手が湧き上がる中、坂本龍一がこの日のゲストである吉永小百合を伴ってステージに登場した。

司会者にこの「いま時間が傾いて」の演奏に対する感想を問われると、ジョークを混じえながらも次のようなことを語った。

もともとは東北ユースオーケストラのために、3・11の鎮魂、そして自身が現地ニューヨークで体験した9・11のともに十一という偶然の符合に思い至って鎮魂の意でこの曲を十一拍子という変わった拍の曲にしたこと。そしてそのために演奏は難しくなったがそれに応えてくれた団員と柳澤寿男への感謝を述べた。そして。

「内心ぐっと来ています。みんなの演奏もよかったし……。ありがとう」

続いて、東北ユースオーケストラの公演では恒例となっている吉永小百合による反戦詩、被災地の平穏を希求する詩の朗読が続いて行なわれた。オーケストラと坂本龍一のピアノの伴奏がそこに加わる。

吉永小百合が主演し、坂本龍一が音楽を担当した映画『母と暮せば』からの曲を中心にした伴奏に合わせ、吉永小百合は六篇の詩を読んだ。

坂本龍一の闘病はいまも続いている。

五月にはガンの公表以来休んでいたレギュラーのラジオ番組のパーソナリティにも一度は復帰したが、やはり体調的に厳しく、代役を立てることになった。

体調はおもわしくなく、ときに入院して治療を行ないながらも、できる範囲で音楽の制作は続けていった。

二月にはピアノ演奏で参加したモンド・グロッソの「In this World」(アルバム『Big World』の収録曲)が発表されている。

また、四月にはロシアの侵攻を受けているウクライナのためのベネフィット・コンピレーション・アルバム『For Ukraine (Vol.2)』に、ウクライナのヴァイオリニストのイリア・ボンダレンコとのコラボレーション曲「Piece for Illia」を録音して提供した。この曲についての朝日新聞の記事中に坂本龍一はこうコメントを寄せている。

「戦争の理不尽さへの怒り、悲しみ、ウクライナへの思いをこめました」

そして夏には自伝『音楽は自由にする』の続編ともなる連載を月刊『新潮』誌で開始。聞き手は『音楽は自由にする』と同じく鈴木正文だ。

七月、第四十回香港フィルム・アワードで映画『Love AfterLove』(アン・ホイ監督)の音楽がベスト・オリジナル・フィルム・スコア賞を受賞。

以前から手掛けていた音楽も世に出てきた。九月、二〇一九年から取り組んできたシャンパン『クリュグ』の二〇〇八年のヴィンテージ三種のための組曲作品「Suite for Krug in 2008」を発表。九月二十日にはニューヨークで音楽イベント『Seeing Sound, Hearing Krug (音を視る、クリュグを聴く)』も開催された。このイベントは坂本龍一が選んだ三十六名のミュージシャンによるライヴ・オーケストラに3Dのイマーシヴ・サウンドを融合させる新しい試みも行われていた。

そして三年以上取り組んできたネットフリックスのアニメーション・シリーズ『exception』が十月から世界各国で配信が始まることが発表され、坂本龍一の音楽もサウンドトラック・アルバムとしてCD、LP、配信で発売された。

十一月には、世代やジャンルを超えた十三人の音楽家によるトリビュート・アルバム『To the Moon and Back』も発売。デヴィッド・シルヴィアン、アルヴァ・ノト、クリスチャン・フェネスなど長年の友人のほか、サンダーキャットら近年知己を得た音楽家も加わっている。デヴィッド・シルヴィアンはこの企画のために十年ぶりに歌を歌った。

十一月の終わり、十二月十一日に坂本龍一のコンサート形式の演奏が有料配信されること、そして翌二〇二三年一月十七日に『async』以来となる六年ぶりの新しいアルバム『12』のリリースが予定されていることが発表された。

ストリーミングによる配信を行うのは体力的に今後通常のコンサートのような長時間の演奏を行うことは難しいとして、事前に演奏を収録した上でそれをコンサート形式にまとめて配信するという試みであることも自身のコメントで明かされた。

この配信のための演奏の収録は九月に何曲かずつを数日にわけて行った。場所は一九八〇年代から慣れ親しんだＮＨＫの五〇九スタジオ。音がよいスタジオとしてこれまでラジオ番組の収録を始めとして何度も演奏を行ってきたところだ。

この演奏の配信は日本のみならず世界約三十か国で視聴可能というスケール。

十二月十一日、日本時間午後十二時に始まった演奏は、映画『リトル・ブッダ』のテーマ曲に想を得た即興曲から始まり、一九七〇年代の作品（ＹＭＯの「東風」）から最新の作品までの十三曲。「東風」などピアノ・ソロでの演奏は初めてという曲も多かった。九曲目には新アルバム『12』からの「20220302 - sarabande」も演奏された。

一九七〇年代から二〇二〇年代の最新の作品まで網羅したこの計十三曲、一時間強のピアノ・ソロは全編陰影の美しいモノクロームの映像で収録された。多くのマイクを使った音像も豊かで、演者の息遣いや衣擦れ、ピアノのペダルを踏む音などの生々しさもあいまって視聴者は坂本龍一の間近で演奏に接しているかのような臨場感を覚えたのではないだろうか。

演奏が終わり、坂本龍一は視聴者にこう語りかけた。

「『Playing the Piano 2022』、楽しんでいただけましたか？　今回、初めてピアノ・ソロで弾く曲もずいぶんあって、ピアノ・ソロ用のアレンジを慎重に考えて時間をかけました。選曲も慎重にやったので、自分としてはここにきて新境地かなという気持ちもあります」

時間を変えて計四回行われたストリーミング配信に関しては世界各国の報道機関、通信社でその模様が伝えられ、同時視聴者数が世界で三万人を超えたという報道もされた。翌日、この配信からの「Merry Christmas Mr. Lawrence」がYouTubeで公開もされた。ストリーミング配信とともに世界中の多くのファンのみならず、かつてのコラボレーターであるトーマス・ドルビーらもSNS上で感想と感慨を投稿して話題になった。

ストリーミング配信では、演奏終了後に新アルバム『12』の全曲試聴も行われている。

「今回ご覧いただいたみなさんに、ぼくの新しいアルバム『12』を試聴していただけます。闘病中、一年半ぐらいに渡って、スケッチというか、音の日記みたいなものを書いてきたんですけど、それらの中から十二曲選んで、来年二〇二三年の一月十七日の誕生日にリリースする予定ですが、特別に今回試聴していただきます。楽しんでいただけたらと思います。どうぞ」

この言葉どおり、闘病中に日記を書くように制作した音のスケッチから厳選された十二曲がアルバム『12』には収録されている。アルバム発売のプレス・リリースの坂本龍一のコメントにはこうある。

「二〇二一年三月初旬、大きな手術をして長い入院の末、新しい仮住まいの家に〝帰って〟きた。少し体が回復してきた三月末のこと、ふとシンセサイザーに手を触れてみた。何を作ろうなどという意識はなく、ただ〝音〟を浴びたかった。それによって体と心のダメージが少し癒される気がしたのだ。それまでは音を出すどころか音楽を聴く体力もなかったが、その日以降、折々に、何とはなしにシンセサイザーやピアノの鍵盤に触れ、日記を書くようにスケッチを録音していった。

そこから気に入った12スケッチを選びアルバムとしてみた。何も施さず、あえて生のまま提示してみる。今後も体力が尽きるまで、このような〝日記〟を続けていくだろう」

各収録曲のタイトルはその曲を制作した日付。ストリーミングで演奏された「20220302 - sarabande」は二〇二二年三月二日のスケッチ～作品だ。

予告のとおり坂本龍一の七一歳の誕生日にリリースされたアルバム『12』は闘病中の日々に生み出された楽曲群が収められている。敬愛する美術家李禹煥のドローイングがジャケット・アートとなったこのアルバムには、穏やかでアンビエントな世界とともに力強く生々しい旋律と響きもそこにある。コメントにあるように生のままの提示だからこそ伝わってくる音楽家坂本龍一の響きだ。

二〇二三年には、坂本龍一が音響を監修した映画館109シネマズプレミアム新宿のオープン、先に挙げた二〇二〇年の演奏をもとにしたミックスド・リアリティの作品の公開、そして『Playing the Piano 2022』を映画化するというようなさまざまな予定がある。

坂本龍一の音楽の歴史はこれからも続いていく。

※第十一章で引用された坂本龍一のコメントは、二〇一八～二〇二〇年の連載『教授動静』のためのインタビュー取材（※）、連載『音楽遠足』のための取材インタビュー（※※）から抜粋。

参考図書・雑誌等一覧

単行本・ムック

『日本の作曲家たち　戦後から真の戦後的な未来へ』上巻（秋山邦晴：音楽之友社：一九七八年）
『OMIYAGE』（三浦憲治：小学館：一九八一年）
『必ず試験に出る柄本明』（糸井重里、川崎徹：PARCO出版：一九八一年）
『たった1人のフルバンド　YMOとシンセサイザーの秘密』（松武秀樹：勁文社：一九八一年）
『音を視る、時を聴く【哲学講義】』（大森荘蔵＋坂本龍一：朝日出版社：一九八二年）
『答える！』（大島渚：ダゲレオ出版：一九八三年）
『Avec Piano』（坂本龍一：思索社：一九八三年）
『若者たちの神々　筑紫哲也対論集　Part 1』（筑紫哲也編集：朝日新聞社：一九八四年）
『本本堂未刊行図書目録　地平線の書物』（坂本龍一：朝日出版社：一九八四年）
『長電話』（高橋悠治　坂本龍一：本本堂：一九八四年）
『EV Café 超進化論』（村上龍＋坂本龍一：講談社：一九八五年）
『音楽機械論』（吉本隆明　坂本龍一：トレヴィル：一九八六年）
『未来派2009』（坂本龍一＋細川周平編集：本本堂：一九八六年）
『Media Bahn Tour Program』（坂本龍一企画、三浦憲治撮影：ヨロシタミュージック：一九八六年）
『坂本龍一監修　気分転換法77』（サワグチ・サイキック・センター：扶桑社：一九八七年）
『Ryuichi Sakamoto　NEO GEO TOUR BOOK』（トラフィコ：一九八七年）
『あさってライト』（ナム・ジュン・パイク：PARCO出版：一九八八年）
『写真集「ラストエンペラー」』（坂本龍一編：本本堂：一九八八年）
『SELDOM - ILLEGAL　時には、違法』（坂本龍一：角川書店：一九八九年）
『THE BOOK OF RYUICHI SAKAMOTO TOUR '90 "BEAUTY"』（後藤繁雄編集：Kab Inc.：一九九〇年）
『heart beat TOUR BOOK』（SEIDOH SUJAKU編集：Kab Inc.：一九九二年）
『愛は海山越えて　月刊アッコちゃん3』（矢野顕子：角川書店：一九九四年）
『坂本龍一・全仕事　THE SKETCHBOOK OF RYUICHI SAKAMOTO』（山下邦彦編：太田出版：一九九一年）
『友よ、また逢おう』（坂本龍一、村上龍：角川書店：一九九二年）
『女優になりたい』（吉田日出子：晶文社：一九九三年）
『THE GEISHA GIRLS SHOW 炎のおっさんアワー』（Ken&Sho 坂本龍一：幻冬舎：一九九五年）
『現代音楽を楽しもう・XII　MUSIC PLAYS IMAGES X IMAGES PLAY MUSIC』パンフレット（水戸芸術館：一九九六年）
『インターネット近未来講座』（村井純　坂本龍一　成毛真　佐伯達之：アスキー出版局：一九九六年）
『RYU'S 倶楽部　「仲間」ではなく友人として　村上龍対談集』

（村上龍ほか：毎日新聞社：一九九七年）
『skmt』（坂本龍一　後藤繁雄：リトル・モア：一九九九年）
『unfinished』1〜4号（code編：code：二〇〇〇〜二〇〇三年）
『ちんちくりん（増補改訂版）』（友部正人：ビレッジプレス：二〇〇一年）
『アースデイフォーラム　ブックレット2001』（code編：NTT出版：二〇〇一年）
『エンデの警鐘　地域通貨の希望と銀行の未来』（坂本龍一　河邑厚徳：NHK出版：二〇〇二年）
『青春の音楽　原田力男の仕事』（『青春の音楽』原田力男著作集編集委員会編：私家版：二〇〇二年）
『反定義　新たな想像力へ』（辺見庸　坂本龍一：朝日新聞社：二〇〇二年）
『ELEPHANTISM　坂本龍一のアフリカ』（坂本龍一ほか：木楽舎：二〇〇二年）
『坂本龍一の作曲技法』（『キーボード・マガジン』編集部監修：リットーミュージック：二〇〇二年）
『自暴自伝　ポンタの一九七二↓二〇〇三』（村上〝ポンタ〟秀一：文藝春秋：二〇〇三年）
『坂本龍一／04』（完全責任編集・坂本龍一：リットーミュージック：二〇〇五年）
『Tour 2005 Ryuichi Sakamoto』（菅付雅信、佐久間成美編　Kab Inc.：二〇〇五年）
『skmt 2』（坂本龍一　後藤繁雄：NTT出版：二〇〇六年）
『ロッカショ　2万4000年後の地球へのメッセージ』（STOP-ROKKASHOプロジェクト：講談社：二〇〇七年）
『みんなCM音楽を歌っていた　大森昭男ともうひとつのJ-POP』（田家秀樹：徳間書店：二〇〇七年）
『編集者という病い』（見城徹：太田出版：二〇〇七年）
『坂本龍一の音楽』（山下邦彦編著：東京書籍：二〇〇八年）
『MASSIVE ATTACK'S MELTDOWN』（SOUTHBANK CENTERE：二〇〇八年）
『音楽は自由にする』（坂本龍一：新潮社：二〇〇九年）
『ユリイカ　二〇〇九年四月臨時増刊号　総特集　坂本龍一』（ユリイカ編集部編：青土社：二〇〇九年）
『いまだから読みたい本　―3・11後の日本』（坂本龍一＋編纂チーム：小学館：二〇一一年）
『ソーシャルメディアの夜明け　これからの時代を楽しく生きるためのヒント』（平野友康：メディアライフ：二〇一一年）
『NO NUKES 2012 ぼくらの未来ガイドブック』（坂本龍一＋編纂チーム：小学館スクウェア：二〇一二年）
『ライブハウス「ロフト」青春期』（平野悠：講談社：二〇一二年）
『地球を聴く　3・11後をめぐる対話』（坂本龍一　竹村真一：日本経済新聞出版：二〇一二年）
『別冊ステレオサウンド　坂本龍一　音盤』（武田昭彦編集：ステレオサウンド：二〇一二年）
『地表に蠢く音楽ども』（竹田賢一：月曜社：二〇一三年）
『21世紀のEV.Café』（村上龍　坂本龍一：スペースシャワーブックス：二〇一三年）

『短い祭りの終焉　ライブハウス仮面館』（野添すみ：アートセンターサカモト：二〇一四年）
『坂本龍一×東京新聞　脱原発とメディアを考える』（東京新聞編集局編：東京新聞：二〇一四年）
『愛国者の憂鬱』（坂本龍一　鈴木邦男：金曜日：二〇一四年）
『私の記憶が消えないうちに　デコ最後の上海バンスキング』（吉田日出子：講談社：二〇一四年）
『特定秘密保護法案を読む　全条文反対声明・意見書』（北海道新聞社編：北海道新聞社：二〇一四年）
『岡村靖幸　結婚への道』（岡村靖幸：マガジンハウス：二〇一五年）
『「ヒットソング」の作りかた　大滝詠一と日本ポップスの開拓者たち』（牧村憲一：ＮＨＫ出版：二〇一六年）
『別冊ステレオサウンド　坂本龍一　音盤　2016 EDITION』（武田昭彦編集：ステレオサウンド：二〇一六年）
『砂の果実　80年代歌謡曲黄金時代疾走の日々』（売野雅勇：朝日新聞出版：二〇一六年）
『ジョン・ライドン新自伝　怒りはエナジー』（ジョン・ライドン：シンコーミュージック・エンタテインメント：二〇一六年）
『RYUICHI SAKAMOTO DOCUMENT no.1』（伊藤総研編集：ｃｏｍｍｍｏｎｓ：二〇一六年）
『RYUICHI SAKAMOTO DOCUMENT no.2』（伊藤総研編集：ｃｏｍｍｍｏｎｓ：二〇一七年）
『龍一語彙　二〇一一年 - 二〇一七年』（坂本龍一：角川書店：二〇一七年）
『WIRED日本版別冊　坂本龍一　asyncのこと』（若林恵　年吉聡太　小谷知也編：コンデナスト・ジャパン：二〇一八年）
『OUTSIDE SOCIETY あるサイケデリック・ボーイの音楽遍歴』（ＡＹＵＯ：月曜社：二〇一八年）
『Nam June Paik』（Sook-Kyung Lee & Rudolf Frieling：Tate Publishing：二〇一九年）
『響け、希望の音　東北ユースオーケストラからつながる未来』（田中宏和：フレーベル館：二〇二〇年）
『ぼくがアメリカ人をやめたワケ』（ロジャー・パルバース：集英社インターナショナル：二〇二〇年）
『音楽プロデューサーとは何か　浅川マキ、桑名正博、りりィ、南正人に弔鐘は鳴る』（寺本幸司：毎日新聞出版：二〇二一年）
『YMO1978-2043』（吉村栄一：ＫＡＤＯＫＡＷＡ：二〇二一年）
『坂本龍一　観音聴時』図録（北京木木美術館編：北京総合出版公司：二〇二一年）
『「戦場のメリークリスマス」　知られざる真実』（ＷＯＷＯＷ「ノンフィクションＷ」取材班　吉村栄一：東京ニュース通信社：二〇二一年）
『どうしてこうなっちゃったのか』（藤倉大：幻冬舎：二〇二二年）
『象の記憶　日本のポップ音楽で世界に衝撃を与えたプロデューサー』（川添象郎：ＤＵ ＢＯＯＫＳ：二〇二二年）
『ただ、一緒に生きている』（坂本美雨：光文社：二〇二二年）

雑誌記事

『音楽全書』一九七六年秋号（坂本龍一　プログレッシヴ・ロックへの一視点：海潮社）※イーノ、ジャーマン・プログレについてなど
『音楽全書』一九七七年第四号（坂本龍一　一幕オペラ―ブラック・ミュージックとの出会い：海潮社）※フュージョンとの出会いについてなど
『ジャズランド』一九七六年十一月号（坂本龍一　シンセサイザー入門：海潮社）※シンセサイザーについて
『ザ・メディテーション』一九七八年春季号（座談会　杉浦康平平井富雄　坂本龍一：平河出版社）※「非夢の装置　或いは関数としての音楽」についてなど
『ニューミュージック・マガジン』一九七九年二月号（「ジギー・スターダストはロスにウッチャってきたよ」インタビュアー坂本龍一：ニューミュージック・マガジン）
「SYNTHETIC ESSENCE」連載（坂本龍一：月刊プレイヤー誌一九七九年二〜八月号：プレイヤー）※幼稚園時代、ジャマイカのエピソードなどについて
『ニューミュージック・マガジン』一九八〇年五月号（坂本龍一われわれの時代にダブが提起するもの：ミュージック・マガジン）※ダブ・サウンドについて
『宝島』一九八二年一月号（ロング・インタビュー：JICC出版局）※青春期についてなど
『リベルタン』一九八二年創刊号（対談　坂本龍一×竹田賢一：朝日ソノラマ）※音楽と政治についてなど
『宝島』一九八三年一月号（ロング・インタビュー：JICC出版局）※共同幻想についてなど
『ASPECT』一九八三年創刊号（対談　坂本龍一×川崎徹：アスキー）※コンピューターについて
『写楽』一九八四年九月号（新東京人　坂本龍一　万華鏡：小学館）※近況などについて
『宝島』一九八四年十一月号（対談　坂本龍一×中沢新一：JICC出版局）※YMO後についてなど
『広告批評』一九八四年十一月号（CM音楽と私の仲：マドラ出版）※CMと音楽について
『SOUND MIDIA』一九八五年九月号（デジタリアン宣言：ヤマハ）※デジタル機器についてなど
『03』一九九一年三月号（坂本龍一　終わりのない旅：新潮社）※ニューヨーク生活などについて
『月刊カドカワ』一九九二年一月号（総力特集　坂本龍一：角川書店）※近況、心境についてなど
『リトル・ブッダ　サウンド・トラック・アルバム』一九九四年ライナーの坂本龍一談話（フォーライフ・レコード）※『リトル・ブッダ』について
『AERA』一九九六年一月十五日号（インターネットライブの世界世界の坂本の新たなる挑戦：朝日新聞社）※インターネット、テクノロジーについて
『SWITCH』二〇〇二年十二月号（坂本龍一特集　世界は音：スイッチ・パブリッシング）※9・11についてなど

『SWITCH』二〇〇四年一月号（坂本龍一特集　健康：スイッチ・パブリッシング）※健康について
『SIGHT』二〇〇四年春号（非戦と反戦：ロッキング・オン）※9・11について
『風とロック』二〇〇七年一月号（対談　坂本龍一×桑原茂一：風とロック）※commonsについてなど
『広告批評』二〇〇七年三月・四月合併号（エゴから始まる当たり前のエコ：マドラ出版）※エコロジーに対する考え方など
『クーリエ・ジャポン』二〇〇九年十一月号（坂本龍一責任編集　森と地球の未来：講談社）※エコロジーについてなど
『SWITCH』　二〇一一年十二月号（坂本龍一特集　音楽に萌える：スイッチ・パブリッシング）※東日本大震災についてなど
『新潮』二〇一二年三月号（創る人五十二人の二〇一一年日記リレー：新潮社）
『GQ JAPAN』二〇一三年二月号（坂本龍一　脱原発市民デモ盛り上がりとその先：コンデナスト・ジャパン）※君が代、天皇制などについて※社会運動についてなど
『週刊金曜日』二〇一三年二月八日号（対談　鈴木邦男×坂本龍一　左右を超えた脱原発、そして君が代：金曜日）
『SANZUI』二〇一四年四号（ロングインタビュー　坂本龍一：CPRA実演家著作隣接権センター）※メディア・アートについて
『THE BIG ISSUE』二〇一四年四月一日号（スペシャルインタビュー　坂本龍一：ビッグイシュー日本）※東日本大震災、環境問題について
『SWITCH』二〇一五年十二月号（鼎談　山田洋次×吉永小百合×坂本龍一：スイッチ・パブリッシング）※『母と暮せば』についてなど
『AERA』二〇一六年一月四日号（対談　高橋源一郎×坂本龍一：朝日新聞社）※民主主義についてなど
『ミュージック・マガジン』二〇一六年二月号（坂本龍一特集：ミュージック・マガジン）※ブラック・ミュージック、カルチャーについてなど
『ブルータス』二〇一七年四月十五日号（はじまりの音楽：マガジンハウス）※『async』について
『美術手帖』二〇一七年五月号（坂本龍一特集：美術出版社）※『async』について
『SWITCH』二〇一七年五月号（坂本龍一特集：スイッチ・パブリッシング）※『async』について
『サウンド&レコーディング・マガジン』二〇一七年五月号（坂本龍一特集：リットーミュージック）※『async』について
『Six』二〇一七年秋号（ロングインタビュー：ダイヤモンド社）※ライフ・スタイル、オペラについてなど
『POPEYE』二〇一八年三月号（二十歳のとき、何をしていたか？：マガジンハウス）※青春時代について
『婦人画報』二〇二三年三月号（坂本龍一　音楽と生きる：ハースト婦人画報社）※闘病について
『新潮』二〇二二年六月号〜（連載・坂本龍一　ぼくはあと何回、満月を見るだろう：新潮社）※闘病についてなど

ファンクラブ会報

SAKAMOTO WXPRESS Vol.1~31（一九九〇～一九九八年）

メーリング・リスト

JOURNALSAKAMOTO
+artists power

WEBサイト

LIVE&PUB PENGUIN HOUSE OFFICIAL WEBSITE
http://penguinhouse.net/69848.html

Album Discography

Original solo Albums

【Thousand Knives of〈千のナイフ〉】1978
Thousand Knives〈千のナイフ〉/ Island of Woods / Grasshoppers / Das Neue Japanische Elektronische Volkslied / Plastic Bamboo / The End of Asia

【B-2 Unit】1980
Differencia / Thatness and Thereness / Participation Mystique / E-3A / Iconic Storage / Riot in Lagos / Not the 6 O'Clock News / The End of Europe

【Hidari Ude no Yume〈左うでの夢〉】1981
Boku no Kakera〈ぼくのかけら〉/ Saru to Yuki to Gomi no Kodomo〈サルとユキとゴミのこども〉/ Kacha Kucha Nee〈かちゃくちゃねぇ〉/ The Garden of Poppies / Relâché / Tell 'em to Me / Living in the Dark / Slat Dance / Venezia / Saru no Ie〈サルの家〉

【Left Handed Dream】1982
Just About Enough / The Left Bank / Slat Dance / Saru to Yuki to Gomi no Kodomo〈サルとユキとゴミのこども〉/ Kacha Kucha Nee〈かちゃくちゃねぇ〉/ The Arrangement / Once in a Lifetime / The Garden of Poppies / Boku no Kakera〈ぼくのかけら〉

【Ongaku Zukan〈音楽図鑑〉】1984
Tibetan Dance / Etude / Paradise Lost / Self Portrait / Tabi

no Kyokuhoku〈旅の極北〉/ M.A.Y. in the Backyard / Hane no Hayashi de〈羽の林で〉/ Mori no Hito〈森の人〉/ A Tribute to N.J.P.

【Futurista〈未来派野郎〉】1986
Broadway Boogie Woogie / Kodo Kogen〈黄土高原〉/ Ballet Méchanique / G.T. II° / Milan, 1909. / Variety Show / Daikokai - Verso Lo Schermo〈大航海〉/ Water is Life / Parolibre / G.T.

【NEO GEO】1987
Before Long / Neo Geo / Risky / Free Trading / Shogunade / Parata / Okinawa Song - Chin Nuku Juushii / After All

【Beauty（Japanese edition）】1989
Calling from Tokyo / Rose / Asadoya Yunta〈安里屋ユンタ〉/ Futique / Amore / We Love You / Diabaram / A Pile of Time / Romance / Chinsagu no Hana〈ちんさぐの花〉/ Adagio

【Heartbeat（Japanese edition）】1991
Heartbeat / Rap the World / Triste / Lulu / High Tide / Song Lines / Nuages / Sayonara / Borom Gal / Epilogue / Tainai Kaiki

【Sweet Revenge（Japanese edition）】1994
Tokyo Story / Moving On / Futari no Hate〈二人の果て〉/ Regret / Pounding at My Heart / Love and Hate / Sweet Revenge / 7 Seconds / Anna / Same Dream, Same Destination / Psychedelic Afternoon / Interruptions / Kimi to Boku to Kanojo no Koto〈君と僕と彼女のこと〉

【Smoochy（Japanese edition）】1995
Bibo no Aozora〈美貌の青空〉/ Aishiteru, Aishitenai〈愛してる、愛してない〉/ Bring Them Home / Aoneko no Torso〈青猫のトルソ〉/ Tango / Insensatez / Poesia / Dennougiwa〈電脳戯話〉/ Hemisphere / Manatsu no Yoru no Ana〈真夏の夜の穴〉/ Rio / A Day in the Park

【Discord】1997
Untitled 01（1st Movement - Grief）/ Untitled 01（2nd Movement - Anger）/ Untitled 01（3rd Movement - Prayer）/ Untitled 01（4th Movement - Salvation）/ Jungle Live Mix of Untitled 01（2nd Movement - Anger）

【BTTB（Japanese first limited edition）】1998
Opus / Sonatine / Intermezzo / Lorenz and Watson / Choral No. 1 / Choral No. 2 / Do Bacteria Sleep? / Bachata / Chanson / Distant Echo / Prelude / Sonata / Uetax / Aqua

【AUDIO LIFE】2000

Disc 1
Door Open / Overture / 1-1 War and Revolution / 1-2 Science and Technology
Disc 2
2-1 Evolution of Life / 2-2 History of Gaia / 3-1 Art / 3-2 Response / 3-3 Light

【CHASM（Japanese edition）】2004
Undercooled / Coro / War & Peace / Chasm / World Citizen - I Won't be Disappointed（Looped Piano）/ Only Love Can Conquer Hate / Ngo/Bitmix/ Break With / +Pantonal / The Land Song - Music for Artelligent City（One Winter Day Mix）/ 20 Msec. / Laménto / World Citizen（Re-cycled）/ Seven Samurai - Ending Theme

【out of noise】2009
hibari / hwit / still life / in the red / tama / nostalgia / firewater / disko / ice / glacier / to stanford / composition 0919

【async】2017
andata / disintegration / solari / ZURE / walker / stakra / ubi / fullmoon / async / tri / Life, Life / honj / ff / garden

【12】2023
20210310 / 20211130 / 20211201 / 20220123 / 20220202 / 20220207 / 20220214 / 20220302 - sarabande / 20220302 / 20220307 / 20220404 / 20220304

Live albums〈Physical〉

【Media Bahn Live】1986
【Playing the Orchestra】1988
【Sweet Revenge Tour】1994
【Cinemage】1999　※日本未発売
【RAW LIFE OSAKA】1999
【RAW LIFE TOKYO】1999
【In The Lobby At G.E.H. In London】2001
【Playing the Piano 2009 Japan Self Selected】2009
【Playing the Piano USA 2010 / Korea 2011】2011
【Playing the Orchestra 2013】2013
【Playing the Piano 2013 in Yokohama】2014
【The Best of "Playing the Orchestra 2014"】2015
【Playing the Piano 12122020】2021

Live albums〈Download〉

【Playing the Piano 2009 Tokyo 031809】
【Playing the Piano 2009 Tokyo 031909】
【Playing the Piano 2009 Tokyo 032009】

【Playing the Piano 2009 Kyoto 032209】
【Playing the Piano 2009 Kochi 032409】
【Playing the Piano 2009 Okayama 032509】
【Playing the Piano 2009 Osaka 032709】
【Playing the Piano 2009 Osaka 032809】
【Playing the Piano 2009 Osaka/Tondabayashi 033009】
【Playing the Piano 2009 Shizuoka 040109】
【Playing the Piano 2009 Nagoya 040209】
【Playing the Piano 2009 Hiroshima 040409】
【Playing the Piano 2009 Fukuoka 040509】
【Playing the Piano 2009 Nagasaki 040709】
【Playing the Piano 2009 Gifu/Tajimi 040909】
【Playing the Piano 2009 Matsumoto 041109】
【Playing the Piano 2009 Nigata 041509】
【Playing the Piano 2009 Toyama 041709】
【Playing the Piano 2009 Sapporo 041909】
【Playing the Piano 2009 Kanagawa/Sagamihara 042309】
【Playing the Piano 2009 Saitama/Kawaguchi 042409】
【Playing the Piano 2009 Sendai 042509】
【Playing the Piano 2009 Tokyo 042809】
【Playing the Piano 2009 Tokyo 042909】
【Playing the Piano 2009 Japan Fan's Selections】
【Playing the Piano 2009 Europe Berlin (10-07)】
【Playing the Piano 2009 Europe Dusseldorf (10-09)】
【Playing the Piano 2009 Europe Leipzig (10-11)】
【Playing the Piano 2009 Europe Antwerpen (10-13)】
【Playing the Piano 2009 Europe Heidelberg (10-15)】
【Playing the Piano 2009 Europe Manchester (11-24)】
【Playing the Piano 2009 Europe Brighton (11-27)】
【Playing the Piano 2009 Europe London 29th NOV.】
【Playing the Piano 2009 Europe London 30th NOV.】
【Playing the Piano 2009 Europe Edinburgh (12-02)】
【Playing the Piano North America Tour 2010 Glenside (2010-10-17)】
【Playing the Piano North America Tour 2010 New York City (2010-10-18)】
【Playing the Piano North America Tour 2010 Boston (2010-10-20)】
【Playing the Piano North America Tour 2010 Montreal (2010-10-22)】
【Playing the Piano North America Tour 2010 Toronto (2010-10-24)】
【Playing the Piano North America Tour 2010 Chicago (2010-10-26)】
【Playing the Piano North America Tour 2010 Seattle (2010-10-30)】
【Playing the Piano North America Tour 2010 Vancouver (2010-11-01)】
【Playing the Piano North America Tour 2010 San Francisco (2010-11-03)】

【Playing the Piano North America Tour 2010 Los Angeles (2010-11-05)】
【Playing the Piano from Seoul 20110109_4PM】
【Playing the Piano from Seoul 20110109_8PM】
【Trio tour 2011-29 October 2011, Saturday – Paris】
【Trio tour 2011-01 November 2011, Tuesday – London】
【Trio tour 2011-04 November 2011, Friday – Karlsruhe】
【Trio tour 2011-05 November 2011, Saturday – Brussels】
【Trio tour 2011-08 November 2011, Tuesday – Hamburg】
【Trio tour 2011-10 November 2011, Thursday – Firenze】
【Trio tour 2011-12 November 2011, Saturday – Milan】
【Trio tour 2011-13 November 2011, Sunday – Padua】
【Trio tour 2011-15 November 2011, Tuesday – Madrid】
【Trio tour 2011-16 November 2011, Wednesday – Cartagena】
【Trio tour 2011-18 November 2011, Friday – Barcelona】
【Trio tour 2011-20 November 2011, Sunday – Valladolid】
【Trio tour 2011-21 November 2011, Monday – Lisbon】
【The best of THREE live in Japan & Korea】

Other albums

【Coda】1983
【Esperanto】1985
【Music for Yohji Yamamoto Collection 1995】1996
【1996】1996
【El Mar Mediterrani】1997
【Life in Progress】1999
【L.O.L.（Lack of Love）】2000
【Elephantism】2002
【Comica】2002
【/04】2004
【/05】2005
【Three】2012
【PLANKTON（music for an installation by Christian Sardet and Shiro Takatani）】2016

Remix albums

【Hard Revenge】1994
【Snooty】1996
【Discord gütninja Remixes】1999
【Bricolages】2006
【ASYNC–REMODELS】2017

Important compilation albums

【US（Ultimate Solo）】2002
【UF（Ultimate Films）】2002
【CM/TV】2002

【Works I - CM】2002
【Works II - TV/Inst.】2002
【Complete güt Box】2012
【Year Book 2005-2014】2015
【Year Book 1971-1979】2016
【Year Book 1980-1984】2017
【Year Book 1985-1989】2018
【Ryuichi Sakamoto 2019】2020
【2020S】2021

Important collaboration albums

《Toshiyuki Tsuchitori & Ryuichi Sakamoto　土取利行&坂本龍一》
【Disappointment - Hateruma】1976

《Ryuichi Sakamoto & The Kakutougi Session　坂本龍一&カクトウギ・セッション》
【Summer Nerves】1979

《Alva Noto & Ryuichi Sakamoto》
【vrioon】2002
【insen】2005
【utp_】2009
【summvs】2011

【GLASS】2018
【TWO Live at Sydney Opera House】2019

《Willits & Sakamoto》
【Ocean Fire】2007
【Ancient Future】2012

《Fennesz & Sakamoto》
【cendre】2007
【flumina】2011

《Taeko Onuki & Ryuichi Sakamoto　大貫妙子&坂本龍一》
【UTAU】2010

《Ryuichi Sakamoto, Yutaka Sado & Kazue Sawai》
【point and surface〈点と面〉】2011

《Aoba Ichiko to Youseitachi　青葉市子と妖精たち》
【Radio〈ラヂヲ〉】2013

《Ryuichi Sakamoto & Taylor Deupree》
【Disappearance】2013
【LIVE】2015

《Ryuichi Sakamoto / Illuha / Taylor Deupree》

【Perpetual】2015

《Alva Noto & Nilo, Christian Fennesz, Francesco Tristano, Ryuichi Sakamoto》

【Glenn Gould Gathering】2018

《Sakamoto & Toop》

【GARDEN OF SHADOWS AND LIGHT】2021

Film and T.V. music albums

【Merry Christmas Mr. Lawrence〈戦場のメリークリスマス〉】1983

【The Adventures of Chatran〈子猫物語〉】1986

【Aile de Honnêamise - Royal Space Force〈オネアミスの翼―王立宇宙軍〉】1987

【The Last Emperor】1987

【The Handmaid's Tale〈侍女の物語〉】1991

【The Sheltering Sky】1991

【High Heels】1992

【Emily Bronte's Wuthering Heights〈嵐が丘〉】1992

【Wild Palms】1993

【Little Buddha】1993

【Snake Eyes】1998

【Love is the Devil: Study for a Portrait of Francis Bacon〈愛の悪魔／フランシス・ベイコンの歪んだ肖像〉】1998

【Femme Fatale】2002

【Alexei and the Spring〈アレクセイと泉〉】2003

【Derrida】2003

【Shining Boy & Little Randy〈星になった少年〉】2005

【Tony Takitani〈トニー滝谷〉】2007

【SILK】2007

【Harakiri - death of a samurai〈一命〉】2011

【Atarashii Kutsu wo Kawanakucha〈新しい靴を買わなくちゃ〉】2012 コトリンゴらと共作。

【Nagasaki: Memories of My Son〈母と暮せば〉】2015

【The Revenant〈レヴェナント：蘇えりし者〉】2016

【Rage〈怒り〉】2016

【The Fortress〈天命の城〉】2017

【Proxima〈約束の宇宙〉】2019

【Black Mirror: Smithereens〈ブラック・ミラー：待つ男〉】2019

【My TYRANO: Together, Forever〈さよなら、ティラノ〉】2019

【The Staggering Girl】2020

【Minamata〈ミナマタ〉】2021

【Beckett〈ベケット〉】2021

【Love After Love〈第一炉香〉】2022

【After Yang】2022

【Exception〈Soundtrack from the Netflix Anime Series〉】2022

Important albums by band or unit

《Yellow Magic Orchestra》
【Yellow Magic Orchestra】1978
【Solid State Survivor】1979
【Public Pressure】1980
【X∞Multiplies〈増殖〉】1980
【BGM】1981
【Technodelic〈京城音楽〉】1981
【Naughty Boys〈浮気なぼくら〉】1983
【Naughty Boys (Instrumental)〈浮気なぼくら（インストゥルメンタル）〉】1983
【Service】1983
【After Service】1984
【Technodon】1993
【Technodon Live】1993
【LondonYMO】2008
【GijónYMO】2008
【No Nukes 2012】2015

《N.M.L. No More Landmine》
【Zero Landmine】2001

《Morelenbaum^2 / Sakamoto》
【CASA】2001
【Live in Tokyo 2001】2001
【A Day in New York】2003

吉村栄一（よしむら・えいいち）

１９６６年福井県生まれ。月刊誌『広告批評』編集者を経て、フリーランスの編集者、ライター、コピーライターに。主な編著書に『いまだから読みたい本――3.11後の日本』『40ymo1979-2019』など。構成を手掛けた書籍に『戦場のメリークリスマス　知られざる真実』『龍一語彙　二〇一一年――二〇一七年』。単著書に『評伝デヴィッド・ボウイ　日本に降り立った異星人』『YMO1978-2043』がある。

坂本龍一　音楽の歴史

RYUICHI SAKAMOTO: A HISTORY IN MUSIC

２０２３年２月26日　初版第１刷発行

著　者　吉村栄一
発行者　石川和男
発　行　株式会社小学館
〒１０１-８００１　東京都千代田区一ツ橋２-３-１
編集０３-３２３０-５７２０　販売０３-５２８１-３５５５

編　集　齋藤彰
装　幀　長嶋りかこ／アシスタント 稲田浩之＋浦田貴子
ＤＴＰ　株式会社昭和ブライト
印刷所　凸版印刷株式会社
製本所　株式会社若林製本工場

　ISBN978-4-09-388882-0